普通高等教育『十一五』国家级规划教材

美学教程

（第三版）

主　编：张玉能
副主编：张　弓　聂运伟
编写者：（以撰稿章节先后为序）
　　　　聂运伟　张玉能　张　弓
　　　　杨明琪　贺天忠　胡立新
　　　　李迪江　李明清　任先大

华中师范大学出版社

新出图证(鄂)字 10 号

图书在版编目(CIP)数据

美学教程/张玉能主编. —3 版. —武汉:华中师范大学出版社,2013.3
(2019.9重印)
(华大博雅·文艺学系列教材)
 ISBN 978-7-5622-5979-4

Ⅰ.美… Ⅱ.张… Ⅲ.美学—教材 Ⅳ.①B83

中国版本图书馆 CIP 数据核字(2013)第 049533 号

美 学 教 程
（第三版）

主编:张玉能ⓒ			
责任编辑:何国梅 曾 巍		责任校对:王 胜	封面设计:新视点
编辑室:高校教材分社		电话:027-67867364	
出版发行:华中师范大学出版社有限责任公司			
社址:湖北省武汉市珞喻路 152 号		邮编:430079	
电话:027-67861367(发行部) 027-67861321(邮购)			
传真:027-67863291			
网址:http://press.ccnu.edu.cn		电子信箱:press@mail.ccnu.edu.cn	
印刷:湖北新华印务有限公司		督印:王兴平	
字数:289 千字			
开本:787mm×960mm 1/16		印张:16.75	
版/印次:2019 年 9 月第 3 版第 4 次印刷			
定价:29.00 元			

欢迎上网查询、购书

敬告读者:欢迎举报盗版,请打举报电话 027-67867353

新版总序

华中师范大学文艺学专业的教材建设,起步是在上世纪五十年代。1958年编写的教材,突出若干政治倾向鲜明的文艺观念,打上了颇浓的当时环境的印痕,显得有些粗糙。六十年代初期,各位主讲教师逐年修订,加强了文学基本知识的介绍。到了1989年,孙子威教授主编的《文学原理》在华中师范大学出版社正式出版,总结了主编本人和他带领的团队长期研究的成果。同时,王先霈、范明华撰著的《文学评论教程》于1986年出版,并在1988年被国家教委定为高校文科教材。到了九十年代末,新世纪将要来临之时,适应新的需要,在集体进行多年教学研究的基础上,作为教育部重点课题"文艺学课程体系的改革研究"的成果,出版了文艺学系列教材三种(《文学理论》、《文学批评原理》、《文学文本解读》)。以后这套教材的品种陆续增加,并邀请外校教师参加编写,迄今达到九种,都曾多次重印,有的还出了修订本。新增加的教材,都是主编和参与者多年研究和教学心得的结晶,比如,张玉能的美学研究,胡亚敏的比较文学研究,孙文宪的现代西方文论研究,李建中的古代文论研究,都有诸多成果,并获广泛好评。

我们的文学理论教材,它所阐述的文学观念主要有三个源头:一是对几千年中外文学现象的概括,从文学现象的实际中经过科学的抽象提炼出来;二是对几千年中外文学理论有选择地继承、扬弃,对柏拉图、亚里士多德、孔子、刘勰的理论的继承和借鉴,直到对别林斯基、德里达、梁启超、王国维的继承和借鉴;三是从马克思主义理论原则推导,对马克思主义文学思想的阐发。我们是以进入文学史的文学经典为主要根据,主要讲适用于历史和现实一般情况的基本规律。放弃这个,把文学理论教学变成讨论当前热点的讲座,并不适宜。但我们讲的基本规律,要能帮助学生观察当前文学,而当前的文学正在发生剧烈的变化。我们意识到,在上世纪八十年代中期以前,文学理论教学曾经基本上是讲比较单一的文学观念。到现在,我们处在多种文学理论的众声喧哗之中,再也没有可能无视其他文学理论体系的存在了。韦勒克和沃伦在《文学理论》1948年第一版序中说:"我们既不像德国人那样折衷,也不像俄国人那样教条。"他们的编写原则是:

"在研究中听取国际上各种不同的意见,提出恰当的问题,提供方法上的基本原则。"我们比之他们,可以有更多的选择,也有更明确的原则来引导学习者作出自己的判断。

文学理论教材有理论体系和叙述体系,叙述体系必须以理论体系为支撑,教材编撰者没有系统的文学理论观念,教材会是支离破碎的,把理论体系现成地搬到教材之中,却不见得符合本科学生的接受心理。理论体系体现教材编者的见解,不同学派有不同的体系——有不同的逻辑起点,有不同的基本命题,有不同的范畴概念,很难平行介绍。理论体系必须符合理论逻辑,叙述体系则要由易而难、由浅而深、由感性而理性,要打破理论体系的结构另行处理。我们的教材,重叙述体系,重现象,重知识,重实际,围绕理论问题介绍历来和当前主要的观点,把若干学派的观点打散后纳入教材的叙述体系之中,努力使我们的教材和教学既是系统的,又是丰富多样的。

教材的叙述体系要考虑到学生接受的思维特点,考虑由具体到抽象的循序渐进。例如,《文学理论》一头一尾讲文学的基本性质,中间讲文本,讲创作和接受。我们觉得,对于本科学生教材的论述不宜太抽象,要多联系具体文学现象来讨论,主要给学生方法和知识。一本教材要有一个完整的叙述体系,这一套教材也追求一个大的体系。

教材建设是没有止境的,教材撰写总是一种遗憾的工作——一本教材刚刚出版,新的观念、新的思路又产生了。诚恳地期望使用者、读者提出意见。

王先霈
2005 年 5 月 15 日

"通知"说:"教材是体现教学内容和教学方法的知识载体,是进行教学的基本工具,也是演化教育教学改革,全面推进素质教育,培养创新人才的重要保证。因此,高等教育教材建设必须有一个与之相适应的快速发展,'十五'期间高等教育教材建设的任务十分艰巨。"我们正是从这样的认识出发,投入教材建设。以上所说各点,是我们遇到过的困惑,也是我们在这套教材编写中力图解决、力图有所创新的几个方面。至于究竟做得如何,要请读者批评指正。

王先霈

2002 年 9 月

目 录

绪 论 …………………………………………………………… (1)
第一章 美学的对象 …………………………………………… (6)
　第一节 美学的产生和发展 ………………………………… (6)
　第二节 马克思主义美学与美学革命 ……………………… (8)
　第三节 美学的研究对象和范围 …………………………… (10)
　第四节 美学与其他学科的关系 …………………………… (16)
第二章 美感的形成与发展 …………………………………… (28)
　第一节 美感的含义及实质 ………………………………… (28)
　第二节 美感形成的生理和心理基础 ……………………… (37)
　第三节 美感的生成 ………………………………………… (44)
　第四节 美感的发展 ………………………………………… (54)
第三章 美感的性质、特征和心理结构 ……………………… (64)
　第一节 美感的性质 ………………………………………… (64)
　第二节 美感的特征 ………………………………………… (82)
　第三节 美感的心理结构 …………………………………… (87)
第四章 美感心理要素 ………………………………………… (94)
　第一节 感知与表象 ………………………………………… (94)
　第二节 联想与想象 ………………………………………… (98)
　第三节 情感与移情 ………………………………………… (105)
　第四节 思维与理解 ………………………………………… (113)
　第五节 意志与心理距离 …………………………………… (119)
第五章 美的本质 ……………………………………………… (129)
　第一节 西方美学史上对美的本质的探讨 ………………… (129)
　第二节 中国美学史上的美论思想 ………………………… (140)
　第三节 关于美的本质的初步探讨 ………………………… (150)

第六章 美的形态……………………………………………(168)
第一节 自然美……………………………………………(168)
第二节 社会美……………………………………………(173)
第三节 艺术美……………………………………………(181)
第四节 形式美……………………………………………(198)

第七章 美学范畴……………………………………………(205)
第一节 美与丑……………………………………………(205)
第二节 崇高与优美………………………………………(216)
第三节 喜剧性……………………………………………(224)
第四节 悲剧性……………………………………………(231)

第八章 审美教育……………………………………………(239)
第一节 审美教育的含义…………………………………(239)
第二节 美育在人类文明中的地位………………………(241)
第三节 美育的目的和作用………………………………(245)
第四节 美育的特点………………………………………(249)
第五节 美育的实施………………………………………(251)

后 记…………………………………………………………(255)

绪　　论

在我们的生活中,美无处不在,且爱美之心,人皆有之。一般而言,面对大自然的美景,人们的审美感受往往是相同的,如眼观大江东去,旭日东升,我们总会激情澎湃;而身临小桥流水,月明江滩,人们又不免生出些许缠绵之情。这也就是说,古往今来,人类的审美情感具有相通性。但如果据此以为,美学就是研究特定审美对象与特定审美感受之间的恒定关系,那无疑是把美学降格为普通心理学的一个分支。事实上,一个对象之所以为美,人之所以能感受到美,仅从心理学上是无法言说清楚的。同时,人类审美趣味的千差万别更进一步说明,美学的研究对象——审美客体与审美主体——有着巨大的历史、文化、社会的差异性,而要探明这种差异性,我们则必须以哲学的眼光去审视审美对象赖以形成的历史原因,以及审美对象与人的生存本质相关的内涵。这既是美学从来就与哲学结缘的原因,也是我们人类永远具有探索美的奥秘的冲动的原因。

一、为什么要学美学

我们为何要研究美学呢?换言之,美学又能何为呢?
1. 美学问题与人类社会生活的各个方面紧密相联
一般来说,人类的社会生活可以分为物质生活和精神生活两大部分。它们之中都包含着一系列美学问题。

人的物质生活的最主要部分是生产。马克思在《1844 年经济学哲学手稿》中论述人的生产时说过,"人也按照美的规律来塑造物体"[①],并把这作为人与动物的生产的一个重要区别,也就是说,动物按照本能需要的规律来"生产",而人则按照"美的规律"来生产。因此,从很早开始人们就在考虑生产中的美学问题,形成了各种生产的工艺学,而到了现代就出现了一门专门研究生产过程中的美学问题的美学分支学科——生产美学或技术美学。同时,人的衣、食、住、行的各

---

① [德]马克思:《1844 年经济学哲学手稿》,刘丕坤译,人民出版社 1979 年版,第 51 页。

个方面都有美学问题,这就需要从美学的角度来进行研究。

人的精神生活是丰富多彩的,也最能表现出人的特点。精神生活的每一方面(无论政治、道德,还是宗教、艺术)都渗透着人的审美理想,反映着人的审美趣味。而且人们更看重精神上的美、内在的美。古希腊哲学家德谟克利特说:"身体的美,若不与聪明才智相结合,是某种动物性的东西。"①柏拉图说:"应该学会把心灵的美看得比形体的美更为珍贵。"②这就是说,我们在日常生活中,感性偏爱的东西未必都是美的。但另一方面,人在遵循理性原则的同时,又必须获得感性的满足,否则,仅有理性的生活是不完美的。所以,理性与感性的矛盾、冲突是人类的基本矛盾之一,而审美则具有协调理性与感性的功能。

人类自有文化始,理性与感性的冲突就开始了。理性的实质是科学性(逻辑化的规范)和社会性(强制化的规则),而感性的底蕴则是非逻辑化、个体化的生命感受。人的生存的绝对前提就是社会性,人类发展史证明,离开社会,个人是无法生存的。然而,人又总是个体化的存在,任何社会的发展与进步,如不能转化为普遍的个体满足与感受,那这种进步与发展就总是虚假可疑的。如同经济全球化反而给第三世界的人们带来更多贫困的感觉以至激起非理性的民族宗教情绪一样,由逻辑化思维、强制性规则支撑的理性的每一次进步,又都会带来感性的巨大痛苦或感性世界的极大骚乱。在某种意义上,人类理性与感性的冲突是永恒的,但就生命个体而言,他不可能在冲突、矛盾的现实面前无动于衷,而必须以某种审美方式把永恒的矛盾化解为暂时的和谐与安宁。美学之所以受到历来思想家们的推崇,原因也正在于此。

2. 美学的普及和提高是建设社会主义精神文明的重要组成部分

我们在建设高度物质文明的同时,一定要努力建设高度的社会主义精神文明。这是建设社会主义的一个战略方针。精神文明对物质文明的建设有着巨大的推动作用,而且以共产主义思想为核心的社会主义精神文明还保证着物质文明建设的正确发展方向。总之,两种文明的建设,互为条件,又互为目的,相互促进。

美学是随着人类物质文明的发展产生的,它是社会的精神生产和精神生活发展的成果,是社会精神文明的重要组成部分。美学是人类精神文明的最高级的形式之一。人类的历史大约已有五百万年之久了,然而,比较完整的美学思想则仅有两千多年的历史(始于古希腊公元前5世纪伯里克利时代,我国春秋战国

---

① 伍蠡甫主编:《西方文论选》上,上海译文出版社1979年版,第4页。
② 《柏拉图文艺对话集》,朱光潜译,人民文学出版社1983年版,第271页。

时代),而独立的美学则是1750年才确立的。

马克思主义的美学是19世纪中叶以后才在批判古代美学遗产和资产阶级美学的基础上逐步形成与发展起来的。随着马克思主义研究的深入,人们发现美学本是马克思主义的一个有机组成部分,在马克思主义创始人那里,社会理想和审美理想是统一的。它表现出人类社会的进步应以个人的全面发展和社会物质文明与精神文明相互谐调为旨归。我国20世纪70年代后出现的美学热,表明中国社会发展到了一个新的阶段,美学已成为社会主义精神文明的一个不可分割的组成部分。马克思主义的美学将以共产主义思想引导人们树立健康的审美观点和蓬勃向上的审美理想,改造人的主观世界,对人的文化知识和思想、政治、道德等观念,即对人的整个心灵产生巨大影响,从而促进社会主义物质文明的建设。尤其是在中国人民"高举中国特色社会主义伟大旗帜为夺取全面建设小康社会新胜利而奋斗"的新的历史时期,用科学的美学理论提高全民的文化素质,对推动科学发展,促进社会和谐,实现民族的伟大复兴,更具有重大的现实意义和深远的历史意义。

3. 美学理论问题的正确解决将促进社会主义文艺的发展

美学的中心研究对象是艺术,而且美学研究的是艺术的重大的、带有普遍规律性的理论问题,例如,艺术的审美特性,艺术的思维特性,艺术的美等等,这些理论问题的解决就可以使文学艺术家们自觉地掌握艺术的规律,创造出美的艺术作品,从而促进我国社会主义文艺的繁荣。

艺术是社会审美意识的集中表现,艺术作品是艺术家审美意识的物化形态,整个社会的审美意识和艺术家的审美意识,对艺术和艺术作品有着明显的影响,而美学则可以使社会审美意识和艺术家的审美意识得到引导和规范,使艺术家和广大群众具有健康的、合乎历史发展规律的审美意识,使整个社会的精神生产按照美的规律来进行。

4. 美学为我们批判继承和借鉴中外古今文艺提供强大的武器

马克思主义美学认为,人们的审美意识具有时代性、民族性和阶级性。因此,对古今中外的各种文艺现象和作品所反映的审美意识,也就必须采取"洋为中用,古为今用"的态度。对某一时代、民族或阶级的美学原则,也要作具体分析,剔除其糟粕,吸取其精华。特别是在今天,随着对外开放而有大量外国各种流派的文艺理论和作品进入我国,国内创作和理论的探讨也空前活跃,特别是在商品经济条件下,精神生产已出现许多值得研究的问题,如片面的娱乐化、感性化等。要正确认识这些现象,就必须用马克思主义美学来鉴别,吸取和借鉴一切有益的东西,排除和抛弃有害的东西,使我们自己的审美观念和美的创造变得更加丰富、充实、健康。

5. 教育工作者担负着审美教育的重任,必须学习必要的美学知识

凡是从事塑造人的心灵的伟大而艰巨的工作的人,不论是教师、艺术家,还是管理工作者、公务人员,都应该懂得美学,掌握审美教育的性质、目的和规律,运用最有效的手段去塑造人的灵魂,造就一代全面发展的新人。在当今社会条件下,个体的自由度愈来愈大,主体性愈来愈强,仅靠传统的道德说教去教育人,显然是行不通的。让今天的教育(包括学校教育、社会教育)美育化,不仅是教育方法上的革新,更是教育观念上的革新。

二、如何学好美学

美学与人类的整个社会生活密切相关,对社会主义精神文明建设有着重要意义,那么应该怎样去学好它呢?我国老一辈美学家朱光潜先生有一段经验之谈,可为我们指点迷津。

不通一艺莫谈艺,实践实感是真凭。

坚持马列第一义,古今中外须贯通。

勤钻资料忌空谈,放眼世界需外文。

博学终须能守约,先打游击后攻城。

锲而不舍是诀窍,凡有志者事竟成。[①]

总括起来,学好美学应具备以下几个方面的条件:

1. 不断积累审美经验

美学是人类审美教育的结晶。结合实践来学习理论,不仅能使理论化为自己的思维的真正成果,而且有利于这一理论的深化和实际运用。美学理论包括审美欣赏理论。审美欣赏理论就是指导人们去欣赏美、享受美的。只有在审美欣赏理论的指导下,我们才可能在感受社会美、自然美、艺术美的过程中不断积累、丰富审美经验。所以要想学好美学,就应该善于在审美实践(包括审美鉴赏和创造,特别是艺术的欣赏和创作)中不断反思、探索、总结。这就是理论与实践相结合的学习方法。

2. 坚持马列主义、毛泽东思想

这并不是一种硬性规定,而是为全部美学史所证明的一条必须坚持的原则。西方美学史上的许多伟大的美学家,从一定的哲学角度研究美学问题,取得了许多宝贵的成果,但终究无法科学地解决美学的许多根本问题。只有辩证唯物主

[①] 《朱光潜美学文集》第3卷,上海文艺出版社1983年版,第533页。

义和历史唯物主义才给我们提供了科学解决这些根本问题的钥匙。只要我们坚持马列主义、毛泽东思想,是可以逐步科学地解决或接近解决这些根本问题的。西方现代美学流派,名目繁多,竞相标新立异,在某些方面也确实有所建树,但从总体上看,大多是唯心主义、反理性主义、神秘主义、形式主义占主要地位,因而不可能真正科学地解决美学问题。

像朱光潜先生这样老一辈的美学家,从自己几十年的美学研究生涯中得出了"坚持马列第一义"的结论,其中包含了他自己的多少探求、彷徨、希望和艰难,我们必须铭记。

3. 历史主义地学习和钻研哲学、文艺学、心理学、伦理学等社会科学和自然科学

美学与哲学、文艺学、心理学、伦理学等社会科学,乃至物理学、生物学、数学等自然科学都有着密切的关系,因此学习美学需要有广博的知识积累。朱光潜先生在总结自己的治学生涯时说:"我原来的兴趣中心第一是文学,其次是心理学,第三是哲学。因为欢喜文学,我被逼到研究批评的标准,艺术与人生,艺术与自然,内容与形式,语文与思想等问题;因为欢喜心理学,我被逼到研究想象与情感的关系,创造和欣赏的心理活动,以及文艺趣味上的个别差异;因为欢喜哲学,我被逼到研究康德、黑格尔和克罗齐诸人的美学著作。这样一来,美学便成为我所欢喜的几种学问的联络线索了。"[①]可见,要学好美学,没有广博的知识,将是一大欠缺。而且学习这些科学知识,还应该以历史主义的方法进行,即要了解各门科学的历史发展过程中各种学说的主要观点、历史功绩、历史局限,以及前后的继承和批判关系,把知识融会贯通起来,以便更有利于对各种美学问题的学习和探索。

4. 掌握好外语这一人生学习的工具

美学这门科学,西方各国思想家比我们研究得更为系统。尽管我国的美学思想源远流长,独具特色,但是系统的美学研究,特别是独立的美学科学,毕竟还是首先出现在欧洲。而且现代西方的美学研究也是五花八门,有许多东西值得我们借鉴,也有许多东西需要我们批判。因此,外语是学习美学不可少的工具。

5. 从全面了解到专题研究,逐渐深入和不断扩展

不论对基本理论,还是美学史的研究,都应该在全面了解的基础上,选择自己最感兴趣和感到迫切需要解决的专题,由面到点,再由点到面,步步深入,不断扩展,使自己真正学有所获。

---

① 朱光潜:《谈美书简》,上海人民出版社1980年版,第5~6页。

第一章 美学的对象

第一节 美学的产生和发展

一、美学是一门古老而又年轻的学科

我们之所以说美学是一门古老的学科,是因为美学具有极其悠久的历史渊源。有一种说法认为人类形成之初就有有关美学的思考,但那毕竟缺乏实证。不过,无论中外,神话传说中都有有关美学思考的记载。古希腊神话中有一个"金苹果的传说",其中记载特洛伊王子帕里斯把金苹果判给了爱与美之神阿芙洛狄忒,他把美看得比智慧和权力都重要,并且最终因此酿成国破人亡的特洛伊战争。中国神话中的"女娲补天"记载,在天破之时,女娲炼五色石以补苍天,从此才使世界变得五彩缤纷,美不胜收。当然,这些都只是传说,而从文献的记载看来,美学思考也是比较久远的。公元前6世纪古希腊哲学家、数学家毕达哥拉斯就曾经认为:美是数的和谐①。中国春秋时代(前770—前476)的史书《左传》和《国语》中就有许多有关美学思考的记载,如《国语》中伍举同楚王论美:"夫美也者,上下、内外、小大、远近皆无害焉,故曰美。"②孔子(前551—前479)也说过:"里仁为美。"(《论语·里仁篇》)这些都说明,早在两千多年以前,无论西方人还是中国人都已经在思考美学的问题。

但是,这些毕竟还不是真正独立形态的美学学科。而独立的美学的诞生却是在1750年。因此,从具有独立形态的美学学科的角度看,美学又是年轻的。

---

① [苏]M. Ф. 奥夫相尼科夫:《美学思想史》,吴安迪译,陕西人民出版社1986年版,第10页。

② 北京大学哲学系美学教研室编:《中国美学史资料选编》上,中华书局1980年版,第9页。

1750年,德国哲学家鲍姆加登(1714—1762)用拉丁文写了一本书《美学》(Aesthetica),使美学与逻辑学和伦理学一起组成完整的哲学体系,逻辑学研究理性认识,美学研究感性认识,伦理学研究人的行为。从此,西方就有了一门独立的美学学科。

二、西方美学发展概观

美学在西方发展得比较系统,并明显地具有对立统一的轨迹。我们可以根据美学思潮对西方美学的发展作一概括的描述。

公元前6世纪至公元5世纪是古希腊罗马古典主义美学时期,这一时期是西方美学的萌芽期,其主要代表人物有柏拉图、亚里士多德、贺拉斯、普罗丁、朗吉弩斯。

公元5世纪至14世纪是中世纪神秘美学时期,这一时期是西方美学两大源头(古希腊文化和古希伯来文化)的汇合时期,其主要代表人物有奥古斯丁和托马斯·阿奎那。

公元15世纪至16世纪是文艺复兴人文主义美学时期,这一时期是从神学美学走向人学美学的时期,其主要代表人物是一些艺术家和文学家,如但丁、莎士比亚、达·芬奇等。

公元17世纪是新古典主义美学时期,这一时期是把古典主义美学原则高度规范化、教条化的时期,其主要代表人物是法国的布瓦罗。

公元18世纪是启蒙主义美学时期,这一时期是反叛新古典主义美学的时期,并在欧洲形成了大陆理性派美学和英国经验派美学的对立。正是在以前酝酿的基础上,这一时期确立了美学学科。其主要代表人物有:德国的鲍姆加登、温克尔曼、莱辛、赫尔德,法国的伏尔泰、卢梭、狄德罗,意大利的维柯,英国的休谟、博克等。

公元18世纪末至19世纪中期在综合大陆理性派和英国经验派的基础上形成了德国古典美学,它是西方美学发展的一个高峰。其主要代表人物是康德、费希特、谢林、歌德、席勒、黑格尔、费尔巴哈。在德国古典美学的基础上,西方美学分别发展成马克思主义美学、俄国革命民主主义美学(别林斯基、车尔尼雪夫斯基)、西方现代主义美学。马克思主义美学给西方美学带来了革命性变革,俄国革命民主主义美学达到了西方美学的另一高峰,现代主义美学则使西方美学走向纷纭多变和反传统的道路。

西方现代主义美学流行于20世纪50年代以前,它大致可以分为人本主义和科学主义两大思潮。人本主义主要有唯意志主义美学(叔本华、尼采)、直觉主义美学(克罗齐、柏格森),精神分析美学(弗洛伊德),分析心理学美学(荣格),现象学美学(英伽登、杜夫海纳),西方马克思主义美学(萨特、阿多尔诺、马尔库塞、本雅明);科学主义主要有俄国形式主义美学(什克洛夫斯基、雅可布逊),英国形式派美学(贝尔、新批评),符号形式美学(卡西尔、苏珊·朗格),分析美学(维特根斯坦),新自然主义美学(门罗),格式塔心理学美学(阿恩海姆),结构主义美学(罗兰·巴特,列维—斯特劳斯)。

20世纪60年代以后西方产生了后现代主义美学。它是对现代主义美学的反思,并彻底地批判、颠覆了启蒙主义美学以来的传统。它主要包括:存在主义美学(海德格尔),解构主义美学(德里达、福柯),解释学美学(伽达默尔),接受美学(尧斯、伊瑟尔),新马克思主义美学(詹姆逊、伊格尔顿),崇高美学(利奥塔),后殖民主义美学(萨义德),女性主义美学(克里斯蒂娃),新历史主义美学(格林布拉特)等等。

第二节 马克思主义美学与美学革命

马克思主义美学诞生于19世纪中期,其奠基之作为马克思的《1844年经济学哲学手稿》。自诞生以后,它就以巨大的生命力与时俱进,在与西方现代主义和后现代主义的形形色色的流派、思想与观点的相互冲撞中同步发展。

一、马克思主义美学给世界美学带来了革命性变革

马克思主义美学的哲学基础是马克思主义的实践唯物主义(即辩证唯物主义和历史唯物主义的合称)。这种哲学观点既反对一切形式的唯心主义,也反对一切旧唯物主义;既坚持物质统一性的唯物主义原理,也坚持人类和社会的实践根源;认为人类和社会都是人类在物质世界的基础上通过以物质生产(劳动)为中心的实践才自我生成和发展变化着的,从而第一次科学地解释了人类本身及其社会,社会生活的生成和发展。

马克思主义的实践唯物主义给马克思主义的美学提供了强有力的哲学武器,既批判了历史和现实中的一切唯心主义美学,又批判了旧的、直观的、机械的唯物主义美学,从而给美学之谜的解答提供了强大的思想武器,给世界美学的发展带来了革命性变革。这不仅反映在苏联和新中国成立以后马克思主义美学在曲折艰难中的不断发展壮大,而且也表现在西方发达资本主义国家产生的西方马克思主义美学和新马克思主义美学,以及现代主义美学和后现代主义美学在发展中所受到的不可忽视的马克思主义的影响。

二、马克思主义美学的基本特点

1. 以实践作为探讨美学问题的基点,因而具有实践性

马克思主义美学以马克思主义的实践唯物主义和实践观点为基础来研究美学问题,因而一般可以把它称为"实践美学"。这在苏联的美学史(1917—1989)和新中国成立以后的美学史(1949年至今)中都是如此称谓、总结的。

关于美的本质,马克思主义美学就是从以物质生产(劳动)为中心的实践出发来阐述的。在《1844年经济学哲学手稿》中,马克思说:"劳动创造了美,但是使工人变成畸形。"①这指明了私有制条件下的异化劳动的两面性:一方面劳动创造了美,另一方面又使工人变成畸形。然而,从根本上,劳动毕竟是美的本原。马克思又说:"宗教、家庭、国家、法律、道德、科学、艺术等等,都不过是生产的一些特殊的方式,并且受生产的普遍规律的支配。"②这样,艺术的本质也是从实践的基点上来阐释的。换句话说,艺术是一种特殊的精神生产。同样,美感也是实践的产物。马克思说得十分明确:"只是由于人的本质的客观地展开的丰富性,主体的、人的感性的丰富性,如有音乐感的耳朵、能感受形式美的眼睛,总之,那些能成为人的享受的感觉,即确证自己是人的本质力量的感觉,才一部分发展起来,一部分产生出来……五官感觉的形成是以往全部世界历史的产物。"③

2. 辩证地解决了美学中主体与客体、内容与形式等关系,因而具有辩证性

由于坚持了实践的辩证法,马克思主义美学也就能辩证地解决客体与主体之间的关系。在《关于费尔巴哈的提纲》中马克思指出:"关于环境和教育起改变作用的唯物主义学说忘记了:环境是由人来改变的,而教育者本人一定是受教育的。"④运用了这种辩证的观点,后来恩格斯在阐述马克思主义的现实主义美学观时说:"据我看来,现实主义的意思是,除细节的真实外,还要真实地再现典型环境中的典型人物。"⑤在《〈政治经济学批判〉导言》中马克思说:"艺术对象创造出懂得艺术和具有审美能力的大众——任何其他产品也都是这样。因此,生产不仅为主体生产对象,而且也为对象生产主体。"⑥马克思、恩格斯关于内容和形

---

① 《马克思恩格斯全集》第42卷,人民出版社1979年版,第93页。
② 《马克思恩格斯全集》第42卷,人民出版社1979年版,第121页。
③ 《马克思恩格斯全集》第42卷,人民出版社1979年版,第126页。
④ 《马克思恩格斯选集》第1卷,人民出版社1979年版,第55页。
⑤ 《马克思恩格斯选集》第4卷,人民出版社1995年版,第683页。
⑥ 《马克思恩格斯选集》第2卷,人民出版社1995年版,第10页。

式的关系的论述也是十分辩证的。他们一方面看到了内容决定形式,另一方面又看到了形式对于内容具有反作用,同时还指出了形式对于内容具有相对的独立意义和价值。

3. 具有巨大的历史感,把一切美学问题放在一定的历史境况中,在历史的发展变化中来加以考察,从而具有历史性

马克思在《〈政治经济学批判〉导言》中提出的艺术的发展与经济的发展的不平衡规律,就是具体分析了神话和18—19世纪文学艺术发展的具体历史事实而提出来的。关于希腊人是正常的儿童以及希腊艺术的魅力的分析也都是如此。在具体的文学批评中,马克思和恩格斯也总是坚持美学的批评与历史的批评的统一,并把这种二者统一的批评当作最高的批评原则。他们对于巴尔扎克、莎士比亚的现实主义的艺术评价,对于拉萨尔的悲剧《弗·济金根》的批评都是放在具体的历史境况之下来具体分析的。他们对于美、美感和艺术的历史变化性也都作了精辟的分析。

第三节 美学的研究对象和范围

一、几种流行的看法

回顾了西方美学的发展概况之后,我们就知道,自从1750年美学独立为一门学科以后,美学家们都在不断地探讨美学的对象和范围等问题。下面,我们先来看看历史上已有的几种观点。

1. 美学是关于美的科学

这种看法从中文的名称来看似乎是最名正言顺的了。美学之父鲍姆加登最早提出了这种观点。他在《美学》中写道:"美学的目的是感性认识本身的完善(完善感性认识),而这完善也就是美。据此,感性认识的不完善就是丑,这是应当避免的。"①这种观点在中国流传较广,像陈望道、蔡仪就持这种主张。陈望道说:"关于美的学问——即美学——底对象,共有(一)美,(二)自然,人体,艺术,(三)美感,美意识等三方面,大概已经可以明白了。"②蔡仪说:"美学是关于美的存在和美的认识的法则之学。"③

---

① [德]鲍姆加登:《美学》,简明、王旭晓译,文化艺术出版社1987年版,第18页。
② 吴世常主编:《美学资料集》,河南人民出版社1983年版,第48页。
③ 吴世常主编:《美学资料集》,河南人民出版社1983年版,第51页。

2. 美学是艺术哲学

这种观点是黑格尔最早提出的,他认为只有艺术中才有真正的美,因此,美学应研究艺术。他在《美学讲演录》中说:"这些演讲是讨论美学的;它的对象就是广大的美的领域,说得更精确一点,它的范围就是艺术,或者毋宁说,就是美的艺术。""我们的这门科学的正当名称却是'艺术哲学',或则更确切一点,'美的艺术哲学'。"①这种观点突出了艺术在美学中的地位,在以后非常流行。法国19世纪的美学家丹纳就写过一本美学著作,书名就叫《艺术哲学》。我国的美学家朱光潜先生就很倾向于这种观点。

3. 美学是关于美和艺术的科学

这种观点是综合上述两种意见的结果。车尔尼雪夫斯基最早就持这种观点。他在《现代美学概念批判》中说:"最简单、最妥当的美学定义莫过于'美学是关于美的科学',因此它的对象就是研究美的概念,美的不同方面以及它是怎样表现的。"②他在《论亚里士多德的〈诗学〉》中又说:"所谓美学不是整个艺术,特别是诗歌的共同原则的体系,那又算是什么呢?"③当然他并未把二者真正统一起来。我国学者李泽厚则明确提出:"美学——是以美感经验为中心研究美和艺术的学科。"④他力图以美感经验统一美和艺术研究,并以此把美学分为美的哲学、艺术社会学和审美心理学,这是有道理的。但是,以美感经验为中心却是欠完善的,因为人的美感经验是无法直接把握住的,以它为中心就无客观依据。

4. 美学是研究人对现实的审美关系的科学

这个提法最早源于车尔尼雪夫斯基的学位论文《艺术对现实的审美关系》(此文我国最初由周扬译为中文,题目为《生活与美学》)。在这个提法的启发之下,结合马克思主义关于人与现实的关系的丰富性,一群苏联美学家在《马克思列宁主义美学原理》中初步确定了这种说法,苏联《哲学问题》杂志编辑部的一篇文章《关于马克思列宁主义美学对象的讨论》对此作了小结:"可以说,美学是研究人对现实的审美关系,特别是研究艺术。"⑤这种观点传到中国后引起了一些美学家的反应。蒋孔阳的《美学研究的对象、范围和任务》就基本上主张这种观

---

① 马奇主编:《西方美学史资料选编》下,上海人民出版社1987年版,第344~345页。
② 《车尔尼雪夫斯基论文学》中,章未艾译,上海译文出版社1979年版,第3页。
③ 《车尔尼雪夫斯基论文学》中,章未艾译,上海译文出版社1979年版,第178页。
④ 《美学》辑刊,第3期,上海文艺出版社1981年版,第30页。
⑤ 吴世常主编:《美学资料集》,河南人民出版社1983年版,第72页。

点。他说:"美学是以艺术为中心的,并主要通过艺术来研究人对现实的审美关系以及在这一关系中所产生和形成的审美意识的一门科学。"①

二、美学是以艺术为中心研究人对现实的审美关系的科学

马克思和恩格斯在《德意志意识形态》中说:"凡是有某种关系存在的地方,这种关系都是为我而存在的;动物不对什么东西发生'关系',而且根本没有'关系';对于动物来说,它对他物的关系不是作为关系存在的。"②因此,与外在现实世界发生关系应该是人与动物的一个重要区别。那么,人为什么会与外在现实发生关系呢?那就在于人有自己独特的需要。

按照美国人本主义心理学家马斯洛关于人的需要的层次说,人的需要可以分为七个层次:生理需要(食、性等),安全需要,相属或爱的需要,尊重的需要,认知需要,审美需要,自我实现需要③。我们可以把前四种需要归为一大类,即实用需要或物质需要,它促使人与现实发生实用关系,追求利(益),而后三种我们可以归为一大类,叫做精神需要,它促使人分别与现实发生认识关系、审美关系、伦理关系,追求真、美、善。

那么,我们可以说,所谓人对现实的审美关系指的是在长期的人类社会实践中形成的,主体(人)要求客体(对象)能满足自己的审美需要,而客体也能够满足主体的审美需要的一种特殊的关系。

这种审美关系主要具有这样的一些特征:

1. 审美关系主要是与对象的外观形象发生关系,因此具有外观形象性

对象主要以其感性的、可以用人的感官把握的、具体的外在直观的形象来满足人审美需要,例如,山水、人体、衣服、食品等引起人的审美兴趣,与人发生审美关系,都不在于它们的内在结构,而主要是它们的外在的大小、形状、颜色、姿态等性质组成的外观形象。任何事物的外观形象遭受破坏,同时也就破坏了它与人的审美关系,例如衣饰被脱下焚毁,食物进入了人的口腹等。艺术品同样如此,即使是抽象画、音乐也都是由形象对人的感觉发生作用从而与人形成审美关系的。这是审美关系区别于认知关系的主要标志。

2. 审美关系是一种超越了直接功利目的的关系,因而具有超功利性

这是审美关系区别于实用关系和伦理关系的主要标志。现实中的对象往往

---

① 蒋孔阳:《美和美的创造》,江苏人民出版社1981年版,第12页。
② 《马克思恩格斯选集》第1卷,人民出版社1995年版,第81页。
③ 孟昭兰主编:《普通心理学》,北京大学出版社1994年版,第370~371页。

首先要满足人的功利目的,或者直接为人所利用,如衣服供人穿来保暖,食物用来饱肚;或者适合于社会的伦理道德规范为人所遵守,如衣食的获取手段要正当,否则人就会受到社会、大众的谴责而感到愧疚。这些都是直接的功利目的的实现,是人与对象的功利关系。而人对现实的审美关系却要在这些功利关系的基础上实现超越,不以功利目的为目的,仅以审美观照欣赏为目的,从对象的外观形象来获得一种赏心悦目、心旷神怡的感受。

3. 审美关系是一种始终饱含着情感的关系,具有情感感染性

这也是审美关系区别于认知关系的一个方面。认知关系要从对象的外观和感性的性质达到其内在的、本质的属性的关系,就不能为人的情感所左右,人在认知过程中也不能感情用事,而是要客观、冷静地把握对象的内在本质和关系。审美关系就不同了,外界事物的外观形象必须引起人的某种情感才算是使人与对象发生了审美关系,人最终要对对象作出审美评价,表达出自己的审美态度,也就是要产生丰富的情感。当我们赞叹大自然山水之美或一个人体态面相之美时,或者当我们吟诵一首诗、观赏一幅画、聆听一首曲时,都必定在心中产生某种感情。如果面对这些对象,一个人麻木不仁,无动于衷,没有情感波动,那么,他也就没有与对象发生审美关系。

最后,我们还要说明一下为什么美学必须以艺术为中心来进行研究。

1. 艺术是人类创造出来专门满足人的审美需要的,是人对现实的审美关系的集中表现

现实(自然和社会)中的各种事物当然都可以与人发生审美关系,然而这些事物主要都不是与人发生审美关系,而是与人发生实用关系、认知关系、伦理关系(道德关系或政治关系)等,比如,衣、食之物都可以与人发生审美关系成为美衣、美食,可是,衣、食与人发生的最主要关系还在于实用关系,衣服主要用来保护人体免遭寒冷或外物的伤害,而食物主要是供人食用以保证人需要的热量和营养。因此,如果以自然界和社会中的事物与现象来研究人对现实的审美关系,往往就不可能最典型、最集中、最有代表性地揭示人对现实的审美关系的真正本质。而艺术既然是审美关系的集中表现与最高形态的表现,就是用来满足人的审美需要的,那么,通过艺术就能直指审美关系的本质、特征,就可以最透彻地揭示出审美关系的种种实质性表现和具体性特征。比如,我们前面所论述的审美关系的特征:外观形象性、超越功利性、情感感染性,只有在艺术作品的分析中才可以最具体、最直接、最透彻地得到阐释。一幅《蒙娜丽莎》(达·芬奇),一曲《命运》(贝多芬),一首《春望》(杜甫),一尊《思想者》(罗丹),一座天坛,就可以明白无误地显示出以上这些特征,并且揭示出审美关系与人的审美需要的本质联系。

2. 艺术作品可以帮助我们研究异时异地的人对现实的审美关系，从而可以做到不受时间和空间的限制来研究审美关系

人对现实的审美关系肯定要受到时间和空间的限制。比如一朵花的美随着时间的流逝就会消失或衰退，像昙花的美就只有那么几分钟、十几分钟的时间就消失了，它与人的审美关系也就稍纵即逝了，然而，我们通过一幅昙花的绘画作品或者摄影作品就可以把花的美、昙花的美留下来、固定下来供欣赏，从中来把握人对花、昙花的审美关系，体悟人对花、昙花的美的感受，分析它们的美的构成。还有，作为现代人，古代、近代都已经远离我们而消逝了，古代人、近代人对于现实的审美关系，他们的审美观念、审美情趣、审美理想，要不是有遗存的大量文学艺术作品，我们今天的人对此就一无所知了。正因为古代、近代的艺术作品保存了他们那个时代的人对现实的审美关系，我们今天才得以了解当时的审美关系的生动状态，具体了解那时的人们的审美观念、审美情趣、审美理想。我们从随州擂鼓墩出土的编钟、鼓架、漆器、帛、绢织品，就可以了解到中国春秋时代楚人的审美趣味的奇诡、奔放、充满幻想的具体状况。历代人们对现实的审美关系，我们可以从诗经、楚辞、汉赋、唐诗、宋词、元曲、明清戏曲和小说之中了解一些具体的表现及其流变发展。我们也可以由魏晋南北朝时代的山水诗和山水画的成熟表现了解到魏晋南北朝时代是人对自然美的欣赏，人对自然的审美关系达到自觉的时代。我们从北京周口店北京猿人与山顶洞人的比较，知道正是在山顶洞人那里，即在旧石器时代的晚期中华民族的先民才有了最早的装饰工艺品。而北京猿人虽然有了火，却连最粗糙的工艺品也没有，因而北京猿人还未与现实发生审美关系，没有审美意识。只是到了大约8000年以前的山顶洞人才有了用石、骨等加工成的项链等最早的工艺装饰品，这才透露出一个信息：山顶洞人与现实有了审美关系，山顶洞人开始有了审美意识。这些古代、近代的人们关于审美关系的信息都储藏在各种艺术作品之中。同样，欧洲、美洲、亚洲其他民族生活在世界的另一些地区，离我们非常遥远，他们的审美意识，他们与现实发生审美关系的具体状况，一般说来都无法让我们直接把握。因此，我们也只有通过在那个具体地区的民族的各类文学艺术作品去进行具体的分析研究，从而去了解各民族与现实发生审美关系的具体表现，以及他们的审美观念、审美情趣、审美理想。例如，从达·芬奇的《蒙娜丽莎》，拉斐尔的各种《圣母子》，米开朗基罗的《大卫》雕像，我们就可以大致了解文艺复兴时代意大利民族的写实造型风格和典型化的创造意识。这些恰恰与中国绘画的写意风格、以形传神的创造意识有着鲜明的差异。因此，我们要研究异时异地的人对现实的审美关系，寻找各种不同人群的审美意识的具体特点以及整个人类的审美意识的普遍规律，也必须以艺术作品为主要的研究对象。

3. 艺术作品经过了一些媒介的物态化过程,便于人们进行把握和研究

艺术作品,不论是工艺美术、绘画、雕塑、建筑、音乐、舞蹈、文学、摄影、电影、电视、戏剧、曲艺中的任何一种,都不是一种意识状态,而是经过了颜色、线条、形体、乐音、语言、身体、摄影材料、光声技术等物质媒介而物态化的一些具体的物质实体的存在及其运动。因此,艺术作品就不像人的美感经验那样不易把握,总是以具体的物质实体的存在及其运动呈现在人的眼睛、耳朵等五官感觉之前,我们可以很方便地通过感觉器官去欣赏艺术作品,经过进一步的理性分析,以联想、想象和思维的方式去揭示艺术作品中所蕴含的各种美的形态,人们的审美观念、审美情趣、审美理想,从而去研究凝聚在这些艺术作品中的审美关系的信息。如果没有卡夫卡《变形记》中用语言文字表达出来的人变成甲虫的离奇的但却是具体可感的描写,我们怎么能知道卡夫卡等现代主义作家如何面对人类的异化状态下蜕变为动物的怪诞的人生境况?又如何了解卡夫卡等现代主义作家的审美观念、审美情趣、审美理想的异化和怪诞化?正因为艺术作品是可见、可听、可用感知去直接把握住的,因此才给我们美学研究提供了大量直接、具体、感性的材料,这样我们才有可能进一步展开深入、细致的研究。

三、美学研究的范围

既然美学是以艺术为中心、研究人对现实的审美关系的科学,那么,构成人对现实的审美关系就必定内在地包括三个方面的因素:第一方面是审美的主体,即具有一定审美意识的人;第二方面是审美的客体,即具有某种审美属性或价值的客观对象;第三方面则是审美主体与审美客体的相互作用,即审美的创造。因而美学研究的范围也就是这三个方面:审美主体,审美客体,审美创造。

说得更加具体一些,一般来说,审美主体的研究,也就是平常人们所谓的美感研究,它主要包括:美感的产生和发展,美感的性质和特征,美感的心理要素;审美客体的研究,也就是平常人们所谓的美的研究,它主要包括:美的本质,美的形态,美的范畴;审美创造的研究,也就是以艺术为中心的物质现实和人本身的审美性质的创造,它主要包括:艺术哲学,技术美学,审美教育。

美学研究的这三个方面是不可分割的整体,应该说,美的本质问题是一个关键的问题,因此,19世纪和20世纪初以前的美学几乎都是先解决这个问题。然而它又是一个繁难、玄奥和歧义纷呈的问题,因此对于美学初学者是很困难的,不宜于一开始就去接触它,不如就从人们几乎都有的美感经验入手来进行学习,而且艺术的许多问题另外有文艺理论课具体讲授,因而美学教程中可以不单设,技术美学也是如此。我们可以列表如下：

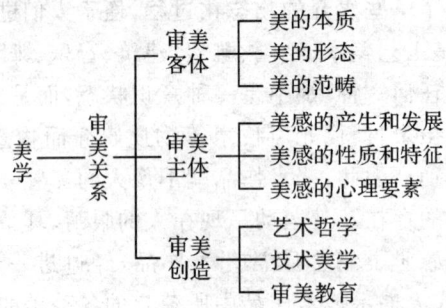

第四节 美学与其他学科的关系

人作为一个实践着并在实践中自我实现和不断发展的整体，他不仅与现实发生审美关系，还要与现实发生实用关系、认知关系、伦理关系，甚至还要发生一些非现实的幻想关系，如宗教关系，因此，这些关系相互之间就必然会产生千丝万缕的联系，其他一些学科也会与美学发生既相互区别又相互联系的关系。而正是这些区别和联系更进一步规定着美学的学科性质和特点。所以，我们有必要进一步研究一下美学与哲学、心理学、伦理学、文艺学等主要相关学科的具体关系。

一、美学与哲学

一般说来，哲学是关于自然、社会和人的最一般的规律的科学，是关于世界观的学问，它必然会包含着研究人对自然、社会和人本身的审美关系的规律。因此，哲学与美学既有密切关系，又有明显区别。

1. 二者密切关系的具体表现

首先，从古至今，尤其是在 19 世纪以前，美学都是哲学中的一个组成部分，如柏拉图、亚里士多德直到康德、黑格尔的美论最为明显地表现出二者的这种关系。比如，在康德那里，他的哲学体系被称为"批判哲学"，由《纯粹理性批判》、《判断力批判》、《实践理性批判》三部著作组成。他最先写成《纯粹理性批判》，这是他的认识论，在这部书中他确定了人的认识的界限——现象界，指明人的认识无法认识物自体。物自体的把握要靠人的信仰，这是人的意志的领域，即实践理性的领域，于是他写了《实践理性批判》，这是他的伦理学。在这里他确立了道德律令的信条以达到对物自体的信仰。在完成这两本书以后他发现，物自体与现象界成为两个隔着一条鸿沟的对立领域，然而整个世界和人一样应该是一个整体,所以他开始思考现象界(认识)到物自体(意志)如何统一和沟通的问题。经过近一年的思考,他发现人的整体是由心理活动的三个方面组成并由感情沟通认识和意志的,因此,他恍然大悟,写了《判断力批判》,以批判力(审美判断力和审目的判断力)与感情的相对举而通过审美判断力和审目的判断力来沟通纯粹理性和实践理性,用美和目的性来沟通现象界和物自体。这样一来,康德的"批判哲学"就形成了一个完整的体系,而研究审美判断力的美学也就成了这个哲学体系之中一个不可或缺的部分。黑格尔的美学也是他的"绝对哲学"的一个圆圈上的一段不可缺少的弧,是绝对精神(理念)经过逻辑阶段、主观精神阶段、客观精神阶段,在回复到自身之时以感性形式显现出来时所形成的艺术和美的学问。如果缺少了研究艺术和美的艺术哲学即美学,黑格尔的哲学体系的圆就不圆满了。大凡有体系的哲学家都有自己的美学作为其哲学体系中的一个部分。

其次,美学家的美学观点一般说来都有一定的哲学观点作为基础,换句话说,一个美学家有什么样的哲学观点,也必然会有相应的美学观点。一个美学家有唯心主义哲学观也就有唯心主义美学观,有形而上学的哲学观也就有形而上学的美学观,有辩证法的哲学观也就有辩证法的美学观。比如,柏拉图是一个客观唯心主义者,他认为世界的本原是理念,而这个世界本原的理念是永恒的、一成不变的,因而他又是一个形而上学论者,因此,他同样认为"美是理念",美的理念同样是永恒的、一成不变的。他的学生亚里士多德批判了老师的观点,具有一定的唯物主义和辩证法的倾向。亚里士多德主张事物的本原有四种:质料因、形式因、创造因、目的因,故称为"四因论",这四种原因有机统一为一个整体从而构成事物,在此基础上亚里士多德认为,事物的美是依赖大小、秩序和安排所组成的有机整体。这两种对立的哲学观产生了对立的美学观,并都成为西方美学的源泉之一,为以后西方的浪漫主义美学观与现实主义美学观奠定了基本原则。其他美学家的美学观无不以自己的一定哲学观为基础,如休谟是18世纪英国经验派的主观唯心主义者,他认为美即快感;博克是18世纪英国经验派的唯物主义者,他认为美是细小、明亮、光滑、变化、不显棱角等性质;黑格尔的"美是理念的感性显现",就是以他的绝对哲学的客观唯心主义辩证法哲学为基础的。

2. 二者的明显区别

其一,哲学是关于世界观整体和自然、社会、人的最一般规律的学问,而美学不过是关于审美观,关于人对现实(自然、社会、人本身)的审美关系的特殊规律的学问。因此,二者是一般与个别、整体与部分的关系,不可混淆。

其二,哲学可以包括美学,但是决不能完全代替美学。哲学的原理、规律更加抽象；美学的原理、规律相对于哲学来说更具体一些，而相对于文艺学又相对抽象一些。所以，我们不能满足于哲学的指导，还要更加具体深入地去研究美学的原理、规律。

二、美学与伦理学

美学与伦理学的关系也是十分密切的，具体表现在：

第一，无论古今中外都有从伦理学角度来研究美学问题的流派和美学家。古希腊最早从伦理学角度谈论美学问题的是苏格拉底。根据色诺芬的《回忆录》记载，苏格拉底认为美就是有用，美与善是一回事。他曾对亚里士多德说："总之，我们使用的每一件东西，都是从同一角度，也就是从有用的角度来看，而被认为是善的，又是美的。"亚里士多德说："然则，粪筐也是一件美的东西吗？"苏格拉底说："那是自然。如果一个能够美丽地适合它的目的，而另一个不能，那么，金的盾牌也是丑的了。"[①]这种把美与善相联系的观点，在西方虽然并不占主导地位，但也是绵延不断的，像亚里士多德、贺拉斯、布瓦罗、夏夫兹博里、狄德罗、车尔尼雪夫斯基都有过类似的论述。从总体上来讲，西方美学是一种向外求真的科学型美学。这是因为它生成于地中海沿岸的商品经济基础之上，因而把人与自然对立起来，并且努力探求自然的规律性。这就与中国美学和东方美学不同。中国传统美学产生于以宗法制度的血缘关系为根系的中原农村自然经济，因而是一种向内求善的伦理型美学。中国古代从先秦开始，以儒道两家为主的美学流派就是从伦理的角度来谈论美的。比如，孔子认为，"里仁为美"，孟子则认为，"充实之谓美"（《孟子·尽心下》），孔子、孟子这两位儒家的圣人和亚圣都是把美与人的道德、人的修养联系在一起来谈的。而道家的老子、庄子也是如此。老子有言："美言不信，信而不美。"（《老子·八十一章》）庄子则说过："天地有大美而不言。"（《庄子·知北游》）从此以后中国美学就主要把美学问题与伦理学问题联系起来阐述，在对待自然美的论说中盛行"比德说"，即认为自然的美乃在于比附于某种人的道德品质和伦理性质。因此，中国有"智者乐水，仁者乐山"（《论语·雍也》）的说法，还有梅、竹、菊、兰"四君子"之说，文人画中喜好画这些植物，也是以它们去比况君子的高风亮节。中国诗歌盛行"比兴"也是这种伦理学美学使然。

第二，人们的美学观念深受伦理学观念的影响，甚至会出现伦理学观念左右美学观念的状况。比如，当你对一个外表长得靓丽的姑娘一无所知时，单从相貌

---

① 伍蠡甫主编：《西方文论选》上，上海译文出版社1979年版，第8页。

上会认为她是美丽的;如果有人告诉你,她是一个心地非常善良的女孩,你会加强对她的美感印象;如果有人以事实证明了她是一个手脚不净的小偷时,你就会说她是"金玉其外,败絮其中",甚至还会认为她根本不美,是丑的。反之亦然。像19世纪法国浪漫主义小说家雨果在《巴黎圣母院》中就判定外表帅气的宫廷卫队长斐比斯是一个丑恶的家伙,而敲钟人卡西莫多虽然外表奇丑而仍然被判定是一个美好的人。这类情况在日常生活和文学艺术中都是经常可以见到的。

尽管美学与伦理学有这么密切的关系,然而它们之间的区别仍然是不容混淆的。两者的区别主要表现在:

第一,美学研究的是人对现实的审美关系,伦理学研究的是人对现实的伦理关系,因此是不相同的。这也是美与善的区别。早在中世纪盛期,托马斯·阿奎那就说过:"善和美在本质上是同样的东西,因为二者都建立在同一个真实的形式上面;但它们的意义却不相同,因为善与欲望相对应,其作用恰如最后因,而美则与知识相对应,其作用如形式因。各种事物能使人一见而生快感即称为美。"①我们可以从实际中看到,伦理价值——善是可以脱离外观形象的,然而却有着强烈的精神性功利目的,而审美价值——美却永远附丽于一定的外观形象之上,而且它是超越任何物质性或精神性功利目的的。

第二,两者有着完全不同的评判标准,不能相互替代。评判伦理价值的善,主要依据对象对人的利害关系,对人的行为、生活有好处有利益的就是善;而评判审美价值的美,主要依据对象的外观形象对人的审美需要的关系,能使人产生精神性愉悦的外观形象就是美。比如,评判一个人的相貌形体之美,主要是以这个人的面孔的形状、大小、肤色和五官的位置、形状、大小的搭配所形成的形象,这个人的高度、胸围、腰围、臀围等合比例地组成的形体来评判。若评判一个人的道德品质就不是依据上述这些形象要素,而必须依据一个人的言行是否对别人、对社会有利。同样评判一个人的行为,若评判一个人的行动的道德上的善,那就是依据这个人的行动对别人、对社会的利害;若评判一个人的行动的美,那就是依据这个人的行动的姿势、动静合度所构成的形象。一个人的道德品质败坏当然可以影响别人对他的审美判断,但却无法完全否定他本身所具有的相貌形体上的美。有些人正是利用自身的某些相貌形体上的美达到了他们的卑鄙的、不可告人的道德或政治的目的,像莫泊桑《漂亮朋友》中的杜·洛阿和司汤达《红与黑》中的于连·索黑尔就是如此。

---

① 伍蠡甫主编:《西方文论选》上,上海译文出版社1979年版,第149页。

三、美学与心理学

美学与心理学也有密切关系,主要表现在:

第一,自古至今都有从心理学角度研究美学问题的美学家和美学流派,尤其是到19世纪末以后心理学美学成为一大主流。西方美学史上,最早从心理学角度研究美学问题的首推亚里士多德。他在《诗学》中明确提出了摹仿说、净化说等与心理学相关的美学观点。例如,他的摹仿说,不仅规定了摹仿是艺术的本质,而且把文艺的起源也归结于摹仿本能及其引起的快感。他说:"一般说来,诗的起源仿佛有两个原因,都是出于人的天性。人从孩提的时候起就有摹仿的本能(人和禽兽的分别之一,就在于人最善于摹仿,他们的最初的知识就是从摹仿得来的),人对于摹仿的作品总是感到快感。"(《诗学》)①在《政治学》中亚里士多德分析了音乐的净化(Katharsis)作用,他说:"具有净化作用的歌曲可以产生一种无害的快感。"②虽然当时尚无科学意义上的心理学,然而亚里士多德关于诗(文艺)的心理学特征却做了大量细致的分析,这在当时是难能可贵的。这种对文艺的心理学分析到了18世纪英国联想心理学诞生后就更时兴了。最典型的则是英国经验派的唯物主义美学家博克,他把美和崇高分别开来,并认为它们各有不同的性状和生理、心理的根源。他认为,美来源于人的社交本能及其所引起的爱的情感,而崇高则来源于人的自我保存本能及其所引发的恐怖的情感。到了19世纪末心理学美学就逐步兴起,从实验美学(费希纳)以后,所谓"自下而上"的心理学美学逐步成为汹涌的大潮,像移情说(立普斯、谷鲁斯、浮龙·李、巴希),心理距离说(布洛),精神分析美学(弗洛伊德),分析心理学美学(荣格),格式塔心理学美学(阿恩海姆),幻觉说(朗格)等等都蔚为大观。中国古代虽然没有系统的心理学美学方面的论述,然而也不乏一些类似心理学美学的精彩论断,例如,《尚书》中就有:"诗言志,歌永言,声依永,律和声。八音克谐,无相夺伦,神人以和。"③这是商周时代的断语,而到了汉代的《毛诗序》中也有:"诗者,志之所之也,在心为志,发言为诗。情动于中而形于言,言之不足故嗟叹之,嗟叹之不足故咏歌之,咏歌之不足,不知手之舞之,足之蹈之也。"④以后像《文心雕龙》中刘

---

① 伍蠡甫主编:《西方文论选》上,上海译文出版社1979年版,第53页。
② 伍蠡甫主编:《西方文论选》上,上海译文出版社1979年版,第96页。
③ 北京大学哲学系美学教研室编:《中国美学史资料选编》上,中华书局1980年版,第11页。
④ 北京大学哲学系美学教研室编:《中国美学史资料选编》上,中华书局1980年版,第130页。

颇关于想象(神思)、情感、联想等的论述,《诗品》中钟嵘提出的"滋味说",韩愈的"不平则鸣说",严羽的"妙悟说",李贽的"童心说",汤显祖的"主情说",王国维的"境界说"等,都具有一些从心理学角度研究文艺问题的特点。

第二,美学研究的审美主体方面和审美创造方面都离不开心理学的研究及其最新成果的促进。美学要研究有关审美主体的美感问题和审美创造中的心理活动就必然要借助于心理学,心理学的每一项新的成果都必定会引起这些问题研究的拓展和深入。像美感和文艺创作中的想象、联想、情感、形象思维等问题的研究都离不开心理学的概念及其研究的深度与广度。再比如,弗洛伊德的精神分析学给深层心理学的研究打开了无意识的新领域,因此,在美学的研究中精神分析美学就应运而生,而且促进了文艺创作欣赏中的心理研究的深入开展。20世纪中叶开始,移情论、距离说、格式塔心理学美学的产生都与心理学研究的发展密切相关。文艺心理学的发展也离不开心理学本身的深入和拓展。

然而,美学与心理学也有明显区别。

其一,心理学研究的是一般的、普遍的心理活动规律,而美学中审美心理、文艺心理的研究涉及的却是审美心理的特殊规律和文艺心理的特殊方面。二者毕竟是两种现象和规律,不可相提并论。比如研究感觉,普通心理学对于人的眼、耳、鼻、舌、身等五官感觉都要全面研究,然而由于审美心理和文艺心理主要涉及眼(视觉)和耳(听觉),因而相对多地关注视觉和听觉。就是对于视觉和听觉的研究,普通心理学从生理机制到心理规律各方面都要求注意,然而审美心理学、文艺心理学则主要集中于视、听感觉的心理规律,而且这些心理规律又必须是针对审美对象和文艺作品的,与一般的对象所引起的视、听感觉也不会完全相同。

其二,心理学对于美学研究也不是全面的,审美客体的研究往往不能从心理学角度进行研究。20世纪中叶以后心理学美学的广泛开展就使整个美学研究发生了深刻变化,移情说、距离说、精神分析美学、格式塔心理学美学等流派把美的本质也归于人的感情的投射,人对对象拉开了非功利性的心理距离,人的本能(性本能为主)的升华,对象与人的心理的异质同构等等,这些说法从哲学上看都是主观唯心主义的,尽管它们都或多或少地揭示了美和美感的某些特点。因此,心理学所能解决的问题主要是对应于美学中的审美心理和文艺心理,却无法去解决审美客体的本质、形态和范畴等问题。不明白这一点,不论什么美学问题都运用心理学方法,不仅解决不了问题,而且还会产生极其错误的倾向和结论。

四、美学与文艺学

美学与文艺学的关系是最为紧密的,甚至使人很难一下子把两者区分开来。这主要表现在:

第一,文艺学与美学有一个共同的研究对象——艺术。文艺学是专门研究文学艺术的,而美学又以艺术为中心研究对象,甚至像黑格尔、朱光潜等美学家干脆把美学叫做艺术哲学,使得二者难以分开,其关系显得扑朔迷离。

第二,历史上有一些著作既是文艺学著作,又是美学著作,比如亚里士多德的《诗学》,贺拉斯的《诗艺》,布瓦罗的《诗的艺术》,车尔尼雪夫斯基的《论艺术对现实的审美关系》,尼采的《悲剧的诞生》,刘勰的《文心雕龙》,钟嵘的《诗品》,王国维的《红楼梦评论》、《人间词话》……这些中外名著都往往既出现在中外美学史中,也同时出现于中外文艺学史中。

第三,两者研究一些共同的问题。像形象思维、内容美、形式美、文艺创作和欣赏中的联想、想象、情感、意志等问题都交叉出现在美学研究和文艺学研究之中,显得难以明确区分。

但是,美学与文艺学毕竟是两门不同的学科。

其一,文艺学的历史比美学的历史要悠久得多。从西方来看,从亚里士多德的《诗学》开始,文艺学就已经成为了一门独立的学科,而美学则是到 1750 年鲍姆加登的《美学》出版后才成为独立的学科。从中国来看,从孔子删诗经定稿开始就应该有文艺学了,至少刘勰的《文心雕龙》就已标志着独立的文艺学在中国产生了。然而,在中国独立的美学却是转道日本从西方引进的。按照陈望道在《美学纲要》中的说法:"美学底历史很短,不过才产生了一百多年;中国之有美学,实以蔡元培先生提倡最早。"[①]而按聂振斌在《中国近代美学思想史》中的说法,"王国维最先引进'美学'这一新概念"[②],时间大约就在 1904 年王国维研习和介绍康德和叔本华的哲学和美学之后。不论何种说法,都已说明中国之有美学这一独立学科是更加晚近的事情。

其二,美学的研究对象从一个角度来看,它比文艺学研究得更广泛一些。美学不仅要以艺术为中心研究对象,而且还要研究艺术以外的自然和社会中的审美对象和审美现象。

其三,就文艺学和美学都研究艺术而言,美学似乎研究艺术的范围反而狭窄

[①] 吴世常主编:《美学资料集》,河南人民出版社 1983 年版,第 7 页。
[②] 聂振斌:《中国近代美学思想史》,中国社会科学出版社 1991 年版,第 55 页。

一些。文艺学不仅要研究艺术对现实的审美关系,还要研究人对现实的实用关系、认知关系、伦理关系,而美学则集中研究艺术对现实的审美关系,而一般不顾及其他关系。

其四,美学主要研究艺术中的抽象问题,因而被称为艺术哲学,更具哲学性质。而文艺学主要研究文艺的一些十分具体的问题,甚至细致到文艺创作中的一些具体手法,因此文艺学不及美学在理论上更抽象、更具哲学特点。

五、美学与自然科学

美学与自然科学的关系也是十分密切的。

第一,从古至今从自然科学的角度来探究美学问题的美学家和美学流派也是非常之多的。古希腊的毕达哥拉斯及其学派就是从数学的角度来研究宇宙及其美,从而得出结论:美是数的和谐。他们还把音乐的美归结为数的原理:弹弦所发出的声音取决于弦的长度;绷得一样紧的弦,如果它们的长度成整数比,那么就会产生谐音。在这一基础上,他们发展了关于音程的数学基础的学说,制定了音阶。他们还正确地提出音乐的基本原则是数量原则。音乐节奏的和谐是由高低、长短、轻重各种不同的音调,按照一定数量上的比例所组成的[①]。亚里士多德用天球层理论为天体的运动建立了一种秩序,天体是不朽和永恒的,因而是最美的。亚里士多德认为,一种生物美不美,与它的结构形式是否与环境变化和行为变化相适应是很有关系的。亚里士多德还认为,构成世界的物体是三维的固体,可见"3"是最完美的数[②]。古罗马建筑师维特鲁威(约公元前1世纪内)所写的《建筑十书》认为建筑物必须按人体各部分的式样制定严格的比例[③]。中国古代五行学说认为一是由二变化而生,由一直接过渡到五,五是最完美的数,而古希腊的毕达哥拉斯则认为一是根本,十是最完美的数[④]。这些都说明,中外的古代思想家都曾经从数学、天文学(宇宙学)、生物学等自然科学的角度来探究美学问题。文艺复兴运动时期的艺术家们,由于复兴古典艺术的需要,对透视学、解剖学、几何学、色彩学、光学、声学等自然科学进行广泛涉猎和研究[⑤]。以后科学家们都很关心科学与美学、艺术的密切关系,直到20世纪中期以后科学中的

[①] 徐纪敏:《科学美学思想史》,湖南人民出版社1987年版,第46~47页。
[②] 徐纪敏:《科学美学思想史》,湖南人民出版社1987年版,第72~74页。
[③] 徐纪敏:《科学美学思想史》,湖南人民出版社1987年版,第103页。
[④] 徐纪敏:《科学美学思想史》,湖南人民出版社1987年版,第127页。
[⑤] 徐纪敏:《科学美学思想史》,湖南人民出版社1987年版,第263页。

控制论、系统论、信息论、协同论、耗散结构理论等相继兴起和发展,直接影响到了美学的发展,在西方和中国都相应地产生了控制论美学、系统论美学、信息论美学等等,虽然还只是探索,但也足见自然科学与美学的关系之紧密,自然科学对美学影响之巨大。

第二,不仅自然科学家,而且一般稍有知识的人,都把美学价值的美与科学价值的真联系起来。关于真与美的关系也是一个古今中外的思想家、美学家都十分关心的问题。虽然有些思想家把美看得高于真(如康德),而有些思想家把真看得高于美(如黑格尔),但是二者紧密不可分却是许多思想家、美学家的共同观点(亚里士多德、布瓦罗、狄德罗、康德、黑格尔等)。如果把自然科学的真看作是对自然规律探索的结晶,那么,我们可以看到,离开了规律和合规律性就不会有美。一般说来,美的事物必须以规律和合规律性为基础,违反自然规律的东西难以生存和发展,是很难有美的。正因为如此,柳树必须垂枝柔条才会美,松树必须挺拔直立才会美。在人类社会中曾经出现过一些缠足、文身、刺鼻、穿口等违反自然规律的奇特的所谓"美",正因为它们不符合科学所揭示的自然规律,即使流行一时,也会随着文明的进步、科学的昌明而逐步黯然失色,悄然消逝。相反,人们最早对科学及其真理(规律)的认识也是离不开美学及其对美的揭示的,以美启真,用美学来促使科学的发展,不仅是神话时代的现实,也是当今时代社会中的惯常事实。人们的每一个发明,计算机、机器人、电视、电影最早都是从美的想象开始的。

第三,各门类自然科学还可以给美学提供一些具体的方法论。众所周知,方法论有三个层次:最高的层次是哲学方法,又称元方法,在我们看来这便是实践唯物主义(即我们通常所说的辩证唯物主义和历史唯物主义);中间层次是一些具体学科的方法,如数学方法、数理统计方法、物理学方法、化学方法、生物学方法、心理学方法、社会学方法等等;第三个层次则是一些通用的科学方法,如观察法、实验法、调查法、问卷法、内省法等等。在这三个层次的方法之中,自然科学在后两个层面上都可以给美学以方法论的启示和具体的运用。数学的、物理的、生物的、化学的方法,在近代以来在美学研究中都有运用或产生过影响,像爱因斯坦、彭加勒、李政道、杨振宁都从物理学与美学的关系上来谈论过艺术、美等美学问题。20世纪80年代由李政道倡导,还定期在北京举办过科学与艺术相融合的探讨和实际创作,艺术家把科学家的许多设想用艺术形象体现出来,表现出一些有益的美学方法论上的探讨。此外,像达尔文从生物进化论的方法和角度对人类美感起源的探讨,虽然有某些生物还原论的倾向,可是也给人们许多方法论上的启迪。另外,在具体的科学方法上,自19世纪以来,自然科学常用的实验法、观察法、问卷法等具体方法也给美学带来了科学主义的潮流。19世纪末费希纳的实验美学,运用自然科学的实验法、问卷法研究美感,得出过一些有启示意义的结论,尽管在现实中这些结论往往显得捉襟见肘,比如,通过人群的问卷和实验,得出红、绿、圆、正方等颜色、形状较受人们喜爱的结论,但是,这对于完全打破纯思辨的"由上而下"的形而上学的美学方法的一统天下,却是十分重要的一步。此外,诸如运用模糊数学或用方程式、复变函数来探讨美感和美的构成因素及其相互之间的关系都是非常可喜的、有益的尝试,对美学的不断发展也是不可缺的。

当然,不管自然科学对美学产生何等巨大的作用,二者关系如何紧密,自然科学与美学毕竟是两类不同的科学。

第一,自然科学是一种与人文科学、社会科学相对应的科学,美学则恰恰属于一门人文科学,它与社会科学的关系比与自然科学的关系更为邻近。美学以艺术为中心研究人对现实的审美关系,因此,它必定离不开人,艺术是人的审美创造,没有了人也就没有可能发生与现实的审美关系。正是人的实践、创造、创造的自由生成了人对现实的审美关系,所以,美学是应该属于"关于人的科学"(广义的人类学)之类的科学,所以它是一门研究人对现实的审美关系的人文科学,比社会科学更关注人本身。像政治学、经济学、法学等社会科学则是更多地研究社会事物和社会现象,如政治制度、政党形式、经济制度、经济形式、法律制度、法律形式等等,其对人的直接研究还是少一些。

第二,自然科学主要研究人对现实的认知关系,美学则主要研究人对现实的审美关系。正如我们前面所说的,人对现实的审美关系具有外观形象性、情感感染性和超越功利性。而自然科学所研究的人对现实的认知关系则具有内容抽象性、客观真理性和理论功利性。自然科学要达到对事物的内在本质、规律、本质关系的把握,因此,它不能停留在感性现象、外观形象之上,必须从感性认识深化到理性认识,而达到这种理性认识的途径是通过表象的概括性走向概念、判断、推理,从而形成抽象的理论,因而具有内容抽象性。认知关系要达到对对象的性质、状态、本质、规律的把握,就不能感情用事,不能受情感的直接影响,而要对对象采取客观、冷静的态度,以达到对对象的真理性把握,因而具有客观真理性。认知关系最终一般都应具有一定完整的理论形态或理论体系,通过这种理论形态或理论体系来实现人对现实的理论把握、精神把握,也具有十分明显的功利目的,尽管这种功利目的并不如实践把握(物质实用关系和精神伦理关系)那样直接,但仍然是不可超然物外的,因此多多少少有些利害关系,比如医学的研究就是要从理论上把握病理从而征服它,物理学的研究也是要更好地掌握水力、电力、电子信息等规律以用于开发利用,化学、生物学等无不如此。

六、小结:美学是一门哲学性的、边缘性的人文科学

从以上的这些探索,我们认为,美学是以艺术为中心研究人对现实的审美关系的科学。它是一门哲学性、抽象性较强的人文科学。因为它所研究的对象的特殊性,它与哲学、伦理学、心理学、文艺学、数学、物理学、天文学、生物学等都有或多或少、或隐或显的关系,因此,它就是一门在这些科学的发展边缘和交融之中生成和发展起来的学科。因而我们认为,美学是一门边缘科学,然而由于它在哲学的母体中孕育的时间最长久,因而它的哲学性、抽象性仅次于哲学而要高于其他的一切人文科学、社会科学和自然科学。所以,我们可以说:美学是一门哲学性、抽象性较强的边缘性的人文科学。正因为如此,它才可能是古老而又年轻的科学。随着时代的进步,我们可以预料美学会在与时俱进的马克思主义实践唯物主义的哲学基础上,在日新月异的各门人文科学、社会科学和自然科学发展的交融中,更加走向繁荣发达,多元共存,建设起具有中国特色的当代美学形态,为世界美学的发展作出中华民族的应有贡献。

关键词释义

[美学] 美学是以艺术为中心研究人对现实的审美关系的科学。

[审美关系] 在长期的社会实践之中形成的,对象能够满足人的审美需要,而人也要求对象能够满足自己的审美需要的,对象对人的特殊关系。审美关系的特征主要有:超越功利性,外观形象性,情感感染性。

[马克思主义美学] 以马克思主义实践唯物主义为哲学基础的美学体系。马克思主义美学的产生和发展给世界美学带来了革命性变革。马克思主义美学的基本特征是:实践性,辩证性,历史性。

[美学研究对象] 美学研究对象就是人对现实的审美关系,而艺术是美学的中心研究对象。

[美学研究的范围] 根据人对现实的审美关系的组成的三个方面,美学研究的范围也可以相应地划分为三个方面:审美主体的研究,审美客体的研究,审美创造的研究。

[美学的学科定位] 从美学与哲学、伦理学、心理学、社会学、自然科学、文艺学的关系来看,美学是一门哲学性较强的、边缘性的人文科学。

思考题
1. 为什么说美学是一门古老而又年轻的科学?
2. 马克思主义美学的基本特点是什么?
3. 美学研究的对象和范围是什么?
4. 为什么说美学是一门哲学性、边缘性的人文科学?

进一步阅读文献
1. 张法:《美学导论》,中国人民大学出版社,1999年版。
2. 彭锋:《美学的意蕴》,中国人民大学出版社,2000年版。
3. 周宪:《美学是什么》,北京大学出版社,2006年版。
4. 朱立元:《美学》,高等教育出版社,2002年版。

第二章　美感的形成与发展

第一节　美感的含义及实质

美感的含义如何？它的实质是什么？它的概念应该如何理解？这是我们了解美感必须首先明确的问题。

一、历史上关于美感的实质的不同观点

1. 直觉说

直觉，一般是指不经过理性的推理过程而直接对对象作出的判断和认识。美学中的直觉说认为，美感是无意识的直觉，是一种纯粹的直接感觉，与理性、逻辑、生活、功利、科学都没有关系。这种直觉说在西方美学史上经历了一个漫长的发展过程。

古罗马美学家普罗丁(204—270)认为，自然美、艺术美、心灵美、神美构成一个逐级上升的结构。其中神美是最高级的美，它只可意会，不可名状。对这种美的领悟只有通过个人与神本身的接触才能逐渐获得。他实质上是认为，美感是由于心灵感触到理式和神美所引起的，与理性无关，因而带有宗教式的神秘的直觉意味。

德国启蒙主义美学家鲍姆加登(1714—1762)也是西方美学的创立者，被称为"美学之父"。他认为，"美学作为自由艺术的理论，低级的认识论，美的思维的艺术和与理性类似的思维的艺术，是感性认识的科学"[①]。他认为审美活动是事物形象的感性直观，而与理性、理智无关，充其量也不过是"理性的类似"。

法国直觉主义哲学家、美学家柏格森(1859—1941)也很注重直觉的作用，把它当做生命的本能。他说，直觉能"突然地看到对象后面生命的冲动，看到它的

[①] [德]鲍姆加登：《美学》，简明、王旭晓译，文化艺术出版社1987年版，第13页。

整体,哪怕只是一瞬间"。直觉不是围着对象观察的结果,而是"钻进对象内部,以便与对象中那个独一无二、不可言传的东西相契合"①。对于创作,那独一无二、不可言传的东西呈现出来,就是形式。而美感,正是对这一独特形式的独特体验,与理智无涉。

因为艺术美是美的家族中最主要的成员,所以意大利直觉主义哲学家、美学家克罗齐主要从艺术的角度讨论美和美感。他的著名公式是"艺术即直觉即表现",或者扩充开来,即"艺术=直觉=表象=表现=形式=情感"。他说:"每一个真直觉或表象同时也是表现。没有在表现中对象化了的东西就不是直觉或表象,就还只是感受和自然的事实。心灵只有借造作、赋形、表现才能直觉。""我觉得以'成功的表现'作美的定义,似很稳妥。或是把美干脆当作表现,不加形容词,因为不成功的表现就不是表现。""在审美事实中,表现的活动并非外加到印象的事实上面去,而是诸印象借表现活动得到形式的阐发。……所以审美的事实就是形式,而且只是形式。"②克罗齐所说的"表现"不同于我们常用的含义——把内心的东西"现"到"表面",而是指外在事物触到感官(感受),心里抓住它的完整形式(直觉),这一完整形式的形成就是表现,因而直觉即表象,即表现。具体到美感,克罗齐强调的是,美感是一种由表象(而非概念)和形式(而非内容)引起的情感体验,与理智、逻辑、概念、分析、功利无关,由于它是在刹那间完成的,故称为直觉。

美感的直觉说看到了美感是在刹那间产生的,看到了它与主体的综合能力,与形式、与表象(形象)的密切关系,看到了它的独特性、情感性因素和非功利性的一面,这些都是深刻而合理的。但他们把直觉当成了本体,把审美对象作为表现自我的附属品,否认美感有理智的参与和功利性的一面,这都是经不住反驳的。

2. 先验说

先验说认为,美感是人类一种与生俱来的能力。

英国新柏拉图主义者夏夫兹博里(又译作舍夫茨伯里,1671—1713)认为,人天生就有审辨善恶、分辨美丑的能力。审辨善恶的道德感和审辨美丑的美感是相通的。他称这种审辨能力为"内在的感官"、"内在的眼睛"、"内在的节拍感",实质就是后来心理学所说的"第六感官"。他说:"眼睛一看到形状,耳朵一听到

---

① 洪谦主编:《西方现代资产阶级哲学论著选辑》,商务印书馆1982年版,第137页。
② [意]克罗齐:《美学原理 美学纲要》,朱光潜译,外国文学出版社1983年版,第7,73,15页。

声音,就立刻感觉到美……也就是一种内在的眼睛分辨出什么是美好端正的,可爱可赏的,什么是丑陋恶劣的,可恶可鄙的。这些分辨既然根植于自然,那分辨的能力本身也就应是自然的而且只能来自自然。"①又说:"美感其实就是一种预定的和谐感觉。"其中的"自然"、"预定"都指先天、天生。

夏夫兹博里的学生哈奇生继承了老师的"内在感官"天生说。他在《论美与德行两个概念的根源》中明确写道:"对事物的美感或感觉力是天生的,先于一切习俗、教育和典范……教育和习俗可能影响我们的内在感官……但是这一切都必须先假定美感是天生的。"②

德国古典美学的奠基人康德将美感称为审美判断力、审美观念、审美趣味。他在《判断力批判》中认为,审美活动是一种非功利的、不以概念为前提的"无目的的合目的性"活动。审美判断的客观法则是不存在的,最高的鉴赏原理只能是主体内心深藏着的一个观念。他特别看重想象力在美感中的作用。他说:"我所了解的审美观念就是想象力里的那一表象。""是想象力附加于一个给予的概念上的表象,它和诸部分表象的那样丰富的多样性在对它们的自由运用里相结合着。"③而想象力是一种"先验诸直观的机能"④。康德实际是说,审美观念与美感是想象力的创造物。正是由于想象力的作用,对象的某些表象特征才契合了主体的悟性(知性)概念,使人误以为对象是合目的的,从而产生愉快,导致美感的产生。离开想象的中介作用,表象特征与悟性(知性)概念永远是割裂状态,不可能生成人类的审美观念和美感。

康德正确地看到了想象力在美感中的作用,但把美感的原理看做"主体内心深藏着的一个观念",把想象力看做"先验诸直观的机能",如同其他美感是天生的理论一样,否认了客观存在的美丑事物的第一性及其在美感生成中的作用,否认了想象力和美感的社会实践性,是典型的主观唯心主义的先验论和天才论。

3. 移情—生理说

移情说认为,美感是主体在审美静观中依靠本能的"内模仿"的能力,将自己的生命和情感移注到对象之中,从而在对象身上进行"自我的欣赏"。其代表人

---

① [英]夏夫兹博里:《道德家们》第Ⅲ部分第二节,转引自朱光潜《西方美学史》上卷,人民文学出版社 1979 年版,第 212~213 页。
② 马奇主编:《西方美学史资料选编》上,上海人民出版社 1987 年版,第 475 页。
③ [德]康德:《判断力批判》上卷,宗白华译,商务印书馆 1985 年版,第 160,163 页。
④ [德]康德:《判断力批判》上卷,宗白华译,商务印书馆 1985 年版,第 28 页。

物是德国美学家立普斯。他认为,"内模仿"是一种本能,"对于我的意识来说,这种内模仿只在所见到的对象里发生。这时,努力、挣扎、成功的感觉就不再和我的动作联系在一起,而是只和我所见到的那个客观的物体动作联系在一起。……由于我把自己外射到那个动作的形体里,我感觉到我自己也在用力完成那个动作。……总之,这时我连同我的活动的感觉都和那发出动作的形体完全打成一片……我也就感觉到自己在它里面自由、轻松和自豪。这就是审美的模仿,而这种内模仿同时也就是审美的移情作用"①。实际上,立普斯认为,美感的根源不在对象,而在主观情感的移入。他明确地说:"审美欣赏的对象是一个问题,审美欣赏的原因是另一个问题……欣赏对象当然不是欣赏原因。毋宁说,审美欣赏的原因就在我自己,或自我,也就是看到对立的对象而感到欢乐和愉快的那个自我。"②移情论把美感和自我联系起来,在结果上和"本质力量对象化"的马克思主义美感论有相通之处,但他否认了"实践"这个中心环节,陷入了唯心主义。另外,立普斯的"内模仿"主要是生命本能,而且他所说的"美感"主要指"强壮的""我感到精力旺盛,活泼,轻松自由,自豪",更接近于生理快感,因而在实质上是认为美感的根源是生理,因而同时可以称作"美感生理论"。在移情说中,除了从心理学的情感基础上探讨美感问题外,也有从生理学的角度出发来论述美感的。如德国美学家谷鲁斯的"内模仿说",认为移情是从人们心中对外物象征的模仿,这种模仿就是美感。但是这种以生理学为基础来研究美感的观点往往注重了人的生理变化和筋肉的运动,注重快感,而将美感作为社会高级情感的特性忽视了,因而也是不科学和不全面的。

4. 自我认识说

在美感问题上,旧唯物主义者更多地认为美感是客观对象引起的,是对对象的认识,乃全在对象身上认识到自我。亚里士多德说:"人从孩提时候起就有模仿的本能,人对于模仿的作品总是感到快感。……我们看见那些图像所以感到快感,就因为我们一面在看,一面在求知,断定对象是某一事物。"③18世纪英国经验主义美学家博克肯定美是属于事物本身的某些属性,比如小的体积、光滑的表面、逐渐的变化、颜色鲜艳而不刺眼。而美感正是认识了这些属性而引起的

---

① [德]立普斯:《论移情作用》,朱光潜译,见《古典文艺理论译丛》第8期,人民文学出版社1964年版,第48~49页。

② [德]立普斯:《论移情作用》,朱光潜译,见《古典文艺理论译丛》第8期,人民文学出版社1964年版,第43页。

③ [古希腊]亚里士多德:《诗学》,罗念生译,人民文学出版社1962年版,第11~12页。

"情感(爱)、愉快、松弛、舒畅"①。

到了德国哲学家、美学家费尔巴哈和俄国革命民主主义美学家车尔尼雪夫斯基,他们不仅认为美感是对对象的认识引起的,而且是人在对象身上认识到自己引起的。费尔巴哈用镜子作比喻,他说:"人的本质是在对象身上向你显现出来的,对象是人的显现出来的本质,是人的真正的客观的'我'。"②车尔尼雪夫斯基提出了"美是生活"的著名命题,认为不仅人从生活中看到美,而且"人用肉眼也可以在自然中看出美来","美感认识的根源无疑是在感性认识里面"③。

旧唯物主义的这种自我认识论和马克思主义的辩证唯物主义有联系,也有区别。二者都主张物质第一性,精神第二性,社会意识是对社会存在的反映,但二者又有本质的区别。后者强调反映的主观能动性,前者忽略甚至否认这点。同样,从亚里士多德到车尔尼雪夫斯基的上述见解,都坚持了唯物主义的立场,具有合理性,但是他们都没有看到人的美感的主观能动性,而且把美感等同于认识,其局限性是显而易见的。

二、美感的含义及其实质

美感这个术语,无论在日常生活中,还是在科学研究中,都有广义的和狭义的两种用法。广义的美感就是审美意识,狭义的美感指人们面对美好事物时所产生的愉悦心情,即审美感受。人们常说的美感指其狭义。

1. 广义的美感——审美意识

审美意识是审美主体面对审美客体产生一种特殊心理活动的能力、需要、过程及其结果的总和,主要包括审美需要、审美能力、审美感受、审美观念、审美理想、审美趣味、审美判断、审美态度等。它以审美能力、审美需要为前提,以审美感受为核心,以审美观念、审美理想、审美趣味、审美判断、审美态度为结果。

审美需要是人们在长期的社会实践过程之中形成的对于审美客体的必需的追求的动机和要求,是人们进入审美状态的内在动力(内驱力)。如果没有审美需要,人们绝不可能对审美对象产生审美感受,也不会去发现对象的审美性质和

---

① 参见博克:《论崇高与美》,见北京大学哲学系美学教研室编:《西方美学家论美和美感》,商务印书馆1980年版,第122页。

② 北京大学哲学系外国哲学史教研室编:《十八世纪末—十九世纪初德国古典哲学》,人民文学出版社1962年版,第547页。

③ 北京大学哲学系美学教研室编:《西方美学家论美和美感》,商务印书馆1980年版,第257页。

审美价值。正如马克思在《1844年经济学哲学手稿》中所说:"对于一个饥肠辘辘的人来说并不存在着食物的属人的形式,而只存在着它作为食物的抽象的存在;同样地,食物可能具有最粗糙的形式,并且不能说,这种饮食与动物的摄食有什么不同。忧心忡忡的穷人甚至对最美丽的景色都无动于衷;贩卖矿物的商人只看到矿物的商业价值,而看不到矿物的美和特性;他没有矿物学的感觉。"①

审美能力是人类在实践中形成的能够发现、感受、观照审美客体的技能和力量。任何人要能够发现、感受、观照审美对象的审美性质和审美价值,就必须具备一定的技能和力量。比如,要能够发现、感受、观照一幅画、一首诗、一首歌的审美价值,就必须有健全的视觉、听觉等五官感觉的技能和力量。

审美观念就是人关于什么是美,事物怎样才美的思想和观点、认识和主张。比如,对于人们的衣着打扮,有人以自然朴素为美,有人以艳丽时髦为美;对于人生,有人主张低调平常就是美,有人主张显山露水才为美。审美观念是审美意识系统中理性的部分,它在本质上是一种抽象的观念形态,是一种主张,它对主体的审美活动有着绝对的指导意义,它也只有指导审美实践,并转化为具体的感性形态才有现实意义。

审美理想就是人对于美的形态的希望和追求,即希望和追求社会美、自然美、艺术美等是什么样子,也就是人们所希望和追求的高级的或最高级的美在意识之中的表现。审美理想是理性和情感的统一,在不同的情况下往往有不同的侧重:有时侧重于情感,一旦这种情感性超过了一定限度,和现实严重对立起来,就成为审美幻想;有时侧重于理性,具有现实的可实现性。大多数情况下,审美理想具有超现实性,唯其如此,它才向人们预示一个美好的未来。

审美趣味又称审美情趣,就是主体在审美活动中追求、观赏、评价对象时的个人喜好。如同饮食方面有人喜酸有人喜咸一样,审美趣味有着强烈的感性色彩和个体的主观性。这也说明了,在它的形成中,主体的个性占据了主导地位。不过,它又不是纯个性的,它连同个性在内,又深深受到社会、时代、环境的熏染。与山西人爱吃酸,湖南人爱吃辣,唐人喜肥,宋人喜瘦一样,离开了社会与环境找原因,是无法解释它们的。因此,审美趣味看起来是个体的,却常常体现了社会性的内容,有高雅与低俗、健康与病态之分。高雅与健康的审美趣味一般与积极向上的人生观相联系,低俗与病态的趣味一般与消极堕落相联系。

审美判断是审美主体对审美客体的判别和评价,它是人们的审美认识、审美

---

① [德]马克思:《1844年经济学哲学手稿》,刘丕坤译,人民出版社1979年版,第79~80页。

情感和审美意志共同作用的结果。作为审美认识,审美判断是以对审美对象的感性认识为基础而得出的一种理性认识的结果;作为审美情感,审美判断是人们对审美对象的态度的体验结果;作为审美意志,审美判断是人们对审美对象能否满足自己的审美目的的判别结果。它的表现形式主要是一种判断句,比如:这幅画是美的,这幅画是崇高的,这幅画是滑稽的,这幅画是丑的,这幅画是怪诞的,等等。

审美态度是人们对事物采取的欣赏、观照的对待方式,即把事物当做审美对象来对待。中国当代美学家朱光潜在《谈美书简》中分析过对待松树的不同态度:木匠的实用态度,科学家的认知态度,道德家的伦理态度,画家的审美态度。实际上,人们对待世界上的一切事物都会有这样四种不同的态度,不同的态度追求不同的价值:实用态度追求利,认知态度追求真,伦理态度追求善,审美态度追求美。

一个人、一个群体的审美需要、审美能力、审美感受、审美观念、审美理想、审美趣味、审美判断、审美态度等都是在长期的社会实践中形成的,因而也会随着社会环境和自身条件的变化而变化。不过,这种变化是缓慢的,有时甚至是很困难的,尤其是个体的审美意识是很难改变的,因为作为其基础的主体个性是很难改变的。

2. 狭义的美感——审美感受

狭义的美感,即审美感受,指审美主体面对审美客体所产生的肯定性心理活动过程。与美感相对的是"丑感",它是审美主体面对丑恶事物所引起的否定性心理过程。"丑感"也是审美时产生的一种感受。所以,严格地说,审美应该包括审美和审丑,审美感受也应该包括美感和丑感,它指审美主体面对审美客体时产生的心理活动过程,包含着认识、情感、意志的完整过程,而以情感为中介。我们在通常意义上常把美感理解为审美感受。它一般包括:审美感知、审美思维、审美情感、审美意志等。

审美感知是审美感觉和审美知觉的合称,指的是审美认识的感性阶段。审美感觉是人的感觉器官,主要是视觉和听觉把握审美对象的各个部分审美属性的感性认识,是审美感受的最基础的心理活动。审美知觉则是人的感觉器官把握审美对象的整体的心理活动。在心理学的初期,心理学家着重分析了不同的感觉的表现,如视觉、听觉、味觉、触觉、嗅觉五种感觉,而把那种综合不同感觉而形成的感觉总体称为统觉或知觉;到了20世纪德国格式塔心理学产生以后,主张从整体上来研究人的感性认识,反对把五官感觉分割开来,认为人的感性认识就是一种格式塔(完形,完整形象),因此心理学家趋向于把感觉和知觉合称为感知。审美对象确实往往是综合各种感觉特征的完整形象。然而,在审美活动中,不同的感觉器官的美感同样具有独立的审美价值,比如视觉形象、听觉形象就有不同的审美价值。在中国传统美学中,人们对味觉的审美价值和审美意义有着特殊的研究,所谓"羊大为美",中国第一部字典、汉代许慎的《说文解字》就是从味觉的角度来解释"美"字的意义。德国启蒙主义美学家赫尔德的《雕塑论》把雕塑视为"触觉的艺术"。因此,在美学中审美感觉和审美知觉的分开和综合的研究都有其存在的价值。

审美思维是审美认识的理性阶段,它是以形象思维为主,抽象思维为辅的理性认识过程。审美思维往往表现为直觉思维或灵感思维这样的特殊思维形式。正因为如此,中外美学史上出现了那么多关于美感的直觉说的理论观点。

审美情感是审美心理活动的感情方面,是审美主体对审美客体能否满足自己的审美需要的态度的体验过程。它在审美感受之中具有中介的作用:审美感受之中,审美情感表现得最为突出,并且是从审美认识到审美意志的过渡环节。

审美意志是审美心理活动过程的意志方面,它是审美主体克服各种主客观困难而实现审美目的的心理活动过程。审美意志最终体现为一种自由的活动状态。

3. 美感的实质

美感的实质是什么? 就是说,人面对一个美的事物,为什么会感到美,感到赏心悦目呢? 有人会说,这还不简单吗? 那是美的对象引发的啊! 如果真是这样,那为什么同样面对幼儿迈出的第一步,旁观者和抚养者得到的美感会不同呢? 可见,问题并不那么简单。

在我们看来,美感作为一种能力,既不是与生俱来的,也不是神赐的,而是在社会实践中逐步形成的;美感作为一种精神享受,既不是客体对象的自然属性引发的,也不是虚无缥缈的美的观念被唤起,而是人对自己本质力量的观照而引起的愉悦。这也就是说,是人在对象身上看到了自己的才能、智慧、价值等而引起的快乐,是审美主体在他自己所创造的对象世界中直观到自己的赏心悦目的欣赏。

在马克思主义看来,社会实践是人类特有的改造和认识世界的现实活动。人类通过物质的、精神的社会实践,不仅改造了自然,改造了人本身,也在自然对象身上打上了人的印记,使自己的智慧、才能等本质力量对象化入客体对象之中,使对象成为一个能显现人的本质力量的对象。这就是马克思所说的"人的本质力量的对象化"或曰"本质力量的感性显现"。于是,人就能在自己创造的对象世界中直观其自身。而人正是由于在对象身上看到了自己的才能、智慧和价值,才产生由衷的喜悦。农民在辛勤劳作之后看着身后的土地而喜悦,木工把玩着自己的产品,作家欣赏着自己的作品都是这个道理。自然美虽未经过人的实践改造,但是,它可以象征性地、同构性地显现人的某些本质,比如,出污泥而不染的莲花象征人的高洁,梅花的不畏严寒象征人的坚强,细流与人的柔情同构,阳光与人的热情相仿等,人的美感也就在这样的观照中产生。

美感的实质或本质与美感的起源或产生有着密切关系。在马克思主义美学产生以前,关于美感的起源和形成的理论观点主要有:模仿说、游戏说、劳动说、生物进化说、巫术说、本能升华说。

美感形成的模仿说是西方美学史上最古老的理论观点。亚里士多德在《诗学》中就认为,人类的美感和艺术起源于模仿本能。

英国思想家斯宾塞主张美感起源的游戏说。他歪曲地利用了德国古典美学家康德和席勒关于游戏的论述,提出人类美感产生于人类精力过剩时所进行的游戏。

劳动说是俄国早期马克思主义美学家普列汉诺夫极力主张的美感和艺术的起源理论。他从马克思主义经典作家的历史唯物主义观点出发,批判"康德—席勒—斯宾塞游戏说",综合法国思想家毕歇尔等人的观点,提倡美感和艺术起源于物质生产劳动。

英国博物学家达尔文主张生物进化说。在进化论基本原理基础上,他提出了美感的生物进化说。他认为高等动物由于生存斗争和自然选择的生物进化而形成了美感。因此,一些高级动物也有类似于人类的美感。

现代西方人类学的发展和欧洲一些史前洞穴艺术的发现,使得许多人类学家和艺术史家开始提倡巫术说,像英国人类学家弗雷泽和泰勒、法国人类学家雷纳克都相信,人类的审美活动和美感来源于人们的原始宗教、图腾崇拜与鬼神交流的巫术活动。

20世纪兴起的精神分析学说宣扬本能升华说。精神分析学说的创始人、奥地利心理学家弗洛伊德及其追随者们认为,美感是被压抑的本能(特别是性欲或恋母情结)的一种特殊的发泄方式,即性本能的升华;所谓升华就是性本能通过美感和艺术等社会道德所允许的途径宣泄出来。后来,弗洛伊德的学生和追随者、瑞士心理学家荣格对弗洛伊德的精神分析理论进行了修正,提出了美感和艺术的集体无意识或原型的表现说。

以上这些关于美感起源和形成的理论观点在一定范围内、在一定程度上都是有根据的和合理的,但是,也都仅仅具有片面的真理性。我们认为,美感是在生物进化所形成的人类一定生理基础和心理基础之上,起源于以物质生产为中心的整个社会实践(物质生产、精神生产、话语生产),而本能、生物进化、模仿、游戏、巫术等则是使原始的审美意识逐步形成为比较纯粹的审美意识的中介环节。

第二节 美感形成的生理和心理基础

美感作为人的一种心理活动,它必定有着生理基础,而作为一种特殊的心理活动,它也必定具有一般的心理基础。换句话说,一个人要产生审美意识或审美感受,就必须首先具有完整的、健全的神经系统,并且能够遵循普遍的心理活动规律。人的神经系统包括大脑、脊髓(中枢神经系统)和外周神经系统(由脑和脊髓发出的神经干、神经分支和神经末梢)及各种感受器。感受器和外周神经系统的主要功能是传入或传出信息;脊髓的功能是沟通躯体组织器官与脑之间的信息传递和控制一些基本反射活动(躯体反射和内脏反射);脑(脑干、小脑、间脑、大脑),特别是大脑,是处理、贮存和利用信息的主要器官。特别值得注意的是,间脑中下丘脑的一个部分——脑垂体有一个快感中枢,它与审美快感直接相关。一个人的整个神经系统出现疾病或者残疾就会直接影响到他的审美意识或审美感受的形成。与此同时,审美活动也要遵循一些普遍的心理规律,例如,联想的相似律、接近律、对比律、关系律,知觉的接近组合规律、相似组合规律。遵循知觉的接近组合规律和相似组合规律,在我们的视野中,漓江岸边距离较近的一座座形状相似的山峦很自然地形成与漓江倒映成趣的审美知觉整体。同样,这些规律也形成了一些由人们命名的饶具特色的审美客体,如三潭印月、柳浪闻莺、香山红叶等。

一、美学史上的有关论述

"美学"一词,在希腊文中的原意是"感觉学"、"凭感觉可以感知的科学",这就充分地说明了审美活动与人的感官之间具有密不可分的关系。

事实上,美感的产生,不是人类思考的结果,而是在生产实践过程中认识和改造自然的基础上,人的感觉器官得到不断的发展,同时意识到人类本质力量的结果,是人凭感觉器官对美的事物感知的结果。没有感觉器官,人就无法感知美的存在,美感也就不会出现和存在。同样,感觉器官不完善,也不会有完善的美感。对此,中外美学家有着广泛的探讨,如柏拉图就说,"美就是由视觉和听觉产生的快感"[①]。

[①] 《柏拉图文艺对话集》,朱光潜译,人民文学出版社1983年版,第200页。

中世纪神学家、美学家托马斯·阿奎那也很注重感觉器官的作用,特别是人的视觉和听觉。他说:"与美关系最密切的感官是视觉和听觉,它们都是与认识最密切的、为理智服务的感官。我们只说景象美或声音美,却并不把美这个形容词加在其他感官(例如味觉和嗅觉)的对象上去。"①这就明确地指出了美是通过视觉、听觉让人认识到的。

达·芬奇认为,人们的一切知识都是源于感觉经验。在人类诸多的感觉中,视觉具有独特的意义,它是人类诸感觉中的高级感觉。他说:"眼睛的科学是最确实可靠的,它测量星辰的高度和大小,它找到元素的位置……它产生出建筑学和透视学,产生出神圣的绘画。"②他认为眼睛是心灵和外界诸多美的事物的桥梁,唯有凭借眼睛和其他感觉器官,人们才可以感受到外界的美,并获得美的享受。"眼睛叫做心灵的窗户,它是知解力用来最完满最大量地欣赏自然的无限的作品的主要工具;耳朵处在其次,它就眼睛所见到的东西来听一遍,它的重要性也就在此。"③

英国近代经验主义哲学的奠基人培根(1561—1626)主张以人的感性经验为出发点,在不断的观察和实验以及经验的归纳中获得科学知识。基于此,在美学方面,他也主张从经验和实验的方法去研究审美现象和审美活动。经验和实验都离不开人的感觉器官,这一思想在培根经验论传统的继承人托马斯·霍布斯身上得到了很好的体现。

霍布斯认为人的一切感觉都源于感官。感官受到另一物体的冲击就会产生两种反应:一种是认识性的反应,即感觉;一种是实践性的反应,就是快感和痛感,亦即情感。而所有感觉与情感必须是在感官受到冲击的基础上才产生的。

夏夫兹博里对美学贡献颇大,其中一个主要的贡献就在于他对美感以及美感与道德关系的探讨之上。他认为人在视听器官之上还有更高级的感受器官,即"第六感官"。"眼睛一看到形状,耳朵一听到声音,就立刻认识到美,秀雅与和谐。行动一经察觉,人类的感动和情欲一经辨认出(它们是一经感觉到就可辨认出),也就由一种内在的眼睛分辨出什么是美好端正的,可爱可贵的,什么是丑陋恶劣的,可恶可鄙的。这些分辨即根植于自然,那分辨的能力本身也就是自然

---

① 北京大学哲学系美学教研室编:《西方美学家论美和美感》,商务印书馆 1980 年版,第 67 页。
② [苏]舍斯塔科夫:《美学史纲》,樊莘森等译,上海译文出版社 1986 年版,第 113 页。
③ 伍蠡甫主编:《西方文论选》上,上海译文出版社 1979 年版,第 181 页。

的,而且只能是来自自然,怎么能否认这个道理呢?"①这种"内在感官"的作用在于它是直接发生作用的,而不需经过理性的思考与推理。其后的哈奇生(1694—1747)继承了"内在感官说",认为这种"内在感官"高于一般感官,一般感官只能接受简单的观念,得到较弱的快感,而内在感官可以得到更为强烈的快感。

  作为德国古典美学的奠基人,康德对美感也有其独到深刻的认识。他把审美快感与一般的生理快感和道德快感严格地区分开来。他认为审美快感的根源不在于客体而在于主体的感受能力,美感既是一种个别的感性活动,同时又具有其先天就具有的理性原则。在《实用人类学》第一部分第二章"论愉快和不愉快的感情"中,康德把快感分为两类,即"感性的"和"智性的"(即理智的)。他认为快感由于不同的产生方式又可分为两类,一类是"感官的",一类是"想象的"。

  黑格尔很注重视觉和听觉在审美中的作用,他认为视觉和听觉是最适合于审美的,因为看和听与直接的人的功利和人的欲望无关。不仅如此,视觉和听觉还使事物"获得了为感觉而存在的定性","人耳掌握声音运动的方式和人眼掌握形状和颜色的方式一样,也是认识的"②。他认为眼睛和耳朵是无欲念的器官,视觉和听觉也是没有欲念的感觉,它们是适合于观赏美的。

  旧唯物主义者费尔巴哈在论述到审美时,特别重视感觉在审美活动时的意义。在他看来,要欣赏到美,就需要有"审美的感觉"、"审美的理智",而它们的产生,必然依赖于相应的生理器官。他认为,人之所以为人,就因为他的感性作用不像动物那样有限,而是绝对的。

  车尔尼雪夫斯基是一个伟大的唯物主义者,虽然他与费尔巴哈一样,离开了人的社会性和历史发展探索美及美感,不理解它们与社会实践的关系,但是,他也很重视美感与人的生理器官的关系。他说:"美感是和视觉、听觉不可分离地结合在一起的。离开听觉、视觉,是不能设想的。"③他还讨论了美感与一般感性认识的区别与联系:"美感认识的根源无疑是在感性里面,但是美感认识毕竟与感性认识有本质的区别。"④"对于生物来说,畏惧死亡、厌弃僵死的一切、厌弃伤生的一切,乃是自然而然的事情。所以,凡是我们发现具有生的意味的一切,特

---

  ① 朱光潜:《西方美学史》上,人民文学出版社1979年版,第212~213页。
  ② [德]黑格尔:《美学》第1卷,朱光潜译,商务印书馆1979年版,第12,13页。
  ③ 北京大学哲学系美学教研室编:《西方美学家论美和美感》,商务印书馆1980年版,第253页。
  ④ 北京大学哲学系美学教研室编:《西方美学家论美和美感》,商务印书馆1980年版,第255页。

别是我们看见具有生的现象的一切,总使我们欢欣鼓舞,导我们于欣然充满无私快感的心境,这就是所谓美的享受。"① 这实质是说,生物的感觉是本能的,而人的感觉超越了本能。

随着自然科学的发展,美学的研究方法开始从哲学思辨向科学实验等转变。新黑格尔主义者鲍桑葵(也译作鲍山葵,1848—1923)提出了"使情成体说",认为视觉和听觉器官是主要的审美感官,但不是唯一的审美感官,触觉、味觉在某种程度上同样可以让人产生审美快感。此外,审美主体还必须具备一定的审美能力。

19世纪以来,西方心理学取得重大进展,人们开始更多地关注美感的心理学基础。1879年德国心理学家冯特在莱比锡大学建立了世界上第一个心理学实验室,从此,心理学脱离哲学成为一门独立的学科。这对美学产生了很大的影响,德国心理学美学也相应地发展起来。

德国心理学家、哲学家费希纳(1801—1887)开始把实验心理学的方法运用于美学研究,并于1871年创立了实验美学,提倡用实验、观察、内省和核对等方法自下而上地研究美学问题。他倡导在经验主义研究方法的基础上,通过实验测量颜色、形状、声音与人的生理器官的关系,以及它们在人的心理上产生的作用。

19世纪的达尔文(1809—1882)凭借其进化论学说,讨论了有关美和美感的由来。他认为人和动物都可以获得视觉和听觉方面的快感,"对于从视觉和听觉方面所取得的这类快感,无论我们能不能提出任何理由来加以说明,事实是摆着的,就是,人和许多低于人的动物对同样的一些颜色,同样美妙的一些描影和形态,同样的一些声音,都同样地有愉快的感受"②。

在心理学美学方面,西方心理学美学成为继实验美学之后的主流。弗洛伊德从人的生理本能出发研究美感,但他忽视了人的生理、心理本能之外的因素对美感的影响。在其他心理学家中,有很多人重视感官的综合作用。其中引人注目的是桑塔耶纳,他认为,"审美快感也有生理条件,它们依赖耳目的活动,依赖大脑的记忆及其他意识功能"③。

---

① 北京大学哲学系美学教研室编:《西方美学家论美和美感》,商务印书馆1980年版,第243页。
② [英]达尔文:《人类的由来》,潘光旦、胡寿文译,商务印书馆1983年版,第570页。
③ [美]乔治·桑塔耶纳:《美感》,缪灵珠译,中国社会科学出版社1982年版,第24页。

二、人类主要的审美感官

人类对于美的感知,常常是从对象的形状、体积、色彩、质地、声音、温度等方面获得的,因此,眼睛和耳朵,或曰视觉和听觉器官是人类最主要、最基本的美感器官。

与动物一样,人类生活在一个可感的世界里,都用感觉器官感知外部世界。但是,人和动物对世界的感觉有着本质的不同。动物对世界的感觉是一种本能、直接、单纯的感觉,而人对外部事物的感觉是能动、综合的,同时包含有理性内容。这是因为,人是社会实践的产物,人的感觉器官也具有社会性的特点。正如马克思所说,人类"五官感觉的形成是以往全部世界史的产物"①。人们在长期的实践活动中发展和完善了自己的器官,尤其是视听器官,它们对人类的审美活动起着决定性的作用,这主要有以下原因:

1. 视觉和听觉是人们获得外来信息的主要通道

现代科学研究结果表明,在人类与外界沟通的过程中,视觉器官所获得的信息占人类获取信息的百分之八十左右,听觉器官所获得的信息占百分之十左右,其他的嗅觉器官、触觉器官等获取的信息量就更少了。之所以有如此之大的差别,主要是由视觉器官与听觉器官感觉世界的方式所决定的。视觉主要依靠光的反射,而光的速度非常快,事物的整体在视觉器官中成像的时间几乎可以忽略不计,这就保证了视觉器官对信息摄取的快捷和全面。并且,由于光的层次的不同,人们对事物的反映也具备了层次感。声音的传播速度为 340 米/秒,这同样成为人们获取信息的便捷通道。更为重要的是,视觉可以识别文字,辨识事物的细微差别。听觉可以让人进行直接的语言交流。正因为视觉和听觉更适合人们之间的交流和协作,因而在人类的各项活动中,视听器官的作用就显得特别突出。意大利 13 世纪的美学家阿奎那就深刻指出,视觉器官和听觉器官"是与认识关系最为密切的器官"②。

在审美领域,自然美主要在于它的颜色、形状、态势以及鸟鸣、涛吼等声响,社会美也主要在于英雄的事迹、美人的形体神态、正义的行为等,艺术美则有绘画的色彩线条、音乐的旋律节奏、戏曲的表演音响、文学的形象情节等,这些都主要靠人的视觉、听觉获得感知。

---

① [德]马克思:《1844 年经济学哲学手稿》,刘丕坤译,人民出版社 1979 年版,第 79 页。
② 马奇主编:《西方美学史资料选编》上,上海人民出版社 1987 年版,第 216 页。

2. 视觉和听觉对世界的把握较为全面和完整

相对于视觉和听觉,嗅觉主要是针对物体的气味,而对于发出相同气味的不同物体则无法作出判断和认识;触觉是对物体表面的感觉,也无法对物体进行全面的把握。盲人摸象的寓言,生动地说明了触觉和嗅觉的局限性,它们对美和美感的产生都有一定的障碍,而作为"审美快感的器官必须是无障碍的"①。视觉和听觉则摆脱了这种局限性,可以直观、完整地感觉对象的整体。视觉可以最大范围地认识到事物的外形、体积、形式、状态、色彩等;听觉可以直观地接受声音的节奏与旋律。它们都是从事物的整体范围进行观照的。另外,各种艺术作品的形式都是由各种不同的可视可听的材料组成的,其组成方式的不同,会造成不同的视听效果,产生不同的美感。

当然,并非嗅觉和触觉等在美感的产生过程中毫无意义,它们也是很重要的,只不过没有视听器官的感觉那样关键而已。

3. 人的视觉、听觉器官有深入的穿透力和综合力

动物也有视觉、听觉器官,但它们对外界的感知是生物的、本能的、表面的、单一的。闪电、火山等自然现象对它们不仅没有美感,反而是它们心中永远的恐惧。而人类却不同,能从中获得强烈的美感。原因何在呢?就在于人类的感觉器官超越了动物,具有了深入的穿透能力和综合能力。

动物之所以惧怕闪电、火山,是因为它们看不到闪电、火山与自身的多重关系,以为火、光在任何距离和情况下都会烧身。而人类则深入地认识到闪电与火山是一种自然现象,只要与它们保持一定的距离,不仅不会伤害自己,而且,其颜色、运动与变化还能显示一种气势,完全可以以静观的、无功利态度去观赏它。这种深入的穿透力与综合力一旦以直觉的形式出现,就成为美感的直接能力了。

人类视、听觉的这种能力是在长期的社会实践中逐步形成的。具体说来,在社会实践中,人与周围事物的交流不断深入,交流的范围不断扩大。于是,人们逐渐地认识到事物内在的本质及其存在的各种规律,认识到事物之间的各种联系以及与人的利害关系。随着时间的推移,这种认识不断深入、全面、丰富。人的感觉器官也在这个实践过程中逐步得到发展、完善和提高。较之动物,人类不仅能够全面地感知事物,而且具备理性的潜能,能够找出事物外在感性形式之下的理性内容,从而使人的感觉器官与动物的感觉器官彻底区别开来,能够深入地观察事物的内在本质、相互关系,具有很强的综合能力。不可否认,人的单一感觉器官有些是比不上有的动物的,比如鹰的视力比人强,狗的嗅觉比人灵,但它

---

① [美]乔治·桑塔耶纳:《美感》,缪灵珠译,中国社会科学出版社1982年版,第24页。

们永远比不上人的感觉器官的综合能力。人正是依靠感觉器官的这种穿透能力和综合能力来感知美,获得美感的。

三、人的感觉是美感产生的基础

感觉是人的一种综合心理能力,是人通过眼、耳、鼻、舌、身等全部或者部分器官感触外物后在心理上作出的反应。它对于人是十分重要的,正如列宁所说:"感觉是运动着的物质的映象。不通过感觉,我们就不能知道实物的任何形式,也不知道运动的任何形式;感觉是运动着的物质作用于我们的感觉器官而引起的。"①美感的产生正是建立于人的感觉基础之上的。

1. 人的感觉具有社会性

所谓人的感觉具有社会性,是相对于动物的生物本能性而言的。对于外物,动物也有感觉,但是本能的,诸如疼痛、饥饿、恐惧、快乐等,都是基于生物性的本能反应。而人对于外物,既可以作出生物性的反应,更多的则是作出社会性的反应,即可以感知对象所包含,或者所象征的社会内容,诸如政治的、道德的、伦理的等。由于这些与生命、饮食无涉,动物看见了,可能会毫无感觉,而人则不然,如可以由彩虹联想到五彩缤纷的生活,联想到通往未来的美好桥梁,由黄土感到游子爱国的拳拳之心。人类这种感觉的社会性正是美感产生的基础。它使人的感觉超越了生命本能,具有了丰富、深刻的社会内容。

2. 人的感觉具有自由性

人的感觉具有自由性,也是相对于动物单一的本能性而言的。这是指人可以自由地设置自己和对象的关系,自由地想象,自由地发展自己的感觉器官。感觉的自由自在是美感产生的重要原因。

首先,人可以自由地设置自己与对象的关系。人们在感觉对象时,特别是看到美好事物时,往往会着迷于对象,但不会是动物式的只凭本能处理和对象的关系。人可以功利地看待自己和对象的关系,还可以从利害中超脱出来,以旁观者的角色观照和把握对象,使主体与对象之间呈现为一种无利害的关系,或者用自由自在的态度观赏美的事物。在此基础上产生的感觉,往往是一种精神上的愉悦与满足,这就是美感。这种感觉与动物的感觉有本质上的不同:动物在对象面前的感觉,仅仅是生存与本能的反应,没有自由可言,因而动物是没有美感的。

其次,人的感觉具有自由的想象力。这种想象力可以使人面对外物产生各种联想,获得无限的心理自由。比如,同是蝉鸣,在同名《咏蝉》的三首诗中,诗人

---

① 《列宁全集》第14卷,人民出版社1957年版,第319页。

的联想就各不相同。虞世南想到的是高洁:"居高声自远,非是藉秋风。"骆宾王想到的是患难:"露重飞难进,风多响易沉。"李商隐想到的则是徒劳:"本以高难饱,徒劳恨费声。"人类借助自由想象,还可以表达另一种意味。比如在一般人看来,冬天是肃杀冷酷的,而诗人雪莱却感觉到:"冬天来了,春天还会远吗?"面对满天的星星,有人想象那是一条天河,阻隔了牛郎和织女,对他们赋予了无限的同情和祝福。郭沫若则想象那是天上的街市,对其充满了无限的憧憬。当然,人类的想象都是从自我感受出发的。

正是由于人的感觉具有社会性和自由性的特点,人的感觉与动物的感觉便有了本质的不同,美感也才在此基础上产生出来并不断发展。

第三节 美感的生成

一、"自然的人化"是美感产生的客观基础

马克思主义认为,在人类社会初期乃至人类社会出现以前,自然界尚为"自在之物","是作为一种完全异己的、有无限威力的和不可制服的力量与人们对立的,人们同它的关系完全像动物同它的关系一样,人们就像牲畜一样服从它的权力……"[①]那时,在人们的眼里,自然界只是与己无关的或者令人恐怖的对象,根本无美和美感可言。只是在后来不断的以物质生产为核心的社会实践中,美和美感才逐渐产生。

具体说来,美是"人化的自然"的结果,而美感则是以"人化的自然"为基础生成的。物质生产即劳动实践是人类最基本的活动,人类为了生存,从一开始就或者不得不,或者主动地进行捕鱼、狩猎、采野果、造居室等各种劳动活动。在这个实践过程中,人类不断地改变自己和自然的关系。有的自然物被改造了,成为人的占有物和利用物,有的自然物被人所认识,和人建立起和谐的关系。总之,有些自然物不再和人对立,不再成为人的异己力量,而成为人的生活的一部分,这就是"人化的自然"。准确地说,所谓"人化的自然",就是"按人的方式同人发生关系"的自然。它的形成和出现有两种形式,一种是经过人的劳动实践改造过的自然,或者被人所占有,或者被人所驯服。另一种是虽未经过人的现实的改造,但是被人所认识,或者与人和谐相处,或者成为人的某些本质的象征,前者如改造过的荒山、建造起的园林、种植的庄稼,后者如日月星辰、高山大海、白云绿水。

---

① 《马克思恩格斯全集》第3卷,人民出版社1979年版,第35页。

这种生动的、感性的人化的自然,因为或者现实地或者象征、同构地包含了人的才能、智慧、意志、情感等本质力量,因而就是人的本质力量的感性显现,使人从中审视到自己的才能、智慧等本质力量而感到自豪、喜悦,而感到美。这种自豪、喜悦感就是美感,这种显现了人的本质力量的"人化的自然"就是美。可见,美感的生成是以人化的自然为前提、为基础的。正如马克思所说:"不仅是五官感觉,而且所谓的精神感觉、实践感觉(意志、爱等等)——总之,人的感觉、感觉的人类性——都只是由于相应的对象的存在,由于存在着人化了的自然界,才产生出来的。"①因此,"五官感觉的形成是以往全部世界史的产物",而以五官感觉为基础的审美意识或审美感受也是以往全部世界史的产物,世界史本质上就是人类社会实践的过程,那么,美感(审美意识或审美感受)也就是以物质生产为中心的人类社会实践的产物。

二、美感在社会实践中产生

美感最终是在人类的以物质生产为中心的整个社会实践之中生成的。实践又可以分为物质生产、精神生产、话语生产三大类,三者共同生成了美和美感,但是,三者在生成美和美感时所起的作用、具体表现的过程是不相同的。

1. 物质生产对于美感的产生发挥绝对的主导作用

从马克思主义的实践美学来看,以物质生产为中心的人类社会实践是形成美感的最终根源。

首先,物质生产是人类产生的根源。恩格斯在《劳动在从猿到人的转变过程中的作用》中,深刻论证了人通过劳动创造了自己。人在长期的采摘野果的过程中,前后肢逐步分家,创造了双手,又在不断的劳动中,使自己的肉体组织、双手、大脑和感觉器官逐步完善起来。出于交流劳动信息和情感的需要,语言随之产生,而语言又促进了大脑和意识的发展,最终使人成为完全意义上的人。考古学家在人类的史前遗迹中发掘出了不计其数的旧石器时代和新石器时代的各种劳动工具——石器以及相应时期的人类化石,都确证了人类正是通过劳动才逐步地脱离动物界,由类人猿转变为人,并且逐步地由半猿半人、直立人、早期智人、智人、真人逐步发展成为现代人。有了人,才有了人类的美感。

其次,人类的美感需要是在物质生产中生成的。美国人本主义心理学家马斯洛认为,人的需要可以分为七个层次:生理需要(食、性),安全需要,相属的需要(爱的需要),尊重需要,认知需要,审美需要,自我实现的需要(道德需要)。这

---

① [德]马克思:《1844年经济学哲学手稿》,刘丕坤译,人民出版社1979年版,第79页。

些需要是逐级上升的，下一级的需要得到满足以后才可能产生上一级的需要。这一结构明确表明，审美需要是人类的高级需要，它与认知需要和道德需要组成了人的精神需要，这些精神需要必须以物质需要为基础。因此，马斯洛把前四种需要叫做"缺失性需要"，它直接关系到人的肉体生存，而把后三种需要叫做"发展性需要"——使人进一步发展的精神需要，它使人成为真正意义上的人，不断开辟着人类的未来。马斯洛的这些分析，尽管有些机械，但总体上是合乎事实的。因为一般说来，人首先必须吃、喝、住、穿，满足自己的"缺失性需要"——物质需要，才可能产生更高级的"发展性需要"——精神需要（认知需要、审美需要、道德需要）。那么，人的物质需要怎样才能得到满足呢？唯有劳动。在劳动中人的物质需要得到满足以后才可能产生人的审美需要，因此也可以说，人的审美需要生成于劳动之中。而人的审美需要是人对现实的审美关系生成的主体条件。

再次，人的审美器官同样在物质生产——劳动实践中逐步生成。人类社会诞生初期及其以前，人尚是自然的人，人的眼、耳、鼻、舌、身等各种感觉器官仍停留在仅仅用来对满足肉体安全、食物、繁衍等需要作出反应的感官阶段，还是生物的感官，而非人的社会的感官。人类为了生存，就要运用自己的一切器官去认识和改造世界，把握事物的各种性质，以满足自己的物质需要，然后才可能超越物质需要去把握和对待事物的各种性质，以满足自己的精神需要。这个超越的过程也就是一个以劳动为中心的实践过程。在这个过程中，人一方面改造、创造了物质世界，另一方面也从对象世界看到、感到自身的价值，从而使自己的感觉器官成为人的感觉器官，即能够把握事物的审美性质的审美器官。诚如马克思在《1844年经济学哲学手稿》中所说，感受音乐的耳朵、感受形式美的眼睛，简言之，那些能感受人的快乐和确证自己是属人的本质力量的感觉，只是由于属人的本质的客观地展开的丰富性，即由于人的实践过程（人的历史过程），才或者发展起来，或者产生出来。

最后，"感觉的人化"就是美感的生成。一旦感觉器官变成人的器官，五官的感觉就变成了属人的感觉——具有了社会性，我们称之为"感觉的人化"。

什么是五官感觉的社会性呢？可以从动物与人的比较中得到答案。动物对外物的反应是单一的生理反应，不会是综合的，不会带上超生物的社会内容。比如鹰的眼睛明亮、兔子的耳朵灵敏，却分别只能看到食物，听到威胁自己生命的声音，根本"意识"不到白云、鲜花、鸟鸣、泉响等自然物和自己也可以有其他关系，因而看不到、听不到它们的形式美和音乐美。而人就不同了，人除了认识到对象的自然属性及其和自己的利害关系之外，还能利用联想、想象等能力主动和外物建立起超功利的关系。同样面对白云、鲜花等自然物，人不仅能看到它们的自然属性,而且能看到、意识到白云千姿百态的形状,鲜花与人同构的旺盛的生命力,鸟鸣泉响和人对应的节奏与和谐感,等等。一句话,从它们之中看到了人的某些本质,从而感觉到它们的美。这就是感觉的社会性、感觉的人化,感觉具有了超自然的社会内容。

这种人化、社会化的感觉是在长期的社会劳动实践中生成的。其过程我们可以做如下推测:童年的原始人,在捕猎的过程中,逐步学会了使用石块、断木等天然"工具",进而意识到工具的重要;后来,在捕猎的实践中,又发现了有棱角的石块优于无棱角的石块,就设法将石块打制成有"棱角"的工具,进而又发现这种有"锋刃"的工具能用于切割,于是就进一步加工石器,人类从而进入了石器时代。在这个劳动实践的过程中,更重要的是人类的感觉器官一天天脱离了狭隘的维持个体生存的生物性质,脱离了本能反应的束缚而获得了自由,从而成为自由的、社会性的人的器官。于是,人对世界的感觉就从动物式的对世界的感觉中彻底解放出来,成为了人的感觉。正是有了这种属人的感觉,人类才能与外物建立起超功利的审美关系,不仅在打磨得光滑的石器、获取的猎物上看到自己的本质力量,感受到美,而且能在自然景物之中看到与人类对应的本质力量,感受到美。人类的美感能力就这样在劳动实践中宣告生成了。

不仅物质生产对劳动工具的加工改造生成了人类的最早的形式美和形式美感(对称、比例、和谐、光滑、匀称等及其愉悦感)和与利和善混合在一起的原始美和原始美感(原始人休息之余对工具的修整、改进、发明及其愉悦感),而且物质生产对劳动收获物的加工改造也是美感的主要来源。原始人狩猎猎获的野生动物,吃肉果腹以后所剩下来的皮毛骨头之类不能吃的东西,就成为了他们加工改造的对象。皮毛所制成的衣服也许就是人类的最早的服饰,在不断改进的过程中人们的时尚感也会油然而生,伴随着愉悦感;还有那些大大小小、形形色色的骨头,原始人对其进行加工,有些成为家务劳动的工具或日常用具,如骨针、骨勺、骨梳等,有的就成为了装饰用品,比如在旧石器时代晚期的中国山顶洞人、欧洲的克罗马侬人的洞穴墓葬之中发现的兽骨项链、贝壳项链等,还有一些骨制乐器,这些猎获物的加工改造也就同时造就了原始的美和美感。此外,物质生产对日常生活用品的加工制作,是美感的又一个主要来源。人们日常生活中需要许多用具来代替自己的双手之不足,于是原始人开始是直接从大自然中获取,比如葫芦瓢、葫芦壶、南瓜罐、荷叶包、竹筒、竹筷子、竹碗之类,然后有一些加工制作的用具,像木器、竹器、葫芦器皿等,发现和学会用火以后在烹烧过程中逐步发明了陶器制作。在这些日常生活用品的加工改造过程中,器皿用具的大小、形状、颜色各不相同,琳琅满目,也给原始人的色彩美感、形状美感、空间美感以极大的触发和形成。正是在这些反反复复，日积月累的劳动工具的加工改造、劳动收获物的加工制作、日常生活用品的加工制作过程中，人们的社会实践改进了劳动技艺，逐渐达到了创造性生产，进而达到自由创造的生产，这种自由创造的生产使得大自然被"人化"，从而在人与自然之间生成了一种超越实用关系、认知关系、伦理关系的审美关系，这种审美关系在自然对象之上生成为美，而在审美主体——人身上就生成为美感（审美意识或审美感受）。

考古学家对旧石器时代晚期的石器的研究，大致可以肯定以上的推测是合乎实际的，人类最早的美就是石器的形式美，人类最早的美感就是对石器的形式美感。

2. 话语实践产生了美感

话语实践，简单地说，就是人类运用语言符号进行交往的活动。马克思、恩格斯在《德意志意识形态》中说："语言和意识具有同样长久的历史；语言是一种实践的，既为别人存在并仅仅因此也为我自己存在的，现实的意识。语言也和意识一样，只是由于需要，由于和他人交往的迫切需要才产生的。"①恩格斯在《劳动在从猿到人的转变中的作用》中又说："劳动的发展必然促使社会成员更紧密地互相结合起来，因为它使互相支持和共同协作的场合增多了，并且使每个人都清楚地意识到这种共同协作的好处。一句话，这些正在生成的人，已经达到彼此间不得不说些什么的地步。需要也就造成了自己的器官：猿类不发达的喉头，由于音调的抑扬顿挫的不断加多，缓慢地然而肯定无疑地得到改造，而口部的器官也逐渐学会发出一个接一个的清晰的音节。""语言是从劳动中并和劳动一起产生出来的，这个解释是唯一正确的，拿动物来比较，就可以证明。""首先是劳动，然后是语言和劳动一起，成了两个最主要的推动力，在它们的影响下，猿脑就逐渐地过渡到人脑；后者和前者虽然十分相似，但是要大得多和完善得多。"②

这些论述非常明确地指出了语言具有物质实践和精神意识的二重性和中介性，语言是人类生成和生存的根据，是人类社会交往的产物和手段，是人类区别于动物的实践性标志。现在许多哲学家、人类学家、语言学家已经认可了"话语实践"、"话语生产"的概念。在英国人类学家拉波特和奥弗林的《社会文化人类学的关键概念》中，专门列出了"话语"条目。法国后结构主义哲学家福柯说："话语生产总是依照一定程序受到控制、挑选、组织和分配的。"③因此，话语生产是

---

① [德]马克思、恩格斯:《德意志意识形态》，人民出版社1987版，第25页。
② 《马克思恩格斯选集》第4卷，人民出版社1995年版，第76页。
③ 黄晓钟、杨效宏、冯钢主编:《传播学关键术语释读》，四川大学出版社2005年版，第160页。

一个有着深层的哲学基础、人类学基础、语言学基础和马克思主义思想基础的实践概念。

根据恩格斯在《劳动在从猿到人的转变中的作用》中的分析,首先是劳动(物质生产)生成了人的手,然后是劳动产生了语言,再就是劳动和语言一起推动了人脑的产生,而在这些共同实践的基础上,人的观念、意识、思维等精神生产才生成出来。因此也可以说,审美活动,就是以物质生产(劳动)和话语实践(语言)为基础逐步在实践整体中生成出来的。从一定意义上说,与物质生产相结合的话语实践是审美活动的直接基础,即没有话语实践,也就不可能有人类的审美活动。远古的原始人类的口耳相传的话语实践,我们已经无从稽考,但是远古时代的神话、岩画、洞穴壁画、陶器上的刻痕纹饰等都昭示着话语实践在原始人群中的重要地位。英国著名民俗学家查·索·博尔尼说过:"还没有学会写字的技艺,或是很少运用这种技艺的民族,他们的智力活动主要的表现形式是故事、歌曲、寓言和谜语。对这些东西千万不可视为等闲。它们体现了早期人类运用推理、记忆和想象的成果。"[1]

德国著名人类学家利普斯也指出:"'传说'在原始人环境中的重要性远远超过文明世界的发言。夜晚在小屋中、在营火边和在公房里的聚会,已成为强烈的精神交流的中心,超过了娱乐的范围;因为这里讲给后代的是有关古代的传统,后代将要一代一代地记住并传给自己的子孙。"[2]这些都说明,话语实践曾经与审美活动(艺术活动)是浑然一体的,它首先在原始人群之中交流着现实的观念,同时也孕育着审美的信息。另一方面,审美活动又可以话语实践的形式表现出来,而且审美化的话语实践或者诗意的语言才是最本真的话语实践(言说)。后现代主义哲学家海德格尔就特别看重话语实践的诗意审美性。他说:"语言本身在根本意义上是诗……诗歌在语言中产生,因为语言保存了诗意的原初本性。另外,建筑和造型艺术,总是已经产生,而且只是产生于言说和命名的敞开之中。""艺术的本性是诗。诗的本性却是真理的建立。"[3]"当真理自身设入作品,美便出现。"[4]就这样,海德格尔在存在和此在的根基之上把认知活动、话语实践、审美活动统一起来了。其实,人的现实存在只能是实践,在实践的整体之中,

---

[1] [英]查·索·博尔尼:《民俗学手册》,程德祺等译,上海文艺出版社1995年版,第211页。
[2] [德]利普斯:《事物的起源》,汪宁生译,四川民族出版社1982年版,第353页。
[3] [德]海德格尔:《诗·语言·思》,彭富春译,文化艺术出版社1990年版,第76页。
[4] [德]海德格尔:《诗·语言·思》,彭富春译,文化艺术出版社1990年版,第69页。

物质生产、话语实践、精神生产是内在地统一的,组成了以物质生产为核心,话语实践为中介,精神生产为显象的交互作用的立体网络系统。

上述过程大体可以归纳如下:生产劳动的需要产生了话语,话语交流的实践中包含了艺术的审美的成分,美和美感也就在其中蕴含和产生了。

3. 精神生产生成了美感

精神生产是满足人类发展性需要以达到自我实现的实践活动。它是在缺失性物质需要得到满足以后,在物质生产的基础上生成发展起来的。它当然具有一般物质生产的自由的有意识活动特征,不过,由于精神(心理)的因素占据主导地位,它更具有心灵的自由和自主的意识的活动特征,具有精神超越性。一般根据精神需要和心理要素,精神生产可划分为:认知(科学)活动、伦理(道德)活动、审美(艺术)活动、幻象(宗教)活动。

认知活动主要处理人对现实的认知关系(逻辑关系),以人的认知心理能力和活动为主要因素,通过人的感性、知性和理性的认知能力和活动,达到对对象的个别性状和一般性状的认识,从而把握客观事物的规律和特征,达到真理。认知活动的价值对象即是真,一般具有抽象概括性、理性逻辑性、现实规律性。因此,认知活动在精神生产中是比较基本的活动,也是审美活动的基础。因为审美活动必然包含着认知活动的因素,没有了感知、表象、联想、想象、思维等认知活动,也就不可能有感受美、判断美的审美活动,不了解自然、人本身的规律性,也不可能有合规律的审美活动。

伦理活动主要处理人对现实的伦理关系(道德、政治的关系),它的价值对象是善。它一般具有内在规范性、意志指向性、功利目的性。同样是人类精神生产的最基本的活动,伦理活动是使对象世界为人类所利用的主要途径,也是调节人的自身行为和人际关系的主要方式,所以,它同样也是审美活动的基础之一。审美活动必须包含着伦理活动的因素,或者说,审美活动必须在伦理活动的基础之上才可能进行。没有了动机、目的、决定、计划、方法、行为等伦理活动要素,也就不可能有感受美、判断美和创造美的冲动,也更不可能有审美活动。

审美活动是处理人对现实的审美关系的实践活动。它主要以人的情感和想象为内在的心理要素,并通过情感这个中介因素把认知和意志的心理要素与活动沟通起来,形成为一个以想象的形象为载体,充满情感,超越各种实用功利目的的活动。审美活动一般具有外观形象性、情感感染性、超功利性。审美活动的价值对象是美。一般说来,审美活动以外观形象性和情感感染性区别于认知活动,以外观形象性和超功利性区别于伦理活动。它以外观形象统一着认知活动和伦理活动,既以它们二者为基础,又超越了二者。因此,美和审美是在认知活动、伦理活动的精神生产之中分化和生成出来的一种特殊的精神生产及其产品。

宗教活动主要是人类处理自己与对象世界的非现实的幻象关系的实践活动。在人类刚刚由古猿变成为真正的人时,由于生产力水平低下,人的认识水平有限,人类无法了解、利用各种自然力量和刚刚形成的初级社会组织来实现自己的生存目的,于是,人类按照自我中心的思维方式,虚构了一个万物有灵的虚幻世界,从而用虚幻的方式实现了人类了解和运用暂时还很强大的自然力量的目的。一般说来,宗教活动具有具象虚拟性、幻想虚无性、超现实性等特征。它的价值对象是圣(神圣)。在远古时代,宗教活动与审美活动是浑然一体的,因为二者在形象性、想象性、超越性上是息息相通的。

可见,人类实践的一切活动都与审美活动相关联,而审美活动本身就是精神生产之一种,它与精神生产的其他种属(认知活动、伦理活动、宗教活动)有着千丝万缕的联系。

总体来说,是人类的物质生产、精神生产、话语生产等社会实践,尤其是物质生产使得人脱离动物界成为"自然的人",而"自然的人"的自由自觉的劳动使得人走向了生产实践的创造。而创造的自由则使得人与现实发生了超越实用功利目的的实用关系、认知关系、伦理关系的"审美关系",这种审美关系在主体——人身上生成了美感,而在客体上生成了美,同时也生成了统一美和美感的艺术。

4. 模仿、巫术、游戏等是美感形成的中介环节

模仿概念是一个古老的概念,它源远流长,变化不定,却又在西方美学史上始终占据重要地位。一般说来,模仿概念的含义主要有:(1)模仿是对自然事物的仿制,这是一种本体论的含义;(2)模仿是对自然事物或人的效法,这是一种伦理学的含义;(3)模仿是对自然事物的逼真的摹写,这是一种认识论的含义;(4)模仿是对古代人的真实的仿效,这是一种纯粹文艺学的含义。我们撇开模仿的意义的丰富变化不论,在西方美学史上,柏拉图是持本体论的观点的,亚里士多德主要是持认识论观点的,他们的观点代表了西方美学所生的两大对立观点,即浪漫主义和现实主义的对立。不过,对于美感和艺术的生成来说,他们的观点都起了巨大的作用。柏拉图的模仿概念,对于早期的、混合在实践—精神的活动之中的美感和艺术来说,是一个直接的中间环节。正是由于这种对自然事物的仿制,使得早期的人类锻炼了自己的制造能力,把艺术与手工艺、技艺等量齐观,从而有可能把艺术当做一种制作、创造,却又是一种不真实的、想象性的制作、创造,进而有可能把艺术与手工艺、一般技艺区别开来,从而产生美感。然而,这正是艺术、美的艺术和美感有可能从混合的、实践—精神的活动之中分化出来的理论依据,也是柏拉图的影子模仿论的理论价值之所在,它反映了美感和艺术区于手工艺、一般技艺的本体论特征，也记录了美感和艺术从手工艺、一般技艺和实用感之中分化出来的历史进程。而亚里士多德的模仿概念则更多地从自由创造的角度反映了美感和艺术与手工艺、一般技艺和实用感的区别和与之分化的历史过程。亚里士多德认为，艺术，尤其是诗，是对自然事物的逼真的摹写，他的这种真实的模仿论，从"四因论"的本体论出发，在认识论中论述了艺术（诗）的创造外观形象的特征及其以形象的摹写来真实再现自然的本质。也就是说，艺术（诗）正是由于创造了毕肖自然的外观形象，才得以区分于手工艺、一般技艺，并才可能从混合的、实践—精神的活动中分化出来，并且使人产生快感（美感）。应该说，亚里士多德的真实的模仿说要比柏拉图的影子的模仿说更加贴切地点明了模仿性艺术及其美感的特征，也更加贴近地从理论上反映了美感和艺术从手工艺、一般技艺和实用感之中，从混合的、实践—精神的活动之中分化出来的历史进程。因此，亚里士多德的真实的模仿说才具有强大的生命力，在西方美学史上雄霸了两千多年，为以现实主义为主的西方美学和文学艺术奠定了理论基础。

　　西方马克思主义代表人物、匈牙利美学家卢卡奇接受了巫术说的部分理论观点，在《审美特性》一书中，把巫术模仿当做了从劳动到美感和艺术的中介。他还分析了巫术模仿在形成艺术的情节、典型等过程中的作用，论述了审美范畴由巫术模仿中的自发形成，阐述了洞窟壁画由巫术的要求形成一些很有审美价值的东西以及巫术的还俗（成为审美的）倾向、审美原理独立性的构成在造型艺术中，比在舞蹈中更清楚等。通过这些分析和论述，卢卡奇似乎完成了他的美感和艺术起源的中介论。尽管卢卡奇的一系列分析和论述也有部分的真理性，然而，他太执著于美感和艺术的反映论原理，因而其分析和论述，除了在资料上远胜过亚里士多德以外，在理论上却并没有超出多少。实际上，亚里士多德的模仿说，把模仿视为人的本能，并认为人通过模仿，一是可以获得知识，二是可以激发感情，从而为人类打开了通向美感和艺术的大门，就已经给艺术的起源指明了人类学的根源。卢卡奇的巫术模仿概念当然可以补充和丰富模仿说，然而他却忘记了，巫术（宗教）和艺术是孕育在人类实践母体之中的两个孪生姐妹，它们都通过模仿与劳动实践相连接，并不存在严格意义上的先后次序。卢卡奇的这种看法似乎应该看做是在艺术起源问题上对19世纪—20世纪广为流传的巫术说的一种让步，似乎也可以看做是一种从实践观点美学的倒退。巫术对于美感和艺术的纯化和独立，当然有它的作用，不过我们认为巫术不能与模仿相提并论，因为巫术本身就要借助于模仿来实现。巫术的作用并不像模仿那样是中介性的、根本性的，而只是意识形态之间的相互作用，是辅助性的。

　　游戏作为从劳动到美感和艺术之间的中介因素主要表现在两大方面。一方面,游戏把创造的自由所带来的实践—精神的活动进一步分化,使得审美关系逐步脱离认识关系、伦理关系、实用关系、宗教关系,为美感和艺术的纯化和独立创造了条件。由于游戏具有超功利性、自由活动性、虚拟的真实性、竞争表演性,它就可以让混合型的实践—精神的活动逐步摆脱实用关系的功利目的、认识关系的现实真实性、伦理关系的道德利害性、宗教关系的虚无缥缈性,使得人们在劳动之余创造出一个超越直接的功利目的的、显现人类自由的、虚拟的真实世界。人们就可以在这个类似艺术的游戏天地里,悠闲自得地度过劳动之后的时光,既得到休息,又愉悦了心灵,甚至还练习了人的某些能力。这时游戏还是物质性的,还执著在事物本身。只有到达人与外观形象进行想象性的游戏时,人们才走到了纯粹的、审美的、集中表现审美关系的艺术的门槛上,而外观形象的创造又是离不开模仿活动的。当游戏和模仿相结合的时候,美的艺术就生成了,美感也形成了。所以,无论中外,最早的艺术几乎都是游戏的艺术和模仿的艺术(歌舞诗三位一体的艺术,写实的造型艺术)。也许它们就是以后人类艺术史上最主要的表现性艺术和模仿性艺术的雏形。另一方面,游戏还为美感和艺术的生成准备了心理条件。游戏活动不仅造就了人类丰富的想象力——因为没有想象力,游戏的规则、游戏的进程、游戏的意境等都是无法达到的;而且其虚拟的真实性还造就了人类的"假戏真做"的情感态度,使得人们可以严肃认真地创造出一个个审美外观形象的世界——肯定某种审美理想和审美情趣的艺术形象世界;同时,游戏的自由活动性又使得人们享受到自由自在、无拘无束、轻松愉快的情感体验,从而为自由艺术的类似情感体验准备了心理温床;还有,游戏的竞争表演性激起了全体游戏参与者的表演和合作,调动了游戏的旁观者的激情,产生了游戏的现场情感交流,促进了人际交往和群体亲和;此外,游戏也是一种全面调动人的一切本质力量参与的竞赛性活动,在那里,人的体能、感受力、理解力、创造力、直觉能力等本质力量(一切体力和脑力的总和)都得到极大的锻炼和提高,也就为艺术家和审美者的生成奠定了人类学基础。

总而言之,美感和艺术的最终根源是劳动实践,而在劳动与美感和艺术之间主要还有创造,创造的自由,游戏,外观形象的游戏,模仿,外观形象的模仿、巫术模仿等中介因素、中间环节。这些中介因素并不是直线型的关系,而是交互作用的关系,它们之间有分有合,因此,大体上形成两大序列:(1)劳动实践—创造—创造的自由—游戏—外观形象的游戏—模仿外观形象的模仿—模仿性艺术—现实主义艺术和美感;(2)劳动实践—创造—创造的自由—模仿—外观形象的模仿—游戏—外观形象的游戏—表演性艺术—浪漫主义艺术和美感。简言之,美感和艺术起源于以劳动为中心的人类社会实践的整体之中。这样才可能避免某种单一起源论的偏颇之处,比较辩证地解决美感和艺术的起源和形成问题。

第四节 美感的发展

美感是以物质生产为中心的社会实践的产物,美感也必然随着社会实践的发展变化而发展变化。

一、随着社会的发展,美感的非功利性逐步占据了主导地位

我们已经知道,人类的审美意识是在生产劳动过程中由石器等物质工具的实用性发展而来的,那么,最初的美感必然与物质工具的实用性即功利性紧紧地联系在一起。只是随着生产的发展,一方面,人们越来越在自己的劳动成果、物质产品中感受到了自己的聪明才智、自己的勇气能力而感受到美,在不同的劳动成果对比中形成了一定的审美观念。这些,都不仅一天天提高着人的美感能力,也一天天促进着人们的审美理想和美感欲望的生成。另一方面,随着物质需要的部分或者暂时的满足,随着艺术实践和审美实践的发展,人们也逐渐懂得了精神的享受和美感的追求,并把这些欲望和追求转化为自觉不自觉的审美创造活动,不仅想方设法把石器打造得方便实用,而且漂亮一些,甚至把自己、把自己的居室打扮得美丽一些。就这样,美感——审美意识中非功利的一面逐步得到加强,最终使美感成为包含了功利性而以非功利性占主导地位的情感体验和精神享受。

《吕氏春秋·古乐》中有这样的记载:"昔葛天氏之乐,三人操牛尾,投足以歌八阙:一曰载民,二曰玄鸟,三曰逐草木,四曰奋五谷,五曰敬天常,六曰达帝功,七曰依地德,八曰总万物之极。"从演唱内容来看,这应该是一种反复演唱的祭祀之乐。人们祭祀先民祖宗("载民"即"初民",《玄鸟》为《诗经》篇名,《诗序》解为"祀高宗也"),祭祀天地和部落首领("帝功"),祭祀五谷草木,祭祀飞禽走兽,目的显然是祈求它们的福佑,让五谷丰茂,禽兽任猎,让人吃穿不愁,表现出强烈的实用的功利目的,但又以乐舞的形式演出,使人们获得了精神的娱乐,表现出非功利性。这种表演,或者是人们出于祈求福佑的实用目的而在祭祀活动中发明了乐舞的形式,或者是人们已经懂得了娱乐而在其中包含了求福的功利目的,但无论怎样,这则记载都说明了当时人们已经有了可以称之为"古乐"的艺术活动。其中功利性与非功利性并存,较之后来的艺术,功利的色彩还很浓烈,但比之昔日的没有歌舞的祭祀活动,其艺术的非功利的因素明显增强。

上述记载还说明,"歌舞"本身的非功利性和人们从中获得的美感的非功利性是伴随着生产劳动而加强的,因为歌舞演唱的内容都是和生产劳动相关的。正如马克思所说,不是人们的意识决定他们的存在,恰恰相反,而是人们的社会存在决定他们的意识。《尚书·尧典》的另一则记载更能说明这一点,"予击石拊石,百兽率舞",是说人们在劳动之余,以石头为"乐器"拍打着,披上各种兽皮扮演动物而载歌载舞。离开了石器和狩猎的生产劳动,这样的表演形式是无论如何也想象不出来的。

二、随着人类活动空间的扩大,审美视野不断扩大,审美意识日益多样化

审美意识的发展,还表现为审美视野的不断扩大。随着人类社会的发展,人类的生活活动空间不断在扩大,先是在陆地与水的相接处,然后扩大到陆地的深处,扩大到海洋,扩大到深山,乃至现代扩大到了宇宙星际。另外,人类的生产方式也在改变着,由狩猎时代进入农耕时代,再进入工业时代,乃至信息时代。这些都必然地扩大和改变着人类的生活视野,也必然扩大和改变着人类的审美视野。比如,我国出土的新石器时代的彩陶器,除了几何化的鱼纹之外,多绘有植物的花卉纹。如果说鱼纹保留着渔猎时代的痕迹,那么,自然界的植物之所以能成为新石器时代人的审美对象绘之于器物,原因就在于当时已由狩猎时代进入了农耕时代,植物的采集和种植已成为人们的基本劳动对象,从而进入了人们的审美视野。正如格罗塞指出的:"从动物装潢变迁到植物装潢,实在是文化史上一个重要的进步象征——就是从狩猎变迁到农耕的象征。"[①]普列汉诺夫则从更高的理论层次作出了说明:"人的本性使他能够有审美的趣味和概念,他周围的条件决定着这个可能性怎样转变为现实;这些条件说明了一定社会的人正是有着这些而非其他的审美趣味和概念。"[②]

总体而言,人类的审美意识最初是与生产劳动、祭祀礼仪、日常生活联系在一起的,后来扩大到巫术祭祀活动中包含的艺术成分,扩大到自然美和社会美,不仅涉及对真善美的美感,还涉及对假恶丑的丑感。

以对自然美的审美为例,如前所述,人们先是对作为猎取对象的动物进行审美,而后对植物进行审美,至于对山水风光产生美感就是更晚的事了。刘勰在《文心雕龙·明诗》中就发现:"庄老告退,而山水方滋。"这是说我国到魏晋南北

---

① [德]格罗塞:《艺术的起源》,蔡慕晖译,商务印书馆1984年版,第116页。
② 《普列汉诺夫哲学著作选集》第5卷,生活·读书·新知三联书店1984年版,第320页。

朝才出现了山水诗。原因在于魏晋之际，社会动乱，隐逸之风盛行，许多文人隐居山林，寄情山水，高谈老庄，兼修玄理，自然山水风光不仅成为他们的生活环境，而且成为他们的精神寄托。于是，他们对山水产生了无限的美感，山水诗、山水画盛行起来。我们从王羲之的《兰亭集序》就可以窥见当时文人感到的山水之乐的程度。

对社会美的审视和洞察更是人类审美视野扩大的极其重要的方面。《国殇》表达了对为国捐躯者的悲壮美感，《诗经》中的《关雎》、《蒹葭》等表达了对爱情的美感。这种归于社会生活的美感，使美感有了深厚的意义，而《离骚》、《伐檀》、《硕鼠》等更表达了对奸党佞臣、不劳而食者、剥削者的憎恶之情，这就把"丑感"也拉入了美感的领域，使美感的内容更全面、更丰富、更有社会意义。在此后的审美史上，这种"丑感"的表达大放异彩，为审美、为艺术和社会作出了辉煌的贡献。

到了现代，由于社会的发展特别是科学技术的进步和交通事业的发展，人们不仅把美感追求扩大到环境、人体、服装、家居等衣、食、住、行的各个领域、各个方面，而且，荒无人烟的大漠、千奇百怪的海底世界、极地的冰川白昼、神秘莫测的太空都成了人类获取美感的对象。

与审美视野不断扩大相联系，人们的审美观念、审美理想、审美趣味也随着社会的发展变化而发展变化，因而显得丰富多样。比如在审美观念方面，有汉武帝茂陵墓前稍事雕琢的石马石虎表现出的朴拙之美，六朝文的骈丽绮靡之美，魏晋风度以潇洒不羁为美，唐人以肥胖为美，宋人以瘦削为美等。在审美理想与审美趣味方面，有人讲求雍容华贵、富丽堂皇，有人追求纯朴自然、落落大方，有人追求曲径通幽、宁静含蓄，有人追求简捷明了、酣畅淋漓。而各种审美理想与审美情趣又都与审美主体的社会地位、文化教养、身份性格相联系。当然，所有的审美意识也因之有了积极与消极、进步与落后之分。

三、随着社会实践，尤其是艺术和审美实践的发展，人类的审美能力不断提高

人类的所有能力，都会在实践中不断提高，美感能力也不例外。一是在不断的艺术的审美实践中随着经验的积累而逐步提高，二是社会的其他方面也会对审美观念、审美理想、审美趣味、审美能力等产生影响，使之或者提高，或者产生变化。比如，电影、电视等新的媒体形式促进了艺术的发展，也促使人们的美感追求声像结合、彩色立体；社会生活的快节奏促成了美感的快节奏追求。一种政治观念、伦理观念、宗教意识也会影响人们的审美意识。我国奴隶社会初期以饕

饕为代表的青铜器饰纹,表现出"狞厉之美"的审美意识,给人以威严的美感,就是因为原始社会向奴隶社会的过渡,是在凶残的战争中完成的。于是,炫耀暴力和武功的思想就占据了社会的重要地位,影响到人们的审美意识,就出现了饕餮纹饰。艺术中的"汉魏风骨"、"盛唐气象",也是时代风气的产物。再以我国诗歌的发展为例。最早的"断竹、续竹,飞土、逐肉"是两言,到《诗经》发展成四言,再后来出现五言、七言,出现宋词和元曲,艺术形式日益复杂和精致,反映了人们审美观念逐步复杂和精致。尤其是永明声律论,人们已在有意识地探讨格律诗的音韵形式美规律。而唐代受佛教"境界"论的影响,出现了"意境"诗,人们追求"不着一字,尽得风流"的味外之旨、韵外之致,更是审美意识的发展和审美能力提高的表现——诗人没有高超的审美能力,意境之诗就创造不出来;读者没有高超的美感能力,意境之诗就读不出味道。小说、戏剧的发展,也都经过了一个由简单到复杂、精致的过程,同样反映了人类审美能力的发展与提高。

四、审美意识的发展与社会物质生产的发展存在着不平衡现象

人类的审美意识随着社会的发展而发展,其中,在日积月累的艺术实践和审美中不断发展是十分明显的。尤其是人类首次社会大分工之后,有了专门的艺术家,大大促进了艺术的发展,大大促进了人类审美意识的提高。不过,必须指出,美感作为精神现象,其根源在于社会的物质生产实践中。正如马克思指出的:"物质生活的生产方式制约着整个社会生活、政治生活和精神生活的过程。"①事实上,正是原始社会石器时代前期的狩猎的生产方式孕育了与祭祀仪式同一的歌舞,标志着审美意识的萌芽。其后,随着社会物质生产方式的发展,人类的艺术与审美意识也不断地发展变化:没有西汉经济和社会的强盛,就不会有汉大赋表现出的铺张扬厉的审美观念;没有汉末的紧急萧条、社会动乱与羁役遍野,就不会有以《古诗十九首》为代表的伤感抒情的审美意识;没有盛唐经济的繁荣和社会的稳定,同样不会有艺术中的"盛唐气象"的审美意识。总之,各类艺术所体现的美感内容,所表现的美感形式,根源都在社会历史的经济方式之中。

然而,必须特别指出,社会经济的荣衰与人们审美意识的发展水平,并不总是平衡的。正如马克思指出的,艺术的发展和繁荣,并不同物质生产和社会的一般发展永远成比例。例如,被马克思称为"高不可及的范本"的希腊神话和荷马史诗,却只能出现在生产力并不发达的人类的童年。这是因为,以审美观念为核心的审美活动,一旦作为专门的活动独立于经济之外,就具有了自己的独立性,

---

① 《马克思恩格斯选集》第 2 卷,人民出版社 1972 年版,第 82 页。

就成为远离经济基础的意识形态,失去了和社会经济基础的直接关联。它们之间的相互联系与影响,往往要通过社会的政治、哲学、伦理、道德、宗教等中介环节。艺术等审美活动在直接意义上,更多地受当时政治、哲学、伦理道德和宗教的影响。比如,开明的政治总会促进审美意识的积极发展,黑暗的政治总会限制、干扰审美活动的开展,甚至将审美活动绑上自己的战车。于是,审美活动的水平和社会的物质生产力的发展水平的关系就变得十分复杂。值得注意的是:其一,审美意识有进步与落后、积极与消极之分,却没有绝对的高低之分,比如唐人的以肥胖为美和今人的以苗条为美,两者并不存在优劣之分。其二,不见得社会发展到后来阶段的每一方面都超过先前阶段,就像成人不见得各方面都超过儿童一样。比如活泼单纯、想象力等,成人就比不上儿童。希腊神话、荷马史诗正是人类童年超强不羁的想象力的结晶。人类成年之后,想象力被禁锢了,就只能写出"小家子气"的童话,而再也写不出想象无边的宏伟的神话了。

我们懂得了社会物质的生产力是人类审美意识发展的根本动力,又懂得了美感发展的水平同社会物质生产的发展水平并不总是同步的,就既不会陷入唯心主义,也不会陷入形而上学。

五、美感发展的差异性与共同性

美感既然是整个世界史的产物,那么美感也一定会随着人类社会的演进和社会生活的变化而变得更加复杂、精细、丰富,表现出随着时代、民族、阶级、个体不同的差异性,然而同时也会具有不同的时代、民族、阶级、个体而有大致相近或相似的共同性。

1. 美感的差异性

美感由于时代、民族、阶级、地域、个体的不同而显示出来的差异性就是所谓的美感的时代性、民族性、阶级性、地域性、个体性。

美感由于时代的不同而显示出来的差异性,就是美感的时代性。对于美女的审视,不同的时代就有不同的标准和表现。就中国的历史文献和艺术作品中所反映的情况来看,战国时代,人们喜爱细腰美人,史书上记载"楚王好细腰,宫中多饿死",长沙马王堆出土的帛画中的女子形象就是宽袍细腰的;到了汉代,人们喜好苗条美女,而唐代则喜欢丰腴的美人,所谓"燕瘦羊肥"就是说的汉代的赵飞燕和唐代的杨贵妃,前者苗条,后者丰腴,宋人董卣曾说"唐人所尚以丰肥为美"。原始时代,人们以纹身、刺面、穿唇为美,而现代人一般都不以此为美了。古希腊时代的美的化身,纯朴、健美的维纳斯塑像,到了中世纪被基督徒视为"妖妇"。不同时代的文学艺术作品也呈现出完全不同的审美形态和审美风格:就西方文学艺术而言,古希腊罗马时代的文学艺术是古典主义的,中世纪则是神秘主义的,文艺复兴时代的文学艺术是人文主义的,17世纪的文学艺术是新古典主义的,18世纪的文学艺术是启蒙主义的,19世纪的文学艺术是现实主义和浪漫主义双峰并峙,20世纪前半时期的文学艺术主要是现代主义的,而后半时期的文学艺术却转向了后现代主义;就中国文学而言,不同时代的文学有不同的审美形态:春秋时代的诗经,战国时代的楚辞,汉代的赋,唐代的诗,宋代的词,元代的曲和杂剧,明代和清代的小说和戏曲。绘画、雕塑、音乐、舞蹈、戏剧、建筑、园林、工艺美术等各门艺术都随着时代的变化而呈现出不同的审美形态和审美风格。

美感由于民族的不同而显示出来的差异性,就是美感的民族性。黑格尔曾说:"一个欧洲美人不会叫一个中国人乃至非洲霍腾套特族人喜爱,因为中国人的美的概念和黑人的不同,而黑人的美的概念和欧洲人又不同。"①我们中国人一般以黑眼珠为美,可是欧洲人却以有色眼珠为美。例如,苏联小说《第四十一个》中,红军女战士马特柳卡就因为被俘的白匪中尉的碧蓝的眼睛而倾倒,在运送俘虏的小船被风浪打翻而飘泊到孤岛上时对他发生了爱恋之情,尽管最后在白匪的军舰发现他们的时候,她最后还是把他作为第四十一个阶级敌人击毙了。一般说来,西方传统的绘画艺术是写实的,而中国传统的绘画则是写意的;中国文学传统比较倾向于抒情的诗歌,而西方文学传统却比较爱好叙述的小说;中国的神话传说短小精悍,而西方神话传说却往往是长篇故事。中国是一个多民族的国家,不同的民族在服饰、风俗、文学艺术等方面都不相同,显示了百花齐放的审美形态和审美风格。

美感因阶级不同而显示出来的差异性,就是美感的阶级性。俄国革命民主主义者、美学家、批评家车尔尼雪夫斯基在《论艺术对现实的审美关系》(中文译本名为《美与生活》)中就指出过不同阶层的不同美人的标准:面色鲜嫩红润、体格健壮,这是农民的美人标准,而纤手细足、弱不禁风,甚至以偏头痛的姿态为美,则是贵族的美人标准。鲁迅也曾经说过,《红楼梦》中的焦大是不会爱林妹妹的。传说起源于南唐李后主父子李璟、李煜时代后宫佳丽的"三寸金莲"之美,就是没落的封建统治阶级的畸形美,反映了地主贵族的腐朽审美趣味。美国有一位美学家哈拉普说过:"趣味在阶级斗争中有它的作用,其实它可以叫做阶级斗争的一个风雨表。"②平时看来,衣着打扮似乎审美趣味的阶级性并不明显,但是,一旦到了阶级矛盾和阶级斗争激烈的时候,衣服就可能成为一种阶级的象征

---

① [德]黑格尔:《美学》第1卷,商务印书馆1979年版,第53页。
② [美]哈拉普:《艺术的社会根源》,新文艺出版社1951年版,第9页。

或标志。法国大革命时期,革命党人自称为"无短裤党",就是这些革命党人的服装没有贵族服装的短套裤,从而区别出所谓第三等级的人们。在中国的清代末年、民国初年,封建地主阶级的遗老遗少穿的是黄袍马褂瓜皮帽,官僚买办阶级的人却是西装革履、头戴大礼帽、手提文明棍,革命党人穿着学生装或者中山装。

美感因地域不同而显示出来的差异性,就是美感的差异性。在中国辽阔的大地上,流行的是不同的戏剧形式,形成了许多不同的地方戏。北京的京剧,天津的评剧,河北的河北梆子,河南的河南梆子或豫剧,山西的晋剧,山东的吕剧,湖北的汉剧和楚剧,湖南的湘剧和花鼓戏,上海的沪剧,浙江的越剧,福建的甬剧,广东的粤剧,等,这些地方戏的审美形态和审美形态大不相同,异彩纷呈。

美感还因个体不同而显示出来差异性,就是美感的个体性。美感的个体性主要表现在由于社会生活经历、文化修养、性格、气质、能力等方面的不同而显示出差异。

2. 美感发展的共同性

美感具有时代性、民族性、阶级性、地域性和个体性,这些都是显而易见的事实,但是,这也只是事情的一个方面。另一方面,美感在发展中也有某些共同性。这也说明,美感的发展并不是任意妄为的,而是以社会实践为主轴的螺旋式发展或者波浪式发展。这种美感发展之中呈现出同中有异,异中有同。

所谓美感的共同性就是指,不同的时代、民族、阶级、地域的个体也会有大致相同或相近的审美意识或审美感受。毛泽东说过:"各个阶级有各个阶级的美,各个阶级也有共同的美。'口之于味,有同嗜焉。'"[①]这里字面上写的是"共同美",实质上指的是"共同美感",后面所引孟子的话,就是一种类比,用味觉来类比美感。

那么,为什么会产生共同美感呢?形成共同美感的原因很多,大致说来有以下几个方面。

第一,全人类具有大致相同的生理结构和机制以及心理活动规律。人类所有的个体,不论其种族、阶级地位、时代环境如何不同,都有基本相同的生理结构和机制,特别是相同的感受审美对象的审美器官和神经系统。这是生物进化和社会实践的共同结果。同时,人们在审美需要、审美感知、审美思维、审美感情、审美意志等方面都遵循着大致相同的心理活动规律。作为特殊心理活动的审美活动也是在一般心理活动规律的制约下进行的。这是在生物进化基础上社会实

---

① 何其芳:《毛泽东之歌》,见《人民文学》,1977年第9期。

践的历史产物。这些就构成了共同美感的审美主体方面的基础。

第二,审美对象和审美感受是在大致相同的社会实践之中生成的,它们都凝聚着人类的本质力量。古希腊米罗的维纳斯雕塑,表现了全人类的女性人体美,健康、匀称、圆润,充满着青春活力,是整个人类的女性本质力量的感性显现,是人类女性人体美的形象显现。共同的社会实践产生了共同的女性人体美的审美理想图式。全人类共同的人的自身生产和女性分工的生产劳动塑造了女性人体的各个特征部分:丰满的乳房,丰腴的屁股,光滑的皮肤,柔软的腰肢,纤细的手足,婀娜的姿态,等等。这些就积淀和反映在全人类的女性美审美观念和审美理想之中,尽管不同的时代、民族、阶级、地域、个体对于女性人体美的审美观念和审美理想在某些细节上会有一些差异,但是女性人体美审美观念和审美理想的总体方面总是大致相同或者相近的,是女性人体在社会实践和生活实践中合规律和合目的的积累沉淀和概括归纳。

第三,形式美感是从社会实践过程中高度抽象概括出来的,因而具有更大的共同性,较少受到时代、民族、阶级、地域、个体的影响。对称、和谐、比例、均衡、节奏、反复、多样统一等形式美属性能够更多地引起共同美感,从而形成具有普遍有效性的形式美规律。例如,古代的陶器、青铜器的造型、色彩给人的形式美感,自然山水风光以及反映此类题材的文学艺术作品就会使人产生大致相同的审美感受。像南唐后主李煜的诗词,虽然表现的主要是亡国君主的颓丧、哀怨、愁苦、没落的情趣,但是那些小词的音韵之美、节律之美、凝练之美、含蓄之美都会使人产生共同的形式美感。例如:"落花流水春去也,天上人间!"(《浪淘沙》)"问君能有几多愁?恰似一江春水向东流。"读起来,抑扬顿挫,金声玉振,荡气回肠,回味无穷。

第四,处于上升时期的阶级的审美趣味、审美观念和审美理想能够引起大家的共鸣,形成共同美感。达·芬奇的《蒙娜·丽莎》表现了意大利文艺复兴时代的人文主义审美观念和审美理想,蒙娜·丽莎"神秘的微笑"表现了对生命的热爱,对理想的憧憬,对人性解放的渴望,对人类未来的乐观,使得不同时代、不同民族、不同阶级的人们共同赞叹。中国历史上的汉唐气象,大气磅礴,蒸蒸日上,反映在汉赋和唐诗之中,使得中外古今的读者叹为观止,共同欣赏。

总之,美感产生于社会生活和社会实践之中,也就随着社会实践和社会生活的变化发展而变化发展。

关键词释义

[审美感受]　即狭义的美感。审美感受指审美主体面对审美客体时产生的

心理活动过程,它包含着认识、情感、意志的完整过程,而以情感为中介。

[审美意识] 即广义的美感。审美意识是审美主体面对审美客体产生一种特殊心理活动的能力、需要、过程及其结果的总和,主要包括审美需要、审美能力、审美感受、审美观念、审美理想、审美趣味、审美判断等。它以审美能力、审美需要为前提,以审美感受为核心,以审美观念、审美理想、审美趣味、审美判断为结果。

[审美观念] 就是人对于什么是美,事物怎样才美的思想和观点、认识和主张。它对主体的审美活动有着绝对的指导意义。

[审美理想] 审美理想就是对于美的形态的希望和追求,即希望和追求社会美、自然美、艺术美等是什么样子,也就是人们所希望和追求的高级的或最高级的美在意识之中的表现。

[审美趣味] 又称审美情趣,就是主体在审美活动中追求、观赏、评价对象时的个人喜好。

[审美感官] 眼睛和耳朵,即视觉和听觉器官是人类最主要、最基本的美感器官。

[美感的形成] 美感是在生物进化所形成的人类一定生理基础和心理基础之上,起源于以物质生产为中心的整个社会实践(物质生产、精神生产、话语生产),而本能、生物进化、模仿、游戏、巫术等则是使原始的审美意识逐步形成为比较纯粹的审美意识的中介环节。

[共同美感] 即美感的共同性,指不同的时代、民族、阶级、地域的个体也会有大致相同或相近的审美意识或审美感受。

思考题
1. 美感的实质是什么?
2. 为什么说人的感觉是美感产生的基础?
3. 为什么说美感形成于以劳动为中心的社会实践?
4. 如何理解美感的形成是"以往全部世界史的产物"?
5. 美感的发展有哪些表现?
6. 试述工具的加工在美感形成中的重要作用。
7. 试论共同美感产生的原因。

进一步阅读文献
1. [德]马克思:《1844年经济学哲学手稿》,刘丕坤译,人民出版社,1979

年版。

2. [德]格罗塞:《艺术的起源》,蔡慕辉译,商务印书馆,1984年版。

3. 朱狄:《原始文化研究》,生活·读书·新知三联书店,1988年版。

4. 李泽厚:《美的历程》,文物出版社,1981年版。

5. [美]乔治·桑塔耶纳:《美感》,缪灵珠译,中国社会科学出版社,1982年版。

第三章 美感的性质、特征和心理结构

马克思在《1844年经济学哲学手稿》中提出了"劳动创造了美"的命题,从人的本质力量对象化的结果上看,实际上产生了双重效应。一是外在自然的人化,原始的自然面貌发生了变化,从而产生了各种审美对象。其中也包括人的自然生理结构发生了改变而转变为审美对象。还有一些没有经过人的本质力量对象化的对象如自然美,由于直接或间接地同人的生活发生关系,经由人的意识的改变,或因其外在形式与人化的自然有着同形同构的关系而转变成为人的审美对象,实际上也根源于劳动或人的本质力量对象化。二是内在自然的人化,人由动物的本能心态结构转变为人的智能心态结构,从而产生了人的审美心理结构、审美能力和审美意识。从最终根源上看,人的美感不是与生俱有的,而是在漫长的历史社会实践过程中积淀形成的。

美感的性质和美感的特征是不能混淆的。美感的性质就是美感区别于一般社会、生理感受的根本不同的内在属性,美感的特征一般是指美感的外在表征和标志。美感的性质强调的是美感的内在本质性的东西,美感的特征强调的是美感的外在表现形式方面的东西。

第一节 美感的性质

人把自己的本质力量对象化在他自己所创造的对象世界中,同时又从对象世界中直接观照到了自己的本质力量,从而产生了一系列以精神愉悦为主要特征的心理体验活动,就是美感。美感有广义与狭义的分别,广义的美感就是审美意识,包括审美能力、审美需要、审美感受、审美思维、审美情感、审美意志、审美判断、审美趣味、审美观念、审美理想等由低级到高级的各种形态。狭义的美感就是审美感受,主要指审美主体对审美对象的心理活动过程。无论是广义的美感还是狭义的美感,都是社会意识形态中的一种特殊、具体的意识形式,是人们对自然、社会、艺术中具有审美价值的对象的创造性把握。美感从动态的角度看,主要是人们观照审美对象而产生的心理活动,如审美感知、审美思维、审美体验、审美态度等;从静态的角度看,主要是美感心理活动所凝聚的成果,如审美判断、审美趣味、审美观念、审美理想等。无论从动态还是静态看,美感都是人们在观赏审美对象时产生的心理和意识现象,从本质上讲属于审美意识或审美意识形态,与一般社会心理、社会意识和社会意识的理论形态具有根本不同的性质。

一、美感的人类社会性

从历史的观点来看,人类的审美心理结构是外在自然的人化与内在自然的人化交互作用而形成的。动物由于自然的本能的心理,只能被动地适应自然环境,不可能使外在自然发生类似于人类对自然的结果,从而把自然的心理和情感提升到感官人化和情感人化的高度,实现内在自然的人化。因此,动物也就不可能具备产生类似于人类的审美心理结构的前提条件,更不可能具有类似于人类的美感。所以,美感也只能对社会性的人才具有价值和意义,对于处于动物状态的原始人或现实社会中被严重异化了的人而言,都不可能产生真正意义上的美感。人类的审美感觉是由动物功利性的感觉逐渐淡化和超离而由低级向高级发展的。

1. 动物没有美感,只有本能

美感的产生经历了一个由动物的感觉到人的感觉,再到人类美感的漫长历史过程,所以具有人类社会的性质。动物或动物状态下的人是没有什么美感的,只有处于社会状态中的人才具有美感。但英国著名科学家达尔文却认为动物也有美感,美感并非人类所专有。近年来我国有的学者也赞同这种说法,而且认为只承认人具有美和美感的是传统美学,承认人和动物都具有美和美感的则是现代美学。达尔文在《人类的由来》中说:"当我们看到一只雄鸟在雌鸟面前展示它的色相俱美的羽毛而唯恐有所遗漏的时候,而同时,在不具备这些色相的其他鸟类便不进行这一类表演,我们实在无法怀疑,这一种的雌鸟是对雄鸟的美好有所心领神会的。世界各地的妇女都喜欢用鸟羽来装点自己,则此种鸟羽之美和足以供饰物之用也是不容争论的。……各种蜂鸟的巢、各种凉棚鸟的闲游小径都用各种颜色的物品点缀得花花绿绿,颇为雅致;而这也说明它这样做绝不是徒然的,而是从观览之中可以得到一些快感的。但就绝大多数的动物而论,这种对美的鉴赏,就我们见识所及,只限于对异性的吸引这一方面的作用,而不及其他。在声音一方面,许多鸟种的雄鸟在恋爱季节里所倾倒出来的甜美的音调也肯定受到雌鸟的赞赏,这方面的例证甚多……如果雌鸟全无鉴赏的能力,无从领悟雄鸟的美色、盛装、清音、雅曲,则后者在展示或演奏中所花费的实际劳动与情绪上的紧张岂不成为无的放矢,尽付东流?而这是无论如何难以承认的。"达尔文因此得出结论说:"人和许多低于人的动物对同样的一些颜色、同样美妙的一些描影的形态、同样的一些声音,都同样地有愉快的感受。"①由此我们可以看出,达尔文把人与动物都具有的本能和生理快感混为一谈,他不懂得人的美感不是单纯生物进化的结果,而是在漫长的历史过程中人类实践的结果。一些鸟类在发情期间所展示的鲜艳的羽毛、嘹亮的歌喉,仅仅是一种本能的吸引作用。天鹅、孔雀从它们的祖先到现在穿的是同一身"衣服",黄莺、百灵鸟从出现以来只能单调地重复同一种没有多少变化的声音。这只能说是这些动物类的一种标志,仍然是本能,至多只能算是物种吸引同类异性的"性感"。

2. 人类并非一脱离动物界就有了美感

考古学证实人类的美感大约产生于旧石器时代晚期,大约在公元前 40000 年—前 12000 年。大量事实告诉我们:大约距今 400 万—250 万年以前就已经有了猿人,约在 50 万年前,人类的直系祖先——直立人取代了更新灵长类动物,而距今约 35000 年时人类祖先终于完成了自己的整个进化过程而转变为人类——"能进行思维的人类"。考古学家们根据在欧洲、亚洲、非洲所发现的人类化石和石器及各种工具,把史前历史分为三个时期:铜器时代约为公元前 2500 年至前 5000 年的时期,新石器时代约为公元前 5000 年至前 7500 年的时期,旧石器时代约为公元前 7500 年至 40 万年前的时期。而从有人类以来,艺术始见于旧石器时代晚期,在此以前,是没有艺术作品的。约在 25000 年以前的真人,叫克鲁马努人种,才是人类最早的艺术家。与此大致相当的是中国周口店的山顶洞人。山顶洞文化可以归入旧石器时代晚期,它有打制的石器以及许多装饰品。这说明艺术和审美并不是人类脱离动物界之初就有的,而是到了旧石器时代中晚期智人(即真人)那里才逐步具有的。人类只有在劳动器官(主要是手)和感觉器官"变得自由"时才可能产生美感。恩格斯说:"在人用手把第一块石头做成刀子以前,可能已经经过很长一段时间,和这段时间相比,我们所知道的历史时间就显得微不足道了。但是具有决定意义的一步完成了:手变得自由了,能够不断地获得新的技巧,而这样获得的较大的灵活性便遗传下来,一代一代地增加着。"经过这样的不断积累,"人的手才达到这样高度的完善,在这个基础上它才能仿佛凭着魔力似的产生了拉斐尔的绘画,托尔瓦德森的雕刻以及帕格尼尼的

---

① [英]达尔文:《人类的由来》上,潘光旦、胡寿文译,商务印书馆 1986 年版,第 136~137 页。

音乐"①。"首先是劳动,然后是语言和劳动一起"使猿的脑髓逐渐地变成人的脑髓,"在脑髓进一步发展的同时,它的最密切的工具,即感觉器官,也进一步发展起来了"②。也就是说,人的感觉器官也变得自由了,成为不同于动物感官的人的感官了。这样,才有可能在普通感觉的基础上产生特殊感觉——美感。

3. 美感的产生经历了一个由动物的感觉到人的感觉,再到人类美感的漫长过程

恩格斯曾经强调过人的感觉与动物的感觉的本质区别:"鹰比人看得远,但是人的眼睛识别东西却远胜于鹰。狗比人具有更敏锐得多的嗅觉,但是它不能辨别在人看来是各种东西的特定标志的气味的百分之一。"③由此可见,动物的感觉是本能的活动,并非有意识的自由的自觉的活动。一般感觉尚且如此,更高级的美感就不言而喻了。马克思也曾经说过:"囿于粗陋的实际需要的感觉只具有有限的意义。对于一个饥肠辘辘的人说来并不存在着食物的属人的形式,而只存在着它作为食物的抽象的存在;同样的食物可能具有最粗糙的形式,并且不能说这种饮食与动物的摄食有什么不同。忧心忡忡的穷人对最美丽的景色都无动于衷;贩卖矿物的商人只看到矿物的商业价值,而看不到矿物的美和特性;他没有矿物学的感觉。"④他还说过:"动物的产品直接同它的肉体相联系,而人则自由地与自己的产品相对立。"⑤这就是说,人要具有人类的感觉,就必须超越肉体的需要,使自己自由地与对象相对立,只有这时,人与对象的审美关系才可能成立,人才可能对对象产生美感。离开了人类以物质生产劳动为中心的社会实践及其产生的人类社会,美感就不可能产生。

4. 当处于非人状态时,人就会丧失美感

我们之所以说美感是人类所独有的特殊感受,还在于当人由于某种原因处于非人状态时,他也就没有了美感。现代人类学的研究已经证明:一个人生下后若脱离了人类社会,就会失去人性变成和动物一样,也不会有美感。如在印度发现的 2 岁狼孩卡玛拉、在法国发现的 13 岁野孩阿威龙以及在我国发现的猪孩等,在回到人类社会之前跟动物差不多,由于没有得到外在自然和内在自然的人化,就不能产生人的心理活动,更不能产生人类的美感。这就证实了人类的审美

---

① 《马克思恩格斯选集》第 3 卷,人民出版社 1972 年版,第 509 页。
② 《马克思恩格斯选集》第 3 卷,人民出版社 1972 年版,第 510 页。
③ 《马克思恩格斯选集》第 2 卷,人民出版社 1972 年版,第 512 页。
④ [德]马克思:《1844 年经济学哲学手稿》,刘丕坤译,人民出版社 1979 年版,第 87 页。
⑤ [德]马克思:《1844 年经济学哲学手稿》,刘丕坤译,人民出版社 1979 年版,第 50 页。

心理结构或美感的最终根源是人类的物质生产实践这一马克思主义的观点,同时也说明了人的智力、意志力、审美能力并不是与生俱来的,而是在漫长的社会历史实践中积淀的文明成果。

从历史发展的过程来看,美感是人类社会实践活动历时性积淀的结果,也就是内在自然人化而形成的,其社会性的实现大体上经历了感官人化和情感人化两个方面的基本内容。第一,感官人化。就是人的感觉的社会化,即动物的功利性的消失。人的感官和需要与动物不同,动物的感官完全是功利性的,只是为了个体的生存,人的感官虽然也是个体的、感性的,受欲望、功利支配,但经过长期"人化",人的感官逐渐失去了非常狭隘的维持个体生存的功利性,获得一种超个体功利性的社会功利性质,从而使审美心理产生了二重性,既是个体的、感性的、有功利欲望的,又是社会的、理性的、超功利欲望的。也就是说,它获得了超感性的社会性质。第二,情感人化。人类的美感心理结构包含着二重性:一方面是个体的、自然的、感性的;另一方面又是人类(总体)的、社会的、理性的。美感心理结构二重性的形成只能是历史的积淀,即人类经过漫长的社会历史实践,把人类的、社会的、理性的东西累积、沉淀在个体的、自然的、感性的东西之中,从而形成了人类美感心理结构或美感的特殊本质。

因此,我们认为,美感是人类所独有的社会意识之一,美感具有人类社会性。

二、精神感受的完整性

所谓精神感受的完整性,指的是审美情感不是人们求知而获得的理智情感,也不是人们的道德完善而获得的道德情感,更不是其他某种单一性的生理快感,而是人们的理智情感和道德情感统一于审美情感的复合混融型的情感。从这个性质上看,美感实质上是一种混融型的审美意识或审美意识形态。理智情感偏重于内容的真,道德情感偏重于内容的善,纯粹的审美情感偏重于形式的美。审美情感由于融合了真、善的内容,它也就不再只是对形式的观照,而是变得具有社会内容和道德理想;它不再只是对形式的审美感受,而是渗入了真、善内容的审美观照。这集中体现在美、崇高、悲剧等对社会具有肯定意义的审美范畴以及丑、滑稽、喜剧等对社会具有否定意义的审美范畴的提出上。这些审美范畴产生出远比纯形式观赏更强烈的审美感受,其中真理和道德的力量不是以概念形式进行外在的强制和干预,而是融合于审美情感之中了。

精神感受的完整性也可以从人类的心理结构的横向构成和纵向层次两个方面来进行研究和分析。从其横向构成来看是由智力结构、意志结构和美感结构三部分组成的,总称为文化—心理结构。美感是认识、情感和意志等多种精神因素的复合,是以情感为中介而形成的完整的心理活动。从心理结构的纵向层次来看,美感是由无意识、潜意识和显意识三个层次构成的,是三者的混融复合。横向构成方面知、情、意等多种心理因素的参与与纵向层次方面各种意识成分的复合交融,就形成了美感精神感受体验的完整性。精神感受的完整性是美感中一个十分突出的性质。

美感,特别是审美感受(狭义的美感)是审美主体欣赏美的对象时产生的一种特殊心理活动。心理学上把心理活动的过程最粗略地划分为认识、感情和意志三大部分,因而美感也必然包含这三种活动的交互进行,而且美感突出的特征就在于情感更为活跃,往往成为认识必然到意志自由的中介,同时,美感的整个心理过程表现出最鲜明的创造性。

(1)美感中的认识活动。美感作为一种认识世界的特殊方式,同样也经历由感性认识向理性认识深入的过程。离开感觉,美感是不可能发生的,但是停留在感性认识阶段,美感也是浮浅的,不能达到精神的愉悦。这种初级的美感仅仅接触到事物的表面,往往极不可靠,容易割裂形式和内容以及外在美和内在美。审美认识仅仅停留在感性阶段,也不可能深入领略审美对象的意境、意蕴,往往显得肤浅。我们在欣赏乐曲《春江花月夜》时,如果只是满足于感官上的乐音的柔和、优雅,而不体味其中所表现的大自然美的意境以及乐曲所抒发的对祖国美好河山的热爱之情,那么,我们就不能说听"懂"了这支曲子。如果我们能熟读一下唐代诗人的《春江花月夜》的诗句:"春江潮水连海平,海上明月共潮生。滟滟随波千万里,何处春江无月明。江流宛转绕芳甸,月照花林皆似霰。空里流霜不觉飞,汀上白沙看不见。……"那么,对于欣赏乐曲的意境上是会大有帮助的。贝多芬说:"音乐应该使人类的精神爆发出火花。"从审美认识的角度来看,就是要使对乐曲的感受由感性认识深化到理性认识。如果我们不是从《命运交响曲》中了解到贝多芬那种"要扼住命运的咽喉",不屈不挠的斗争精神,仅仅寻求乐曲的和谐、动听,那就不能得到真正的美的享受。正因为如此,车尔尼雪夫斯基说得好:"美感认识的根源无疑是在感性认识里面,但是美感认识毕竟与感性认识有本质的区别。"[1]美感中的认识活动是始终离不开形象的,可以说主要是一种形象思维。这是审美认识与一般认识的一个重要区别。人们对美的事物不仅要感知,还要作出审美判断,但并不是像逻辑判断那样进行概念的活动,而是主要进行形象的概括。

---

[1] [俄]车尔尼雪夫斯基:《现代美学概念批判》,《车尔尼雪夫斯基论文学》中卷,辛未艾译,人民文学出版社 1965 年版,第 3 页。

(2)美感中的意志活动。意志是人自觉地调节行动去克服困难以实现预定目的的活动的心理过程。意志活动一般是最终表现为行动的,积极要求改变现实的心理活动。它有两大特点:一是有目的、有意识的心理活动,二是与克服困难相联系的心理活动。美感也表现出意志的这两大特点。首先,美感必定是在审美主体接触具体审美客体的审美活动中产生的,作为审美主体的人是有明确的目的的,那就是要去感受客体的美的属性。我们平常看电影、看戏、听音乐、参观画展、朗诵诗歌和散文、阅读小说、旅游名山大川、观赏花卉虫鱼鸟兽等等,都有明确的审美目的。即使我们日常生活中对一些人和事物的观察,也会有审美目的产生。只要你所观察的人或事物具有美的属性,而你又有可能进入审美状态,你就会逐渐由一般的观察过渡到审美的欣赏。比如,我们对一个人或一件家具的观察过程中,一旦你发现对象身上的美质,你就会产生审美目的,从而进入审美过程,产生美感。当然这中间的神经过程及其转换,是十分迅速的。其次,美感的产生也要克服一系列的困难,而主要是要克服主观上的困难。其一,人们要克服自己对客体的实用的欲求,而着重对对象的美的属性进行欣赏。在欣赏表现人体美的裸体画或雕塑时,要克服邪念、淫欲,席勒就指出过对美女的欣赏需要更高的道德修养,特别是对活生生的美女欣赏时要把她当做审美外观来对待。对矿物的色彩、形体(如金子的光色、钻石的光色和形体)的欣赏,就要克服那种商人般的占有和牟利的欲念。这便是历来美学家,特别是康德所强调的美感的非功利性。其二,人们还要克服自己像在实际生活中所发生的某种激情,而要"入乎其中,还要出乎其外"。我们不能看《击鼓骂曹》,就提刀上台去杀掉扮演曹操的演员,也不能对着银幕上的黄世仁放枪射击。因此,一般的艺术作品都有特殊的手段使人们置身于审美的状态中,像画框、舞台、雕像座、文字等等就造成了审美的情境,使人们意识到这时在审美。这便是英国美学家布洛提出"距离说"的心理基础。其三,为了产生美感,人们也要克服一些外在的困难。比如,为了欣赏风景,就必须先吃饱肚子,有足够的自由时间。马克思提出共产主义社会的人是全面发展的人,也就是能充分进行审美活动的人。要达到这点,必须首先进行社会主义革命和建设,废除私有制,建设社会主义、共产主义的高度物质文明和精神文明,创造出审美的条件。再如,人们为了欣赏某种艺术,还得具有足够的这门艺术的专门知识和修养。你要能欣赏贝多芬的交响曲,就必须培养出善于辨音律的耳朵。

　　美感中意志活动的表现有这么几个方面:(1)意志使人的注意集中于对审美对象的感受。正因为有这种意志的活动,才能使人们通过审美认识、情感体验,达到审美享受,从而潜移默化,从娱乐之中得到教益,产生审美的巨大社会作用。

第三章 美感的性质、特征和心理结构　　71

屠格涅夫在一篇小说中描绘过一个人物听了贝多芬的《热情奏鸣曲》时的感受：……最初几小节一开始，我就感觉到了那种寒噤，那种惊心动魄的喜悦——这是在至美蓦然闯进灵魂的时候，灵魂马上感受到的感觉。我一直到完都没有动弹一下。我连喘喘气都不肯，也不敢。这里就明显地表示着意志使人们集中注意的作用（当然这里对象的美具有决定作用）。对于《热情奏鸣曲》，列宁说过："我不知道还有比《热情奏鸣曲》更好的东西，我愿每天都听一听。这是绝妙的、人间所没有的音乐。我总带着也许是幼稚的夸耀想：人们能够创造怎样的奇迹啊！"①这里也很明白地道出，意志的作用使列宁产生每天都要听一听《热情奏鸣曲》的愿望，又使他理解到人们创造能力的伟大，也就是音乐的美通过意志的作用产生了巨大的社会作用。这种社会作用是比一般非审美活动所产生的作用大得多、深沉有力得多。（2）意志调节美感中的认识和情感，主要是保证审美的认识和情感由感性认识和官能快感升华为理性认识和精神上的愉悦。伟大的法国雕塑家罗丹说过，"人体，尤其是心灵的镜子，最大的美就在于此"，"我们在人体中崇仰的不是如此美的外表的形，而是那好像使人体透明发亮的内在的光芒"②。要达到这种真正高尚的审美境界，除了要有高度的文化修养以外，在具体的审美活动中必须在意志的调节下，还应自觉地使审美认识由感性认识向理性认识深化。英国经验派美学家休谟说过："偏见对审美极为有害，足以败坏一切智力活动，这点是众所周知的。其实，它对高尚的趣味也同样有害，同样足以败坏我们的审美感。必须有高明的见识才能抑止偏见，不让它在上述两种情况下发生作用。因此在这个问题上（正像在许多其他问题上一样）理性尽管不是趣味的基本组成部分，对趣味的正确运用却是不可缺少的指导。"③这里所谈的理性、见识等认识的思维能力及其结果，就是意志中的理智成分，而用理性指导审美判断，用高明的见识抑止偏见，就是意志的活动。美感中意志对认识的调节作用是很重要的，如果没有它的保证，那么人们就不可能在实践中使审美认识由感性认识向理性认识深化、飞跃。因为这种深化、飞跃不可能自发产生，必须有具体的审美目的，自觉地在审美实践中完成。比如，你要对一位外表不美，心灵却美的女青年产生美感，就需要在正确的世界观（尤其是审美观）的指导下完成意志的审美过程。再

---

① 高尔基：《忆列宁》，《列宁论文学与艺术》第2卷，人民文学出版社1960年版，第885页。
② 《罗丹艺术论》，人民美术出版社1978年版，第62～63页。
③ ［英］休谟：《论趣味的标准》，《古典文艺理论译丛》第5册，人民文学出版社1963年版，第11页。

如,你要真正对齐白石的国画《十里蛙声出山泉》产生美感,就不能停留在对画面的流瀑和蝌蚪的感官感知上,还应结合题意,在第二信号系统的参与下,有意识、有目的地展开想象的翅膀。这就是意志对审美认识的调节作用。同样,意志对审美中的情感的调节也很重要。如果感情脆弱,只求情感上的快慰,是无法欣赏悲剧艺术的。英雄人物的牺牲、令人同情的人物的厄运,只会令人悲痛,但是,如果能在观赏中控制住自己的情感,忍受暂时的悲痛,就会在悲剧人物的牺牲和厄运以后感受到他们精神的完美和灵魂的崇高,从而产生快感,在心灵上得到净化,受到鼓舞和激励。在对悲剧艺术的审美过程中由痛感向快感的转化,在审美客体上是崇高美的存在,在审美主体身上就是要表现出意志的调节作用。例如,罗密欧和朱丽叶的死是悲剧性的,它的产生是历史上的必然要求与这种要求实际上不可能实现之间的矛盾和冲突。这样一对可爱的情侣的死亡令人感到痛惜,但是,正是我们在欣赏中意志控制感情,从他们的惨死之中感受到他们忠于爱情的美好心灵的崇高,想到这种追求理想爱情的情操是符合历史必然性的,虽然暂时被家族仇恨的现实所扼杀,但我们会坚信这种爱情最终是不可泯灭的,从而产生一种心灵上的升华,得到快感,更加向往纯洁、忠贞的爱情。(3)意志保证人的审美能力认识美的规律,使美的规律为着审美的目的发生作用,让人自由地对待审美对象。恩格斯说:"自由不在于幻想中摆脱自然规律而独立,而在于认识这些规律,从而能够有计划地使自然规律为一定的目的服务……意志自由,只是借助于对事物的认识来作出决定的那种能力。"[①]简单地说,意志的自由就是认识和掌握自然的规律(必然)为人的一定目的服务。美感中的目的,就是要发掘现实(自然、社会)和艺术中的美的属性,使人得到心旷神怡、赏心悦目的审美享受,这种审美目的的实现,并不是主观任意性的结果,而是人们审美能力对美的规律的认识和运用的结果。这种结果是一种美感中的意志自由。这种意志自由的能动性、创造性是非常巨大的。因而席勒认为它是使人达到政治自由的唯一途径,黑格尔认为它"具有使人解放的性质",马克思认为它是共产主义全面发展的人的重要标志。席勒和黑格尔唯心主义地夸大了美感中自由的作用,但他们为马克思正确解决美感的作用积累了宝贵资料。马克思指出,在废除了私有制的高度发达的共产主义社会中,"个性得到自由发展,因此,并不是为了获得剩余劳动而缩减必要劳动时间,而是直接把社会必要劳动缩减到最低限度,那时,与此相适应,由于给所有的人腾出了时间和创造了手段,个人会在艺术、科学等

[①] 恩格斯:《反杜林论》,《马克思恩格斯选集》第3卷,人民出版社1972年版,第153~154页。

等方面得到发展。"①这里所说的艺术活动,主要就是一种审美活动,也就是说在共产主义社会里要使人们能有充分自由的时间进行艺术和审美的活动,而反过来又可以促使"个性得到自由发展",使人得到全面发展。这是一种憧憬,一种理论上的合理推测。而在我们日常的审美活动中,意志自由则可以使我们能在直观对象时感到自己的本质力量,从而得到满足,而不一定要把对象作为自己的实际占有,满足自己物质需要的对象才得到满足,即是说我们可以欣赏对象而产生快感。这种欣赏不仅仅是知觉的印象,欣赏了优美的音乐往往有"余音绕梁,三日不绝"之感,走出画展并不就全部丧失了对美的绘画的映象,因而有意象在头脑中形成,不仅有再现的表象,还有根据自己各方面经验和记忆形成的创造的表象,往往这些又可以在头脑中重新组合成新的形象,即经过了想象的作用,使人感到余味无穷,耐人寻味。所以,美感是由认识必然向意志自由能动地转化的过程,是一种创造性的活动,这也是人们美感产生差异性的一个重要原因。

(3)美感中的情感活动。情感是美感的最主要的心理活动。一般心理学都把情感分为理智、道德感和美感。美感是人们根据审美需要,对自然、社会生活及其在艺术中的反映进行评价时所产生的体验。所以美感是情感的一种特殊形式,因为情感是对于客观事物是否符合人的需要而产生的态度的体验。当然,美感虽然主要是一种情感活动,但也必定包含着认识活动和意志活动。而之所以主要表现为一种情感活动,或是因为情感活动是认识活动和意志活动之间在美感中的中介,或是由于通过情感的中介,人们的美感才在由认识必然达到意志自由的过程中错综复杂地主要表现为情感的肯定性质。首先要说明的是,任何心理过程都是人的认识、情感和意志在实践活动中不可分割地协同进行着的过程,美感当然也不例外,因此,情感的中介作用不是"认识→情感→意志"的单向的、线性的因果关系。在美感中,起点一般是来源于审美实践的审美认识,可是一旦美感活动从最初的审美感知开始以后,认识、情感、意志的活动就形成了双向逆反的错综复杂的反馈系统。

在审美活动和艺术活动中,经过长期不断的社会实践、审美实践和艺术实践,情感已经成为了审美心理结构中的中介因素,它连接着审美认识和审美意志,并且以情感能力的"需要—动机能力"↔"态度—表情能力"↔"体验—移情能力"的有机构成,实现着情感的中介作用。这种情感的中介作用具体表现为:其一,"情感的驱动作用",它是指情感就像发动机一样驱使着审美活动和艺术活动

---

① 马克思:《经济学手稿(1857—1859年)》,《马克思恩格斯论艺术》第1卷,中国社会科学出版社1982年版,第281页。

的展开,并由审美认识经过审美情感达到审美意志;其二,"情感的定向作用",它是指情感就像方向盘一样决定着审美活动和艺术活动中的感知、表象、联想、想象、意志等心理活动的展开方向;其三,"情感的弥散作用",它是指情感凭借着自身的弥散性渗透进并遮蔽了审美认识和审美意志,使得整个审美过程弥漫着情感,情感成为了审美心理过程中的最突出因素。这种审美心理过程中情感的中介作用,实际上表现在深层审美心理结构中的情感能力有机构成的系统化、自动化、自由化过程中,并相应地在审美潜意识结构的审美表象世界、审美图式世界、审美意象世界中分别发挥着需要—动机能力、态度—表情能力、体验—移情能力,完成着情感的驱动作用、定向作用、弥散作用。

一方面,美感中情感的中介形式表现为人的审美需要的产生、深化和满足既离不开审美对象又始终离不开情感,而情感就随着审美需要的产生和深化,通过意志的调节作用而加强审美注意,从而强化审美情感而促使美感向意志自由转化①。在这个过程中,需要—动机能力发挥出来,以形成情感的驱动作用。艾青在《诗与感情》中说:"写诗要在情绪饱满的时候才能动手。无论是快乐或痛苦,都要在这种或那种情绪浸透你的心胸的时候。人并不是对任何事情或在任何时候都充满情绪的,而每个人却都有这样的经验:忽然被某种事物所感动,而这种感动并不会延续得很久。只有我们对于这种感动产生了一种非把它保持下来不可的时刻,才是诗的创作的开始。"这就说明了诗的创作是由情感驱动的,没有情感,特别是饱满的情感就不可能有诗的乃至一切文学艺术的创作冲动。不过,这种诗情和创作冲动的产生,一是要靠生活的积累,再就是必须有"需要—动机能力"。所以他继续说:"激起我们的情绪的,经常是新鲜的事物,是那些把我们从半睡眠的意识里惊醒起来的事物。我们经历了长期的灰暗的冬天之后,忽然,一天早晨,发现了金色的阳光照射在我们窗户上,我们就会高兴:晴朗的春天来了。这种感觉会使我们产生一种力量。这种被外界的事物所唤起的新的情绪,常常是诗的情绪,这种新的情绪,对诗的创作来说,是最可宝贵的东西。"②从情感能力的角度来看,诗的创作或者文学艺术的创作,都是受到诗人或艺术家已经感受到的生活的触动而产生出某种审美需要,这种需要又进一步生成了创作动机或冲动,驱使着他们在自己所积累的审美潜意识的审美表象世界中去进行联想想象,在审美图式世界的范导下,审美意志集中注意力,想象出审美意象和审美意象世界,并在审美意志的控制下把它转化为符号化和形式化的艺术形象和

---

① 张玉能:《美学要义》,华中师范大学出版社1990年版,第51页。
② 《艾青论创作》,上海文艺出版社1985年版,第525页。

艺术形象世界。如果诗人或艺术家没有这种需要—动机能力,这个审美创作的驱动过程就不可能生成。

另一方面,美感中的情感中介形式还表现为,事物符合以动力定型为基础的审美观念时,人对事物所采取的审美态度才得以实现,人才心旷神怡,而动力定型则是认识和意志的协同活动的产物。巴甫洛夫关于"动力定型"说过:"来自外在世界和有机体本身的内在世界的无数在性质和强度方面各不相同的刺激不断地落到大脑半球上。所有这些刺激都会彼此遭遇,彼此冲突,相互影响,而且最后必然会系统化、平衡化,也可以说是归结为一种动力的定型。"①情感的生理机制,目前尚无统一说法。我认为这关系到人们神经系统中的动力定型。也就是说,凡是足以维持、加强或进而发展一种动力定型的事物,就会使人产生肯定性的情感。相反,旧的动力定型遭到破坏,而由于这种破坏过程是一个艰难的过程,在这个过程中人就必然会体验到否定性的情感,即感到痛苦。巴甫洛夫说:"应当想到,大脑两半球在建立和维持动力定型时的神经过程就是通常所谓的情感,情感分为两种基本的类别——肯定性和否定性的,并且分为无数等级的强度。定型的建立过程,建立的完成,定型的维持及其破坏,在主观方面就是各种各样的肯定性和否定性的情感。"②从情感能力的角度来看,这种情感中介形式主要是一种"态度—表情能力"的实现,发挥着情感中介形式的定向作用。具体说来就是,当需要—动机能力将审美活动和艺术活动启动以后,人的情感能力就会在审美感知和审美表象的基础上决定着联想想象过程的展开方向,并且以"动力定型"的审美形式图式、审美范畴图式、审美观念图式、审美理想图式等审美图式来范导联想想象过程。当审美对象和艺术形象的审美感知和审美表象能够符合审美图式世界的动力定型时,审美者或艺术家就会产生肯定性审美愉悦,否则就会产生否定性审美价值。这样,人的态度—表情能力就会把这种特定的审美态度实现了,并且以一定的语音声调表情、身体姿势表情、面部表情呈现出来。这样也就是完成了情感中介形式的定向作用,使得审美活动和艺术活动朝着形成某种特定的审美意象和审美意象世界继续前进,最终可能形成体验—移情能力的弥散作用。据此,我们可以大致分析李白《静夜思》的创作过程。当李白常年在神州大地云游时,时常会油然生起思乡思亲的浓郁情感。这一日恰好是一个十五月圆日,李白在一个客栈住了下来,到了夜晚一轮明月升起之时,皎洁的月光洒在床前的地上,孤苦伶仃,冷寂清冷之情袭上心头,恍恍惚惚之中仿佛感

---

① 张玉能:《美学要义》,华中师范大学出版社1990年版,第52页。
② 张玉能:《美学要义》,华中师范大学出版社1990年版,第100页。

到地上铺满了白霜,越发感到严霜冰冷,透心悲凉,抬起头看见了明亮的圆月,不由得低下头思念故乡和亲人。这样活脱脱一幅天涯漂泊人冷霜思乡图就展现在我们面前了。为什么诗人看到"床前明月光",就会一定"疑是地上霜"?这就是情感中介形式的定向作用。恰恰是冷寂清冷的心境,让诗人由月光的"白"和"冷"的相似性状,联系到白而冷的"地上霜",吻合着源于"嫦娥奔月"神话的中国传统审美观念中的"月亮"原型的"思乡思亲"的意象蕴涵"动力定型"。从而《静夜思》尽管语言朴实,明白如话,却是流传千古,脍炙人口的诗篇。我们仿佛可以看到,异乡漂泊者的愁苦的表情和思归故乡的态度。这种"态度—表情能力"所发挥的情感中介形式的定向作用,充分显现了审美情感的"隐含着功利的愉悦"特征。诗人宣泄了自己的悲苦、寂寞、冷清、孤独的情感,仿佛轻松了许多,又可以逍遥自在地踏上离乡背井、妻离子散的云游不归路。

此外,美感中情感的中介形式还表现为,通过审美的想象与情感的结合形成审美意象,而通过对审美意象的凝神观照而达到自由的境界,并最终表现为审美的移情现象[①]。从审美情感能力的角度来看,这种审美情感中介形式实质上也就是"体验—移情能力"的发挥,实现了审美情感中介形式的弥散作用。这种审美情感中介形式的弥散作用是与审美潜意识结构中的审美意象世界密切相关,相应相合的。正是在情感中介形式的驱动作用和定向作用的前提下,审美表象世界中的丰富材料在审美图式世界的范导下逐步形成了审美意象。这种审美意象的构成,恰恰就是"体验—移情能力"的发挥和情感中介形式弥散作用的实现。审美体验当然可能是多样的,并不一定都会表现为移情现象,不过,移情现象确实是审美活动和艺术活动中最常见的一种审美情感中介形式的表现。这是因为,在体验—移情能力发挥了弥散作用以后,往往就会形成一种情感涵盖、笼罩、遮蔽审美认识和审美意志的特殊状态,或者说是一种审美情感的渗透和融汇审美认识和审美意志的状态。这时审美状态中的审美对象和审美主体就可能达到物我同一、天人合一的自由状态,从而必然产生把没有生命和人的感情的对象当做有生命和人的情感的对象的审美移情现象。比如说,李白的《静夜思》,最后诗人"举头望明月,低头思故乡",从表面上看,好像仅仅是在写审美主体的动作和情状,实际上,在这个意境中,月亮也成为了懂得诗人思乡思亲的悲苦冷寂之情的有生命之物,她也在俯瞰着诗人的低头思念沉吟。不过,这种审美移情并不是直接描绘出来的,而是一种言外之意,象外之象,言外之指,也就是审美意境的无穷意味和绕梁韵味,需要读者去体验和体悟,方能恍然顿悟。至于那种直接描绘

[①] 张玉能:《美学要义》,华中师范大学出版社1990年版,第53页。

出来的审美移情现象,就更加明白地显示出了体验—移情能力的弥散作用。例如,李白的《独坐敬亭山》:众鸟高飞尽,孤云独去闲。相看两不厌,只有敬亭山。诗人面前,许许多多的鸟儿高飞云端,渐行渐远,几乎看不见了,而孤独的闲云也慢慢地飘散在辽阔的天空之中。可是,在这样孤独、闲适的心境中,诗人却看见了一位静坐在眼前的好朋友,那就是敬亭山,他那样含情脉脉地望着诗人,两个同病相怜的好朋友,相互对望,好像总也看不够。一种弥散在敬亭山周围的孤独、闲适之情,让诗人把没有生命和人的感情的敬亭山当做了懂得自己感情的好朋友。他在鸟儿各自飞尽,云彩独自散去的时候,却仍然依恋在诗人身旁,抚慰着诗人的孤独,共享着诗人的闲适,不离不弃。这样的内心体验和审美移情,让敬亭山与诗人相伴天荒地老,共享天人合一,同创人山同心,体悟生命的源泉,投射人的本质力量,成就了一片融情化景的审美自由的境界。这种审美自由境界,是情感中介形式的驱动作用、定向作用、弥散作用的交互发挥,把审美潜意识结构中的审美表象世界、审美图式世界、审美意象世界融会贯通,出神入化,建构成为了"体验—移情能力"的最终结晶,自由自觉地统一起了"需要—动机能力"和"态度—表情能力",实现了一个知、情、意融合的完整审美自由创造过程。

三、美感的自由创造性

自由是同美的本质相联系的无限的概念,是人的生存及超越自身的方式和境界。自由具有多义性、多层性。如果在自由的概念中完全排除人类性,那么这种自由只能是作为原始个体性的审美自由,实际上是不自由。作为美学范畴的自由,专对人类个体而言,包含两种意义:一是指意识自由,如理性自由、意志自由、精神自由;一是指实践自由,意在表明人类社会实践的普遍性与实践性,表明人类社会实践对自然的掌握和运用,对自然必然的改造和征服。人类社会实践被自然所肯定,达到合规律性与合目的性的统一,便取得了自由,这主要是获得实践方面的自由,审美欣赏和审美创造中的自由可以从中求得理解。此二者属于不同的层次和范畴。此外,自由还包含三方面的意思:第一,自由意味着对自然必然性的超越,而要超越自然的必然性,就必须超越自身的有限性,从有限走向无限;第二,所谓超越自身的有限性,就是消除自己作为个体的片面性,将自身纳入人类的整体性;第三,当人成为整体,便不再把自由看成自己的另一体,人与自然便达到完全和解,同时人自身的感性方面与理性方面也达到统一,人作为人得到全面实现。

1. 美感的自由无限性

德国古典美学和文艺理论中,从康德的《判断力批判》、席勒的《审美教育书简》到黑格尔的《美学》,都渗透着对人的理性的高度赞扬和对人生存的最终目的——自由的追求。但只有马克思主义,才对美感的自由无限性作出了最科学意义上的认识。

康德认为自由不是上帝赋予的,也不是从客观自然中取得的,自由就是人的意志的自我肯定,也就是人的意志具有的自发性、主动性。这种意志的肯定性就是人生理性的闪光,它本身就是善,是最高义务,代表着人性的普遍性。这种自由是通过审美判断与现象、对象沟通的。审美判断在对象中见到了自身,也就将机械的自然与合目的的自由两个世界统一了起来。这就是说审美是包含自由也是服务于自由的,因此,康德提出了"美是道德的象征"的命题。

席勒认为,审美活动是人的精神自由的游戏。他从人的本性出发,提出了人的三种"冲动"说。人有感性和理性,就产生了两种相反的"感性冲动"和"理性(形式)冲动"。要实现人性中这两种冲动的统一,就需要第三种"游戏冲动"去平衡。在他看来,"感性冲动"要受到"物质"即自然的"强制","形式冲动"要受到"道德"即理性的"强制",只有"游戏冲动"排除了一切强制,使人在物质方面和道德方面都达到了自由。艺术和审美活动就是消除了一切强制的令人愉悦的自由活动即游戏活动,审美对象则是活的形象。席勒还认为,人之所以有艺术和审美的需要,是由于有过剩的精力需要享受。人的"审美游戏"就是从"盈余的强制和自然的游戏"发展而来的,想象力在它追求自由形式的强制中,终于飞跃到审美的游戏。

黑格尔把自由定位于非常理性化的自我肯定,他认为自由是心灵的最高定性,强调要把普遍性的自我肯定与出于偶然动机的随心所欲区别开来,尤其强调自由应当实现,如果这种肯定只停留在主体内而没有实现出来,就不是自由,只有将内在的真与美的法则在客观外部世界实现出来,达到主体与客体、理性与感性的和解,才算获得了自由。因此黑格尔认为审美带有使人解放的性质,实质上就是可以使人获得自由的审美感受。由此可以看出,德国古典美学对自由的经典阐述,因为脱离了社会实践的特性而带有唯心主义抽象思辨的色彩,甚至可能转化为唯意志论,但对自由的论述已经触及审美的核心。

马克思从人的全面发展的高度上论述审美的自由无限性,特别是从社会实践的根本上分析自由的实质,从而科学地解释了自由的本质。马克思认为,自由问题主要是在劳动的异化与非异化的对立中展示出来的,在不合理的或落后、不完善的社会生产关系中,人的本质力量是不能全面实现的,只能是"异化"地实现。这也就是说,人的劳动被抽象为商品而失去了丰富的整体生命呈现,人与物的关系是分离对立的,而不是互相展示本质。据此,马克思所构想的"共产主义"

内容之一就包括非异化的人与物的关系,而这种关系作为人的真正自由的表征及实现形式,是马克思美学思想最主要的内容。从美感的整体来看,它确实具有使人的本质得以全面、丰富、健康地展现与发展的特征,这种特征是审美的最高目的的表现,也就是自由无限性。

2. 基于实践自由的审美超越性

从哲学的高度讲,人类社会实践被自然所肯定,达到合规律性与合目的性的统一,便取得了自由;当实践自由消融在事物的形式上,积淀在事物的形式中,这种实践自由作为自由的形式,就是美。这种观点用来解释对象如何具有美的特性,如何获得美的性质,确实是十分深刻的。但人类物质生产实践的结果不都是美的,因为每一种劳动实践的结果都不同程度地体现了合规律性与合目的性,具有实践自由的性质,也具有消融在事物形式上、积淀在事物形式上的性质。比如现在通过生产流水线制造的各种产品,可以说体现了合规律性与合目的性的统一,但这种程式化、千篇一律的东西,人们并不感到有多么美。过去我们常常把实践自由与审美自由混为一谈,直接将哲学上的实践自由套用到美学上来,在解释美和美感的本质问题上有些简单化的倾向,事实上,实践自由与审美自由是既有联系又有区别的两个范畴。

首先,实践自由是审美自由的基础,没有实践自由,就不会出现审美自由,人不会从动物的群体中提升出来,只能永远停留在动物本能的水准上,不会出现真正意义上的人和人类社会。因为人的生理心理结构都是实践劳动的结果,劳动的结果达到了人的预期目的,当劳动者反观自己的作品时,会得到一种成功和胜利的愉悦,这种愉悦是对劳动对象满足的喜悦,他在对象上看到了自己的力量和智慧取得胜利并享受成功的喜悦。人通过持续不断地劳动,技艺、技能、技巧越来越高超熟练,能够创造更多的价值财富时,这种愉悦感就更强烈了。因此,马克思说:"我们知道,只有当对象对人说来成为人的对象或者说成为对象性的人的时候,人才不至于在自己的对象里面丧失自身。只有当对象对人说来成为社会的对象,人本身对自己说来成为社会的存在物,而社会在这个对象中对人说来成为本质的时候,这种情况才是可能的。"[①]通过世世代代的生产生活经验的积累积淀,人的审美心理结构逐渐形成。只要人们一看到类似的对象,就能引起审美愉悦感,以审美的态度对待对象,就进入了审美自由的状态。所以说,没有实践自由,就不会出现精神自由、审美自由,审美自由是在实践自由的基础上的延伸和放大。

---

① [德]马克思:《1844年经济学哲学手稿》,刘丕坤译,人民出版社1979年版,第78页。

其次，实践自由还决定着审美自由的范围和广延度，审美自由总是随着实践自由的深化发展而深化发展的，以实践自由的特征、内容、规律作为时代的表现，总是非常内在地积淀在审美自由中。马克思说："对象如何对他说来成为他的对象，这取决于对象的性质以及与之相适应的本质力量的性质；因为正是这种关系的规定性造成了一种特殊的、现实的肯定方式……因此，人不仅在思维中，而且以全部感觉在对象世界中肯定自己。"①审美自由虽有超越实践自由的一面，但每一时代的审美自由无不打上该时代实践自由的深深的印痕。如古希腊的史诗、神话，欧洲中世纪的宗教建筑等蕴涵的审美自由无不体现出与当时实践自由相吻合的特征。因此，审美自由的超越性、无限性并不是绝对的，它最终不能脱离实践自由的制约和规定，并随着实践自由的发展而发展。

审美自由是以实践自由为基础，因对象形式与主观目的相契合而产生的精神上的愉悦和满足。实践自由虽然在审美观照时察觉不到，但它非常内在地渗透在审美自由中。分析不同时代的文学艺术，可以体会到不同时代的审美风尚，也可以感受到它同当时的实践水平、实践自由千丝万缕的联系。例如在没有飞机的时代，人们在神话作品中往往会虚构出一些幻想性的形象，如长有双翅的飞人，是将人鸟合一而产生的新形象，无疑比单纯依靠双脚在地上行走的人更自由自在，更具优越性。它反映了人类在生产力低下时代的愿望和超越意识，体现了当时社会的审美自由。当人们生产出了宇宙飞船、航天飞机，创作了一系列科幻作品，比之神话，同样可以获得审美上的享受，但飞人的优越感却丧失了，因为这种审美自由的社会条件和现实基础发生了质的变化，审美的时空感大大扩展了。因此，马克思在《〈政治经济学批判〉导言》中分析希腊神话为何具有艺术魅力时说："他们的艺术所产生的魅力，同它在其中生长的那个不发达的社会阶段并不矛盾。它倒是这个社会阶段的结果，并且是同它在其中产生而且只能在其中产生的那些未成熟的社会条件永远不能复返这一点分不开的。"②

另外，审美自由形成以后，也并非是被动地消极地受实践自由的制约，而总是能动地积极地反作用于实践自由。人们可以从美的更高的标准来观察反省实践自由，发现实践中存在的问题及不完善的地方，及时给予修正，就可以提高实践能力，推动实践活动向前发展，使人类获得更大的实践自由空间。人类实践自由的扩大，又进一步提高了人类的审美能力，使审美自由的空间也进一步扩展了，从而形成一个双向促进推动、螺旋上升发展的无限循环的历史过程。

---

① ［德］马克思：《1844年经济学哲学手稿》，刘丕坤译，人民出版社1979年版，第79页。
② 《马克思恩格斯选集》第3卷，人民出版社1972年版，第114页。

审美自由和实践自由的区别也是明显的。

首先,哲学上的实践自由是合规律性与合目的性的统一,虽然也是感性的,但理性居于主导地位,以认识论、生产论为基础,是个一级概念;而美学上的审美自由是对象形象与主体理想相契合而产生的畅神悦性的精神性满足,虽有理性的参与,但居主导地位的是情感想象、灵感领悟的作用,以主体与客体的交互感应论、阐释论和创造论为基础,属于二级概念。

其次,实践自由显著地受生产力发展水平的制约,每一时代的实践自由都是有限的,而且必须以合规律的真为基础,审美自由虽然也受这种限制,但相对而言,约束性要小一些,不一定以合规律的真为基础,而多以假定性、虚幻性、情感性的心理真实为基础。

再次,实践自由是从功利出发的,受社会关系的制约,具有社会性、客观性、功利性,而审美自由则是超功利的,在一定程度上超越了社会关系,个体性色彩很强,具有超越性、理想性、形象生动的直观性。

最后,实践自由实质上是为了实现人与自然之间进行的物质和物质的交换,其结果是客体对象被加工改造,这种生产是为了满足人类的物质生活需要而进行的生产,必须遵循自然客观规律;审美自由却是精神的自我追寻、自我观照,客体对象是引发精神愉悦的契机和媒介,这种生产是为了满足人类的精神生活的需要而进行的创造性的生产,必须遵循美的规律和美的创造规律。人们的审美对象,可以是实践改造过的,也可以不是实践改造过的,它们都可以作为精神活动和精神生产的对象。

3. 精神的创造性

前面我们已经说了,从发生学的角度来看,美和美感最初的根源在于人类的物质生产实践,所以说人类的劳动不仅创造了美,也创造了美感,这是一根树枝上开出的两朵鲜艳之花。如果说早期人类的审美创造还处于不自觉的状态,与物质生产实践紧密地联系在一起,具有美善不分的特征的话,那么,随着人类社会的发展,艺术作为一个独立的部门逐渐从人类的物质生产实践中分离出来,人类更自觉地遵守审美创造的规律,进行美的创造,人类的美感就可以有意识地进行熏陶、培养、提高,从而可以进一步提高人们的审美创造和审美欣赏的能力。可以说,只要是涉及了创造的领域,就会产生不同程度的各种不同类型的美和美感。而美感的创造性最集中地体现在艺术领域之中,这是艺术家们从无到有的一度原创造。同时,人们进行各种类型的审美欣赏活动同样具有不同程度的创造性,但这种创造是一种再造性、联想性的二度创造,同艺术家的原创造相比,其社会意义和审美价值要低一些。如果长期接受这种美的熏陶和感染,就可以进一步激发人们的审美创造和审美欣赏的能力。

第二节 美感的特征

美感中包含着认识、情感和意志的完整心理活动,但它毕竟不同于一般的认识、情感和意志活动,也不同于一般的社会生活经验。其特征有如下几个方面。

一、形象感受的直觉性

形象感受的直觉性,是指在审美活动中,主体以自己的感觉器官而不是通过理性思维,直接感受审美对象的美之所在,而审美对象也以自身的感性外观把美的因素直接显现给主体,主体与客体之间形成了一种感受直观的审美关系。这是不需要借助理性来思考的,也不需要关注对象的伦理关系和实用价值。

1. 美感离不开形象

美感也要由感性认识向理性认识深化、飞跃,但这种飞跃和深化的结果并不是一般逻辑思维的概念,而是不离开具体的感性形象,在主体与客体之间形成一种感性直觉的观照关系,也就是审美关系。审美感受、审美经验以及审美判断都不是从概念出发,而是从感性形象出发而达到对事物的审美价值和属性的认识。科学活动追求的是真,道德活动注重的是善,而在审美活动中人们得到的是美感经验。面对自然景观和艺术作品,无不如此。看画展、听音乐、读小说、欣赏影视作品等等都主要用感官与具有感性直观性的艺术形象打交道。对象只有具有感性直观性,才能为我们欣赏,才能成为审美对象。审美主体也只有借助感官感觉才能直接把握到对象的感性形象,产生审美愉悦。由于审美对象都具有一定的感性形象和外在形式特征,如果不首先感知审美对象的外形、色彩、线条、声音、动态等,我们就不能得到情感的体验,也引发不起美感来。美感实际上就是审美对象作用于审美主体的感官而产生的畅神悦性的心理感受,必然具有感性直觉性的特征。

2. 美感的主要感官是眼睛和耳朵,它们直接与形象相关

人的审美的器官,主要是听觉器官和视觉器官。视觉和听觉可以综合为一个完整形式或整体性的形象,这是与美表现和反映生活的形象相一致的,零碎的形象或不完全的形象是不美的。无论是欣赏大自然的美,还是社会生活的美以及各种艺术的美,都离不开视觉和听觉的直接感知。所以,生理感官先天有缺陷的人,特别是视觉、听觉有缺陷的人,是不能欣赏这些美的。英国19世纪画家琼·米莱斯画的《盲姑娘》,表现一位双目失明的姑娘坐在野外的土坡上,身后的天空出现一道美丽的彩虹,盲姑娘身侧的另一女孩在给她描述彩虹的美丽,但是盲姑娘面部茫然的表情,说明她很难体验这彩虹的美。在盲姑娘身边的土地上开着一些野花,还有一只彩色的蝴蝶落在她的披巾上,这些视觉形象,对于这位瞎眼的姑娘来说似乎都失去了美的意义。虽然瞎子凭着特别发达的听觉可以欣赏音乐的美,聋子凭着特别敏锐的视觉可以欣赏绘画的美,但是由于他们或看不到色彩所表现的热烈与鲜艳,或听不到声音所表现的高亢与低沉,他们欣赏音乐和绘画与正常人比起来,其美感的程度仍然有相当的局限。虽然视觉和听觉是审美的主要感官,但只有各种感官的内在联系和互相补充,才能够完整地认识美的不同方面,使人获得多方面的美感与享受。

3. 美感以直觉融合感性和理性

美感虽不能离开感觉和知觉等感性因素,以感性认识为基础,但又不同于一般的感性认识,而是包括理性认识内容。这是因为,美的事物不仅具有感性形式、生动可感的形象,而且还有内在的本质和一定的生活内容。认识美的本质和内容,单靠视、听等感觉活动是不行的,还必须有理性认识,有思维活动。所以,在美的欣赏中,那种不动脑筋,不进行推敲和品味的思维活动,是不能深刻地认识美的内在本质、内容和意义的。例如,我们欣赏明代王绂的《墨竹图》,画上的竹只有三株,但疏密相掩,有分有合,用墨浓淡相宜,有虚有实,而他的画又是和他的书法结合在一起的,如果不动脑筋,不进行推敲和品味,就不能欣赏那枝叶潇洒、富于书法意味的美。

美感中的理性认识因素,是不同于一般的逻辑认识中的理性认识的。逻辑中的理性认识虽然要以感性认识为基础,是从大量的感性认识中抽象出来的概念、判断和推理,但它排斥一切感性认识的因素。而美感认识的理性,它不是排斥一切知觉、表象等感性因素的抽象概念,而是存在于知觉、表象等感性认识之中的。所以,美感中的理性不是抽象的概念和逻辑推理,而是存在于对美的感性形象的品评与体验之中的。所谓品评,既不能脱离具体的可感的形象,又须在比较、推敲、揣摩的品味和品鉴之中,其间必然包含着理性思维活动的评价和情感体验。因之,美感认识正是在对对象的品评与体验中,达到对美的本质的认识。美感中的理性因素不是与感性相对立的概念,而是融合、渗透、沉淀在知觉、表象等感性因素之中。它溶解于生动的具体形象之中,从不脱离和抛弃感性的生动的形象,同时又见不到理性认识,却能给人以精神上的理解和自由的喜悦与快慰。这正是美感的一个特征。

二、鲜明的主体情感体验性

美感作为一种主体性活动,其另一突出的特征就是情感体验性。情感体验是对客观对象是否符合人的需要的一种特殊的心理反应。当社会现实和人的需要、理想与人的主观态度相符合时,主体就产生积极的肯定的情感体验。否则,则产生消极的否定的情感体验。美感中的情感活动是在审美对象中直观到人的本身、满足了审美需要和美的理想而引起的。当人在对象中直观到人的自由创造,体验到人的智慧、才能和力量,见到了自己的生活目的和理想的实现,从而热爱生活,在精神上感到一种满足和自由的幸福的喜悦,这就是美的感受。作为一种精神的喜悦和享受,美感能震撼人的整个心灵,影响人的整个精神世界。审美主体的情感体验性具有精神体验的个体性和情感的形象化的特征。

1. 审美情感的体验性具有感受个性化的特征

审美感觉体验对审美理论具有优先性,审美主体对审美客体也具有优先性。所谓审美感觉的优先性是指审美感觉具有不可替代的私人性。无论是审美创造者还是审美欣赏者,都是以个体精神投入的方式,去感受、体验审美对象,使审美情感体验具有个性化的特征。艺术家个性化的情感体验,体现于对社会生活的选择、加工和表现的整个过程,使艺术家的艺术思维活动呈现出不同的特点。没有个性化的情感体验,就没有真正的艺术作品。另外,每个艺术家的艺术传达是通过个体劳动形成的,这就需要把客观的社会生活首先内化为艺术家个人的独特感受,再通过艺术家不同于他人的艺术技能、技艺、技巧物化为艺术品。审美欣赏者对审美对象进行审美观照也是以个体体验感受的形式进行的,他总是要结合自己的生活阅历、既有的审美经验和个人的兴趣爱好来对审美对象进行观照。如果他不能理解审美对象,或者审美对象的层次太低,他都无法获得巨大的审美满足。所以说,审美对象之所以成为审美对象,必须与个体的审美经验相契合。

2. 审美体验中的情感是形象化的情感

在现实生活中,人们的情感体验是同自我合为一体的,很难把自我情感当作自我以外的对象来欣赏。而审美的情感因为具有间离性,可以成为人们观照的对象。在审美活动中,审美主体凭借想象,把审美对象和自己的情感当作一个自我来对待,与审美对象保持一种适度的心理距离,这就使审美情感体验具有间离性的特征。由于这种情感表现是凭借审美想象而构造或再造形象,因而审美情感就与形象水乳交融在一起,使这种情感具有形象化的特征。各种艺术表现情感,无一不是将情感附丽于形象,人们观赏各种审美对象也无不是通过感受形象来体验其中的审美情感。在音乐中主要是通过音符、节奏、旋律、高低音来使情感形象化;在书法中主要是通过线条使之成为心灵的艺术;在绘画中主要是通过色彩、线条、构图等渲染情感;在文学中主要是通过语言塑造形象来表现情感。其他如自然美、社会美、科学美等审美对象也都具有这样的特征。所以人们在对这些审美对象进行观照体验的过程中,获得的审美情感都具有形象化的特征。例如,文艺复兴时期"三杰"的作品,达·芬奇的《蒙娜丽莎》和《最后的晚餐》,把解剖学、数学、透视、明暗和造型的各种实验与研究成果用于绘画,追求一种庄严肃穆的美;拉斐尔的《西斯廷圣母》和《花园中的圣母》等,把美从神权的枷锁下解放出来,追求一种典雅、和谐、优美的审美情趣;米开朗基罗则把艺术当作人来创造,他那"神圣而痛苦的生涯"从他的雕塑《被缚的奴隶》《朝》《夕》《昼》《夜》中的肌肉硕健的男女塑像,以及扭曲到变形程度的形体造型,展示出作者所追求的沉郁雄健的美学风格。

三、主体精神的愉悦性

所谓主观愉悦性,主要是指审美愉悦不含有物质的、功利的、实用的个人欲念和自觉的目的要求。审美对象总会给人们带来一定的美感,无论是社会生活中美丽的女性、英俊的男性、整洁的环境,还是自然界的风花雪月、湖光山色以及各类艺术品等都让人感到赏心悦目,获得一种特殊的精神上的愉悦和情感上的满足,不带有任何直接的实用性目的,也不会获得任何直接的物质利益。从审美主体由审美对象而产生的审美愉悦来看,由低到高主要有三个层次。一是愉悦耳目层,由审美对象作用于人们的感官直觉而产生愉悦耳目的审美愉快。愉悦耳目虽然是一种单纯的感官愉快,并不仅仅是生理快感,而是审美对象直接作用于人的感官而引发的精神性满足和享受,从实质性上看,也是超感性、超功利的。二是愉悦心意层,是指审美主体通过诉诸人的视觉和听觉等感官的审美对象,捕捉和领会其中某些较深刻的意蕴,获得比感官愉悦更深一层的审美享受,从而提升审美主体的心灵境界。三是愉悦神志层,是指精神意志上的满足和激荡的愉悦,是对审美对象的最高美感领悟,通过崇高感而在感性中获得一种永恒的精神境界。愉悦耳目层的审美对象引发的是一种平静和谐的审美愉快,往往具有易变性的特点;愉悦心意层的审美对象引发的是一种知性领悟的审美情感,具有相对稳定性和持续性的特点;愉悦神志层的审美对象让人的灵魂深层受到冲击和洗涤,意志力得到考验和加强,激发起一种奋发昂扬、自强不息的美感力量。但无论哪一种层次的美感,它们具有差异性的同时,也具有如下几方面的共性:

1. 美感是人的高级精神性愉悦

审美愉悦是人所独有的高级情感体验和情感反映,是感觉器官的"人化"和情感"人化"的结果。所谓器官的"人化",主要是指器官(视、听器官为主)在长期社会实践和审美实践活动中,逐渐脱却了仅用于维持生命、满足生理需要的机能,受生理需要内驱力(如口渴内驱力指示机体去获得水,饥饿内驱力指示机体去寻求食物等)的支配,由单纯的生理器官变成具有社会功能的不同于低级的生理感觉的"人化"的器官。美感在质的规定上,绝不仅仅是一种生理官能上的快感,而是超越了生理快感的精神升华。生理快感的享受是有限的、狭隘的、短暂的,美感给人的感受是无限的、超越的、恒久的。因此,把生理快感、性感等同美感混淆起来是说不过去的。说美感等同于快感,是把人自身降低到动物的水平来对待美和美感,不要说取消了实践自由的性质,更谈不上高一级的审美自由了。

2. 美感是超越了快感的精神愉悦

审美愉悦以生理快感为基础,但获得了快感并不一定就产生了美感。生理快感是美感赖以产生的基础,例如和谐的乐曲,利于调节人体内的生理节奏。相传李斯特的《匈牙利狂想曲》可治愈精神抑郁症,海顿的《C大调托里奥》能治愈精神衰弱症。之所以如此,因为人的脑电波运动、心律和血液循环都有一定的节奏,当和谐的乐曲的节奏与人体的节奏相协调时,人的生理上则产生一种愉悦感。美感实质上是对象形式与主体目的相契合而产生的精神愉悦和满足。俄国革命民主主义美学家车尔尼雪夫斯基说:"美的事物在人心中所唤起的感觉,是类似我们当着亲爱的人面前时洋溢于我们心中的那种愉悦。""美感的主要特征是一种赏心悦目的快感。"① 这种精神愉悦,既有类似于动物的那种满足了生理需要的官能和肉体上的快感,也有人类独有的那种精神上得到满足的心灵上的快感。虽然美的事物一定引起人们的快感,但引起快感的事物并不一定都是美的。有些软绵绵的流行歌曲,某些外国性感歌星的演唱,听起来也会有一定的官能上的快适,作为偶尔的消遣,可以恢复肉体的疲劳,但如果把那种快感当作美感,沉溺其中而不能自拔,必然导致审美情趣的低下,甚至颓废、堕落。再比如,如何看待描写人类性爱的作品也牵涉到一个美感的精神愉悦性的问题。我们不能把意大利文艺复兴时代卜迦丘的《十日谈》当作追求官能刺激的书来读。茅盾说过:"十四世纪新兴工商业都市的'市民'意识,从《十日谈》里得到了正确的反映和起了积极的教育的作用。这是为什么《十日谈》在当时会那样风行,到十五世纪至少有十二三种版本了。倘使我们只把《十日谈》当作一种'笑料'或'性欲

---

① [俄]车尔尼雪夫斯基:《生活与美学》,周扬译,人民文学出版社1957年版,第6页。

描写'的著作,那就差得太厉害。"①《十日谈》给我们的美感应该从其所表现的人性美、新兴资产阶级的人格美中去寻找。对于中外文学史上类似的作品,诸如《金瓶梅》、《查泰莱夫人的情人》、《尤利西斯》,以及我国新时期以来的相似作品,如张贤亮的《男人的一半是女人》、王安忆的《小城之恋》、王朔的《一半是海水,一半是火焰》,都有一个如何把握住小说表现的美感性质的问题。此外,对于表现人体美的绘画作品和摄影作品的鉴赏,也必须注意其中的美感的精神愉悦性。

3. 美感是个人审美的"非功利性"与美感社会功利性的统一

个人审美的非功利性,是指审美愉悦不含有任何物质的、功利的、实用的个人欲念和自觉的目的要求,但实际上美感是不能完全摆脱功利的。美感不涉及个人直接的物质欲求,或者说,人们在审美过程中很少考虑客体对象对人类的直接实用的功利价值,但美感也不可能脱离社会功利的目的和内容,与人生的实际利害毫无关系。从原始人类最初所产生的审美观念来看,劳动产品的实用价值先于审美价值。实用的,也就是美的;美的,必须是实用的,当时美感的社会功利性质表现得很明显。墨子曾说:"食必常饱,然后求美;衣必常暖,然后求丽;居必常安,然后求乐。"随着社会实践的发展,美感的社会功利性也逐渐从直接物质的实用性向普遍的社会功利性的方向转化。社会越向前发展,美感的社会功利性表现得越隐蔽、越曲折。初看起来似乎美感的内容与社会功利性无关,实际上这种社会功利性以更隐晦、更复杂的方式潜藏在审美感受之中,以更多的中间环节,以个人审美愉悦的形式表现出来。

第三节 美感的心理结构

人类的心理结构可以从横向构成和纵向层次两个方面来进行研究和分析。从其横向构成来看是由智力结构、意志结构和美感结构三部分组成的,总称为文化—心理结构。从其纵向层次来看是由无意识、潜意识和显意识三个层次构成的。

一、心理结构与美感心理结构

人类社会实践不仅使外在自然发生改变,成为人化的自然,而且使内在自然发生改变,形成了人类文化—心理结构。人类的心理结构从横向方面来看,主要包括智力结构、意志结构和审美结构三个部分。

---

① 茅盾:《世界文学名著杂谈》,百花文艺出版社1980年版,第132页。

1. 智力结构

人类主体的智力结构从感觉、知觉到逻辑思维都是建立在极为漫长的人类使用、创造、更新、调节工具的劳动活动基础之上的。人类在运用物质工具能动地改造或征服自然的活动中,才能把多种多样的自然规律性的结构、形式,首先保存、积累在这种实践活动之中,然后才能转化为语言、符号和文化的信息体系,最终才内化为人类的智力结构,产生和动物不同的人类认识世界的主体性。

2. 意志结构

离开了人类的社会实践也不可能有理性的凝聚和意志结构的建构。这是因为人类以使用和创造工具的劳动生产实践为根本基础和纽带,才把原始动物群体组织改变为人的社会组织。为了维护社会群体的生存和发展,就必须制定各种道德规范,让个体从外在服从和恪守原始巫术礼仪、宗教和法律的要求。在这个过程中,社会群体必须约束、控制、克服个体的各种欲求。放纵个体以违背、破坏、损伤这种规约就成为恶。与此相对应,作为维护人类总体存在的行为就成为超越一切的善。善之所以拥有如此崇高的绝对权威和无上地位,正是由于它来源于维护人类群体的生存和发展,但只有人类的社会实践才是建构人类意志结构的根本原因所在。这就是在人的实践、行为、活动、情感、愿望等感性中的理性凝聚。如同在认识论感性直观中有理性内化一样,这就是所谓的自由意志。

3. 美感心理结构

审美心理结构表现为理性积淀的感性。在认识或智力结构中,超生物性表现为感性的社会实践活动内化为理性;在伦理或意志结构中,超生物性表现为理性的凝聚和对感性的强制,实际都表现为一般压倒个别,即超生物性对感性的优势。而审美心理结构则不同,它不再是一般压倒个别,而是总体与个体、感性和理性,在感性自身的交融统一;也不再是对感性个体的强制或制约,而是沉积着一般的个性潜能的充分培育和发展。在这里超生物性已完全溶解在感性之中。它的实质是一种愉快的自由感。它的范围极为广大,在日常生活的感性经验中都可以存在,吃饭不只是充饥,而成为美食;两性不只是交配,而成为爱情;从衣食住行到劳动生产;从言谈举止到社会交往;从旅行游历的需要到各种艺术的需要。感性之中渗透了理性,个性之中具有了历史,自然之中积淀了社会的成果,在感性而不只是感性,在形式而不只是形式,这就是自然的人化作为美和审美的基础的深刻含义,即总体、社会、理性最终积淀,落实在个体、自然和感性之上。自由审美是最终成果,它可以成为自由直观(以美启真——认识)、自由意志(以美储善——伦理)的钥匙,从而理性的积淀——审美自由感便构成了人性结构的顶峰。

人类的文化—心理结构包括三个方面或内容，智力结构是人类理性的内化，意志结构是人类理性的凝聚，而审美心理结构是人类理性的积淀。它们作为普遍形式是人类群体超生物族类的确证。它们表现在个体心理上却是以不断开拓和丰富自身的创造性功能而成为"自由直观"（以美启真）、"自由意志"（以美储善）和"自由感受"（审美愉快）。这是人类在改造客观世界中所建构的主体性的主观方面即人性结构，也是人类内在自然人化的历史成果。

二、心理结构的纵向层次与美感的心理结构

1. 人类实践活动历时性积淀与美感心理结构

从人类历史产生形成和发展的过程来看，美感心理结构是人类社会实践活动历时性积淀的结果，也就是内在自然人化而形成的心理结构，它大体上是分两个层次进行的，即经历了感官人化和情感人化这两个基本内容。

(1) 感官人化

感官人化的特点，就是人的感觉的社会化，即动物的功利性的消失。人的感官和需要与动物不同，动物的感官完全是功利性的，只是为了个体的生存。而人的感官虽然也是个体的、感性的，受欲望、功利支配，但经过长期"人化"，逐渐失去非常狭隘的维持个体生存的功利性，获得一种超个体功利性的社会功利性质，从而使审美心理产生了二重性，既是个体的、感性的、有欲望功利的，又是社会的、理性的、超欲望功利的。也就是说，它获得了超感性的社会性质。

(2) 情感人化

人类的美感心理结构包含着二重性：一方面是个体的、自然的、感性的；另一方面又是人类（总体）的、社会的、理性的。美感心理结构二重性的形成只能是历史的积淀，即人类经过漫长的社会历史实践，把人类的、社会的、理性的东西累积、沉淀在个体的、自然的、感性的东西之中，从而才能形成人类美感心理结构或美感的特殊本质。这种历史的积淀包括原始积淀、艺术积淀和生活积淀等方面的内容。

原始人在生产劳动中对节奏、韵律、对称、均衡、变化、统一等自然规律性和秩序性逐渐熟悉了，掌握了，这种自然规律和自然秩序最初是为运用规律的原始人类主体活动所把握，从而产生了原始积淀。在原始人的官能感受中积淀了观念性的想象、理解，而成为具有社会内容的原始积淀。在这种原始的积淀中已经开始形成人类美感的心理结构。在原始的巫术礼仪中，由于把原始生产积淀中分散零乱的感受，加以提炼集中，就构成了巫术礼仪的感性形式而演化为原始艺术。

由于原始艺术能够给对象赋予一定的"艺术形式"，这就使人们的审美心理

的成长变得更集中了,也就是说在原始的生产积淀基础上产生的艺术积淀,反过来又推动了人类审美能力的发展。审美能力在艺术活动中得到更加集中和迅速的发展。文学艺术家把这些自然形态的东西加以典型化,使审美理想和社会生活实践中一般性的东西,凝结化入在作品中,提高有限、偶然、具体的形象表现生活的本质、规律和理想,这就是生活积淀。

原始积淀为美感提供了现实的基础,使审美得以产生;艺术积淀为美感提供了集中的形式,使审美更加自觉;生活积淀为艺术提供活生生的内容,使审美更加丰富多彩。

2. 心理结构的纵向层次与美感心理结构

(1)心理结构的纵向层次与积淀

从现代心理学的观点来看,人的心理结构总体上可以分为三个层次。第一层次是无意识,它主要包括人类的本能,与生理需要和安全需要相关而形成低级的情绪和促成本能式的行为,而且仅仅在特殊情况下受意志的作用。第二层次是隐意识,或称潜意识。第三层次是意识,或称显意识。意识是人们可以意识到的心理过程,包括认识、情感和意志。知、情、意三者之间形成相互作用的双向逆反联系,并与相属关系和爱的需要、自尊的需要、认识的需要、美的需要、自我实现的需要等相关,形成高级的情感(理智感、美感和道德感),并促成自由自觉的行为。隐意识(潜意识)是传统心理学忽视而又非常重要的心理结构层次。它分别与意识和无意识有着双向逆反联系。正是在这里意识和无意识交汇、整合,通过中枢神经的联合区形成动力定型,从而能够构成格式塔心理学派的所谓"完形",皮亚杰所谓的"图式",乌兹纳捷所谓的"心理定势"和列宁所谓的"逻辑的格",并使人的低级情绪具有人的本质特点,还使人的意识活动过程显示其整体性、自觉性、创造性和社会性,又能形成认识、情感、意志的定向发展,从而形成既统一又各具特点的认识活动、审美活动和伦理活动。隐意识(潜意识)的形成正如列宁所说的是通过千百万次的实践的重复,也就是社会实践的"内化"或"积淀",其生理机制是动力定型。人的心理结构是由这三个层次以及各自的诸因素之间的双向逆反联系构成了这么一个网络式(立体交叉式)的动力体系。这种积淀包括心理自身由表层向深层的积淀。无意识或潜意识这类深层心理曾被现代心理学作过解释,但是由于脱离社会实践的历史,单纯作心理生理的考察,或者加以神秘化,终未作出科学的回答。

(2)积淀与美感心理结构

人类无意识的根源不是动物性欲求本能,而是历史积淀着的"人的本性",正是由于内在的自然人化,漫长的历史积淀,才使人类的集体或社会经验变成一种个体的、感性的深层的东西。虽然人的审美心理结构正是由显意识、隐意识和无意识这三个层次及各自的诸因素之间的双向逆反联系构成的这种网络式动力结构定向发展的结果。但这种定向发展是经历了一个漫长的历史过程的,是随着整个以物质生产劳动为中心的社会实践的不断发展而发展的。由于社会实践的长期发展,现实对象与人之间逐渐形成了一种审美关系,对象的各种物质属性和实用价值逐渐转化为美的属性和审美价值,而人自身的心理也发生了重大变化,五种感官由一般的感受器官转化为审美的器官,人的心理也同时构造出具有独特的整体性、转化性和自我调节性的审美心理结构。

审美心理的动力结构大致如下:审美活动与任何心理活动一样,都必须从认识开始,一旦对对象有了感性的和理性的认识,随之也会产生情感和意志的活动,同时无意识层次也会或多或少地活动起来,整个心灵就被激活起来,从而形成潜意识层次的诸因素的交融、汇合、矛盾、斗争;这里有表象借助想象(联想)的作用而与情感往复运动所形成的审美意象,也有不同层次的需要在意志调节和控制下的相互斗争,还有意志通过思维对情感的控制和整理,又有意志通过情感认识的驱动和定向;由于每个人的审美活动都有以动力定型为生理机制的潜意识的定势和格局,在这里的整合活动就是意想不到的迅速和有序,最终汇合为意志的直观、弥散的情感和自由的意志,一起指向审美对象,其主要表现为情感的体验。因此,审美活动就明显地呈现出积淀着理性的直觉性,隐含着功利的情感性质和合规律性与合目的性相统一的自由创造性。这也就是西方许多美学家们强调过的直觉、移情、非功利性的真正秘密所在。

总之,审美心理结构是一种共同的人性,是人类历史积淀的成果,所以它不只具有动物性,也不仅只具有社会(时代、民族、阶级)性。它是人类集体的某种深层结构,却保存、积淀在有血肉之躯的人类个体之中。它与生物生理基础相关,却又是在动物生理基础上成长的社会的东西。它的根基是社会习惯的东西,但又必须是个体性的。一方面它是感性的,但由于理性的积淀,它又具有个体的非功利性。另一方面它是理性的,但由于是积淀在感性之中,它又具有社会的功利性。所谓美感的两重性即社会功利性和直觉性,也是指这种积淀而成的审美心理结构。人类经过漫长的历史进程,产生了总体的人性心理结构,个体经过一定的教育过程,获得这种结构。随着外在和内在两个自然人化的深入发展,人类创造了"自由的形式",即美,与此相对应,人的审美感受也成为一种"自由感受",即美感。在美、审美和艺术的相互依赖、相互转化的辩证发展过程中,人类的审美心理结构日益细腻和丰富,个体的"自由感受"创造性的心理功能不断开拓和敏锐,人们在审美活动中的主观能动性愈益增强,艺术欣赏的再创造程度日益提高,非美以至丑的对象日益变成审美对象,从而扩大了人们审美的眼界和欣赏的范围,提高了人类心灵世界的审美能力。表现在审美中,就能化平淡为神奇,于丑怪中识光华,在刹那间见千古,从直觉中窥本质。因此,审美不是消极的反映、被动的静观,而是主体主动投入了自己全部心理功能(包括知觉、情感、理解、意向等各种心理因素)的积极活动的高级精神活动。

关键词释义

[美感的性质] 美感的性质就是美感区别于一般社会、生理感受的根本不同的内在属性。

[美感的特征] 美感的特征一般是指美感的外在表征和标志。

[审美理论] 审美理论是审美心理、审美意识的理论形态化,它包括美学言论、观点、思想、学说,最高地构成某种以概念的逻辑推演为基本形式的理论体系。从发生学考察,审美心理、审美意识产生较早,审美理论是在审美心理、审美意识有了一定发展之后才产生的。

[精神感受的完整性] 所谓精神感受的完整性,指的是审美情感不是人们求知而获得的理智情感,也不是人们的道德完善而获得的道德情感,更不是其他某种单一性的生理快感,而是人们的理智情感和道德情感统一于审美情感的复合混融型的情感。从这个性质上看,美感实质上是一种混融型的审美意识或审美意识形态。

[审美心理结构] 审美心理结构是一种共同的人性,是人类历史积淀的成果,所以它不只具有动物性,也不仅只具有社会(时代、民族、阶级)性。它是人类集体的某种深层结构,却保存、积淀在有血肉之躯的人类个体之中。它与生物生理基础相关,却又是在动物生理基础上成长的社会的东西。它的根基是社会习惯的东西,但又必须是个体性的。一方面它是感性的,但由于理性的积淀,它又具有个体的非功利性。另一方面它是理性的,但由于是积淀在感性之中,它又具有社会的功利性。所谓美感的两重性即社会功利性和直觉性,也是指这种积淀而成的审美心理结构。

思考题

1. 试述美感的特征。
2. 为什么说美感具有社会性?
3. 为什么说美感具有精神感受的完整性?
4. 为什么说美感具有自由创造性?

5. 试分析实践自由和审美自由的异同。
6. 人类心理结构中的智力结构、意志结构与审美结构的关系如何？
7. 怎样从心理结构的横向构成和纵向层次方面认识美感心理结构？

进一步阅读文献

1. 曹日昌:《普通心理学》,人民教育出版社,1980年版。
2. 孟昭兰:《普通心理学》,北京大学出版社,1994年版。
3. [德]康德:《判断力批判》上卷,宗白华译,商务印书馆,1964年版。
4. 蒋孔阳:《形象思维与逻辑思维》,见《美和美的创造》,江苏人民出版社,1981年版。
5. 朱光潜:《文艺心理学》,《朱光潜美学文集》第1集,上海文艺出版社,1985年版。
6. 庄志民:《审美心理的奥秘》,上海人民出版社,1983年版。

第四章 美感心理要素

美感心理活动是由众多心理活动要素组成的审美意识系统,它包含感觉、知觉、表象、联想、想象、情感、移情、思维、理解、意志、心理距离等心理活动要素。与普通心理活动相比,美感心理活动既有普通心理活动的普遍性特征,又有自身的独特性。这种特殊性概括起来主要表现为:美感心理是一个融知、情、意为一体的复杂心理现象,它始终浸润着情感活动,感性中参与了理性,理性中又贯穿着感性,是一个多重心理现象相互作用、相互渗透的综合心理反应过程,并且美感心理过程是围绕审美意象的形成而展开的。下面就几种主要心理现象在美感活动中的特殊作用作一扼要分析。

第一节 感知与表象

感觉、知觉、表象是初级心理活动形式,也是美感的初级形式,是形成审美意象的基础。

一、感知

普通心理学中的感觉,是指人脑对当前直接作用于感官的客体对象的个别属性的反映,是人脑获取信息的最初活动。知觉是指人脑对当前直接作用于感官的客体对象的整体属性的反映,是多种感觉的综合反映形式。在认知实践中,感觉与知觉常难以严格划分,故常合称为感知。感知是一切心理活动的基础,是实践主体获取各种直接信息的根本途径。在审美活动中,审美感知是审美意象产生的基础,其特殊作用主要表现为以下几个方面:

1. 视觉和听觉在审美活动中起主导作用,其他感官起辅助作用

从发生学上看,人的各种感官的第一功能是实用功能,在人类长期的审美实践中,实用的感官逐步进化发展为能够审美的感官。在视、听、味、嗅、触五官感觉中,视听感官最易于脱离实用功能而发展审美功能,这是因为,视听感官与人的语言和思维等高级审美活动的发展密切联系,它们还可以更广阔而全面地获取信息,可以更强烈地作用于事物的形象性或形式美特征,可以最自由地感觉客体对象。例如,在人类艺术史上,最早的艺术是歌、乐、舞三位一体的,且与宗教祭祀、庆典仪式等实用目的相联系,后来发展为独立艺术样式的诗歌、音乐、舞蹈,就主要是作用于视听感官的艺术,而且逐步脱离了实用目的,形成为独立的纯艺术样式。与此同时,雕塑、戏剧、绘画等也成为独立的艺术样式,同样是以视听感官为主的艺术。因此,视听感官在审美活动中的主导作用历来被西方美学家所关注和重视。托马斯·阿奎那说:"与美关系最密切的感官是视觉和听觉。"①黑格尔说:"艺术的感性事物只涉及视听两个认识性的感觉,至于嗅觉、味觉和触觉则完全与艺术欣赏无关。"②黑格尔注意到了视听感官与艺术欣赏的紧密联系,但他否定其他感官在艺术欣赏中的作用则是错误的。

事实上,视听之外的其他感官在审美创造与鉴赏中的作用亦不可忽视。审美创造与欣赏中的通感现象则是各种感官交互作用的结果。清代画家邹一桂在《小山画谱》中说:"实者逼肖,虚者自出,故画北风图则生凉,画云汉图则生热,画水于壁,则夜闻水声。"北风画得逼真,则会使人产生寒凉的感觉;云汉图画到逼真处,则会使人生发热感。这说明,人的各种感官之间并没有不可逾越的栅栏。况且,一些特殊的审美对象与某些感官有着密切的联系,如茶艺、酒艺、美食、花香等与味觉、嗅觉,丝绸的质料、玉器、雕塑等与触觉,都有着紧密联系。罗丹谈维纳斯雕像时说:"抚摸这座像的时候,几乎会觉得是温暖的。"③这说明,触觉在欣赏雕塑等艺术中,也会起到重要的辅助作用,可以丰富审美的感受。

2. 感知的选择性在审美活动中发挥重要作用

人的感觉和知觉都具有一定的选择性,当客体对象作用于人的感官时,人的感官是有选择地感受客体的某些属性,这种选择性既有自发的,又有自觉的。心理学家舒帕尔·卡格安在观察儿童行为时,提出了"差异原理",当把儿童完全熟悉的事物和完全不熟悉的事物放到他们面前时,都不能引起他们的兴趣,只有那些与他们熟悉的事物有一定联系的事物,才能吸引他们。即是说,只有那些与儿童心中的内在"图式"(是指人们对事物的有关属性组合的知识贮存方式④)具有

---

① 北京大学哲学系美学教研室编:《西方美学家论美和美感》,商务印书馆1980年版,第67页。
② [德]黑格尔:《美学》第1卷,朱光潜译,商务印书馆1979年版,第48页。
③ [法]罗丹:《罗丹艺术论》,沈琪译,人民美术出版社1978年版,第31页。
④ 邵瑞珍主编:《教育心理学》,上海教育出版社1997年版,第70页。

一定差异又有一定联系的新图式,才能吸引儿童的敏锐感知。这说明,儿童的感知具有选择性。成年人的感知同样具有选择性,面对同样一个事物,信仰、知识、职业、习惯等不同的人们,所获取的感知内容是不一样的。美国艺术心理学家冈姆布里奇曾发现各个原始部族的人们对狮子星座的感知各不相同,有的看成一头狮子,有的看成一只羊,有的看成蝎子或公牛,南美印第安人则看成一只龙虾,这些不同的形象联想,都与各部族的生活经验有关,常与龙虾打交道的人们自然会想到像龙虾,没见过狮子的人是不会联想到像狮子的,这都说明人的感知具有选择性,都与人的内在心理图式相联系。

感知的选择性在审美活动中发挥着重要作用。如在现实美的创造与欣赏中,现实世界的事物,其真善美与假恶丑的属性总是交织在一起的,难以突现出某一特性。人的感知的选择性经过审美的熏陶,便会从无规则的事物现象、杂乱的形式、混乱的内容中发现事物的美的属性,创造出现实美的事物,并引导现实美的欣赏。在艺术创造与欣赏领域,感知的选择性的作用更为突出。不同的艺术家,因审美兴趣的不同,选择对象及对象的属性各不相同,故能创造出各具特征性的艺术品来。郑板桥对竹有特殊的敏感;齐白石对虾有特殊的偏爱;凡·高对色彩极其敏感,特别是黄色,他的许多画作以鲜明的黄色表达对阳光的渴望;诗人对语言的音韵都有敏锐的感知。正是感知的这种选择性作用因人而异,审美活动才会表现出极强的个体差异性,并使得人类的审美创造永远不会重复雷同。在审美欣赏中,不同的人对同样的艺术品都会有不同的感知侧重,从而可获取不同的美感。

3. 审美感知贯穿于整个审美活动过程的始终

在一般的认识活动中,感知是获取信息的起点,然后走向分析、综合、判断等理性认识阶段。但在审美活动中,审美感知始终贯穿在审美过程之中,这是因为,审美活动是以形象思维为主的活动,自始至终都脱离不了对审美对象的形象感知,即使是审美分析与判断的理性思维活动,都是与形象感知相伴而行的,不是纯粹抽象的概念与推理。当我们阅读一部小说,然后谈论这部小说的审美特征时,整个活动都离不开对人物、场景等可感形象的审美感知,即使是主题分析这些抽象的理性思维活动,都离不开对人物、故事的描述,整个审美过程都是感性与理性交织在一起的。

二、表象

表象也称记忆表象,是指过去感知过的事物在人脑中存贮的形象化的印象。人的认知活动在人脑中留下的记忆知识很复杂,一般心理学中将关于事物的整体性形象的记忆印象称为表象,而将其他一些符号、命题、图式、知识网络等的记忆印象称为表征。表象与形象思维密切联系,表征与抽象思维的关系更紧密,它们共同组成人脑记忆信息库。

表象在审美活动中的作用主要表现为以下方面:

1. 表象以整体形象性印象的形式存贮在人脑中,有助于形象思维的充分展开

记忆表象是在感知的基础上形成的,打上了感知的选择性与概括性的印记,因其选择性而表现出它是关于事物的某一突出特征为主导性的印记,因其概括性而表现为它是关于事物的整体性的记忆印象,同时它又以形象的形式存贮于记忆中。这些特征决定了表象更突出地体现了形象思维的特征,更有助于审美活动的展开。人的头脑中存贮的表象,其形象的美感特征是否鲜明突出,其组合新形象的动态性是否强烈,其数量多少等,都是审美能力强弱的重要标志。形象思维能力强的人,就会在头脑中积淀下丰富的审美表象,为审美活动的充分展开打下基础。正如黑格尔所说:"属于这种创造活动的首先是掌握现实及其形象的资禀和敏感,这种资禀和敏感通过常在注意的听觉和视觉,把现实世界的丰富多彩的图形印入心灵里。此外,这种创造活动还要靠牢固的记忆力,能把这种多样图形的花花世界记住。"①

2. 表象可以在头脑中复现事物的形象,为审美活动的自由展开提供条件

表象贮存在人脑中,是一个审美经验与知识的信息库,有了这个信息库,人们便可以离开对具体事物的在场性感知,调动记忆表象,自由地开展审美活动。由于人的感知等现场性审美活动总是与头脑中的记忆表象密切联系,并会自觉或不自觉地调动记忆表象参与到新的审美活动中去,所以表象能促进审美活动的自由展开。如当你走进长江三峡看到种种景物时,你头脑中留下的种种类似景物和人事的记忆印象,会参与到眼前的审美创造中,从而获得丰富的美感享受。你可能会看到神女峰的影像而浮想联翩,联想起头脑中贮存的所有思妇翘首盼夫归的故事,也许还会联想到那些曾经见过的妇人的深情而又绝望的眼神……在艺术创造中,艺术家总是根据记忆表象来进行新的形象设计,中国画家画山水,正如石涛所云,是"搜尽奇峰打草稿",先游览众名山美景,然后根据这些记忆表象,于胸中生出一幅山水画卷,于天地之外别创一幅灵奇的景象。在艺术鉴赏中,头脑中存贮的表象参与到眼前的欣赏再创造中,极大地丰富了美感。林黛玉听《牡丹亭》曲子至"如此美眷,似水流年"时,不断忆起类似的审美表象,她

---

① [德]黑格尔:《美学》第 1 卷,朱光潜译,商务印书馆 1979 年版,第 357 页。

联想起"水流花谢两无情","流水落花春去也,天上人间"等记忆表象,一时间,这些伤春惜春的意象聚结一处,加深了黛玉的感伤之情,她不禁心痛神驰,眼中落泪。可见,欣赏者头脑中存贮的审美表象越丰富,就越能激活新的审美活动,从而得到丰富深刻的美感收获。

3. 表象是联想与想象等重要审美心理活动的基础

联想与想象都以记忆表象为基础,我们面对某一审美对象进行审美创造或欣赏时,常常会浮想联翩,这种"浮想"实即联想与想象,它们都是调动记忆表象参与到审美创造与再创造中的结果。当我们听到《二泉映月》的乐曲时,随着乐曲创造出的抒情性意境的展开,头脑中不断浮现出泉水、月亮、水月交映、幽人独步等表象来;随着乐曲的终结,一位盲艺人对着水月交映的夜色,心潮起伏,诉说着自己坎坷人生的审美意象,从我们的联想与想象中生发出来。这些都是在记忆表象的基础上借助联想与想象完成的审美再创造。如果我们对该乐曲的创作背景和作者阿炳的身世遭遇及情感挫折等一无所知,头脑中没有相关表象,则无法展开有关乐境的联想与想象。

总之,感知与表象是审美意象的创造与再创造的基础性审美心理现象。感知的选择性促使审美意象的特征性更加鲜明突出,并且审美意象的生成过程始终离不开对对象的感知。审美主体头脑中存贮的许多表象本身就是一些个别的审美意象,并能为新的或整体性的审美意象的形成提供材料依据。但在审美意象的创造与再创造中,还必须由感知和表象积累活动上升到更高一级的联想与想象等心理活动中去,这样才能促进审美意象的创造性展开。

第二节 联想与想象

联想和想象是在感知与表象的基础上,以情感为驱动力的一种自由自觉的富有创造性的心理活动现象,是高级心理活动形式,也是形成创造性审美意象的重要心理能力。

一、联想

联想是指由一事物想起另一事物的心理活动,它既指由当前感知的事物回忆起相关的另一事物,也指由想起的一事物而又想起有关的其他事物。客观事物之间有着广泛的联系,这些相关联的事物反映到人的头脑中,就会形成暂时的神经联系,有些则成为联系性记忆,它们是联想的客观基础,一旦外物刺激这些联系性记忆,就产生联想。联想的形式多种多样,心理学中一般将其分为接近联想、相似联想、对比联想、关系联想等。

接近联想是指事物之间在时间与空间上接近而形成的联想。如看到天空下雪就联想到雪山、滑雪、梅花等,是时间接近联想;提到北京,就会想起故宫、天坛、天安门广场等,这是空间接近联想。

相似联想是指事物之间有些类似而形成的联想。如各种比、兴手法形成的联想,看到瀑布想到银河,看到雪花想到梨花等都是相似联想。

对比联想是指事物之间因相反关系而形成的联想。如谈到富有就会联想到贫穷,看到火灾而想到水灾等。

关系联想是指事物之间因为存在着种种其他联系而形成的联想。或因整体与部分间的关系而形成联想,或因有种属关系、并列关系、因果关系等而形成联想。如看到蓝天想起云彩和飞鸟,谈到红花联想到绿叶等都是关系联想。

联想在心理活动中有着广泛的作用,没有联想,许多意识活动便无法展开。历史上的联想主义心理学把一切心理活动都归结到联想活动上来,正是看到了人的一切高级心理活动都以联想为基础。在审美活动中,联想是审美意象获得丰富审美内涵的根本性心理活动,其作用主要表现为以下几个方面:

1. 联想可以使审美对象更加具体鲜明、生动传神,促进审美活动的充分展开

无论是在审美创造还是在审美鉴赏中,联想都有着不可低估的作用,它能充分调动头脑中的审美表象和其他审美知识经验到眼前的审美活动中去,丰富对象的审美特性,使对象的美感特性凸现出来。

联想使审美创造更加具体鲜明、生动传神。如在各种自然风景区的建设中,对自然景物的命名就应充分发挥联想的作用,神女峰、象鼻山、迎客松等等,都是因景物与人或动物间的相似性而联想得名,正是这些富有生命活力的命名,以及许多神话故事传说的联想,才使得纯自然的事物打上了人文精神的烙印,赋予这些自然景物更丰富多彩的生命情趣和美感特征。在艺术美的创造中,艺术创作因联想丰富而获得巨大活力。许多单纯的或简易的审美对象都因诗人等艺术家的丰富联想而具有诗情画意,生动而传神。月亮经人们的审美创造后,那里有吴刚、嫦娥、玉兔、广寒宫等等相关人、物与故事。梅花经诗人的联想创造后,或成为寂寞忧愁的化身,或成为笑傲霜雪而怒放的报春使者。一首《春江花月夜》,几乎都是联想而成,诗人借扁舟上的一位旅者,将春天月夜下大江之景——春、江、花、月、夜、人这六个意象联系在一起,组构出一幅阔大的意境画面,由眼前之江、月、人,联想到古代的江、月、人,又由白云一片去悠悠,联想到青枫浦上的明月相思楼,联想到思妇的一系列思夫的举动与心情,妆镜台、玉户帘、捣衣砧、鸿雁、鱼龙等等意象纷至沓来,整首诗中充满了联想。正是丰富多彩的抒情性联想,才使得该诗写景记事具体鲜明,写人抒情生动传神。

联想使审美欣赏更加丰富活跃。无论是现实美的欣赏还是艺术美的欣赏,都要发挥联想的作用,将头脑贮存的相关审美表象调动起来,参与到眼前的审美对象中去进行审美再创造,这样才能得到更加丰富多彩的美感收获。如读苏轼的《饮湖上初晴后雨》,去过西湖且头脑中有丰富的西湖美景的审美表象的欣赏者,就会联想到雨中西湖的水光山色,又联想到雨过天晴时西湖明净的姿态,还会联想到如西施般的美人在浓妆艳抹之时与淡妆素裹之际的不同风姿。西湖不同气候条件下的美景与浓妆淡抹总相宜的美女一起呈现在脑海中,让人体验到更丰富的审美感受。

2. 联想使审美认识由感性向理性深化

在审美创造与欣赏中,丰富的联想可以促进感性认识不断向理性认识深化。联想是回忆的一种形式,记忆表象本身就具有选择性与概括性等理性认识的因素,在审美活动中,不断由眼前的事物联想起记忆中的相关事物,就能调动思维中的理性认识参与到感性经验之中进行创造,促进创作与欣赏中的认识与理解的不断深入。

艺术创作因丰富的联想而由感性认识升华到理性认识高度。沈德潜《清诗别裁·凡例》云,"诗不能离理,然贵有理趣,不贵下理语",潘德舆《养一斋诗话》说,"理语不可入诗中,诗境不可出理外"。他们都强调诗中应有"理",这些理又不能用理语直说,要借形象以寓理,而形象寓理正是丰富而活跃的联想造成的。如苏轼的《题西林壁》起首两句是写庐山眼前的实景,没有什么新奇之处,但后两句由眼前景物的感性认知联想起世间万事万物的相同特性,得出一个因观察角度不同而获得不同感受的认知哲理,这一哲理的得来,正是联想调动头脑中的理性经验的结果。苏轼的许多诗作充满哲理,与他崇尚诗的"理趣"有关,每遇人事景物,他都能联想出一定的哲理,这是一种习惯性联想,《琴诗》、《涵虚亭》等都是这样。若无理性经验参与到形象联想中去,则诗歌中只有情趣而无理趣,诗味也就失损殆半。

审美欣赏同样需要丰富的联想,才能由感性认识向理性认识深化。如欣赏艺术作品就应由眼前的作品联想到相关的其他作品,由艺术家的一件作品联想到他的更多作品,由作品中"实"的内容联想到"虚"的隐喻与暗示,由"象"联想到"象外之象",由作品的内容联想到社会现实内容、艺术家的人生经历与思想等等。如《深山藏古寺》、《十里蛙声出山泉》、《踏花归去马蹄香》等名画都需要从画面提供的意象所暗示的内容中去联想出"象外之象"与象外之意。画面中虽无寺院,但通过小和尚担水,可联想到深山深处藏隐着寺院;蛙声无以诉诸视觉形象,通过溪水中欢快的成群蝌蚪,则可联想到蝌蚪周围蛙声沸扬;马蹄上的花香亦难诉诸视觉的形象,通过蝴蝶伴马而行,则可联想到马身上有花香。正是这丰富的联想,可促进欣赏由感性认识升华为理性认识,把握到作品的内在神韵。

3. 联想是比、兴、象征、拟人化、通感、移情、对比、反衬等重要审美心理现象的基础

大多数修辞手法与艺术表现手法都与联想心理活动密切相关。比、兴、象征等是在相似联想的基础上形成的,拟人化、通感与移情等大都是接近联想和关系联想的结果,对比与反衬等则是对比联想的产物。

《诗经》中《关雎》以"关关雎鸠,在河之洲"起兴,引出"窈窕淑女,君子好逑",在雎鸠鸟的相互叫唤声中联想到男女的亲密情爱,比喻人的情爱忠贞专一。高明《琵琶记》中有两支描写赵五娘吃糠的曲子,〔孝顺歌〕:"呕得我肝肠痛,珠泪垂,喉咙尚兀自牢嗄住。糠啊,你遭砻被舂杵,筛你簸扬你,吃尽控持,好似奴家身狼狈,千辛万苦皆经历。苦人吃着苦味,两苦相逢,可知道欲吞不去。"〔前腔〕:"糠和米本是相依倚,被簸扬作两处飞。一贱与一贵,好似奴家与夫婿,终无见期。丈夫,你便是米呵,米在他方没处寻;奴家恰便似糠呵,怎的把糠来救得人饥馁?好似儿夫出去,怎的教奴供给得公婆甘旨?"赵五娘借糠自喻,联想到自己的悲悯处境,被簸扬的命运,又借糠与米的关系喻指自己与夫君的关系,本是一家人,曾共患难,而今"被簸扬"相离两不知。在此基础上进一步联想到米在他方没处寻,留下糠来怎么能供养公婆,表达出自己悲悯身世而无助、思念丈夫而不得、孝顺公婆而无力的丰富而复杂的心情。这一生动形象而深刻的比喻正是在这丰富的联想基础上完成的。至于象征、通感等审美心理现象与联想的关系,则在中外文艺史上不胜枚举。

二、想象

想象是指人脑在记忆表象的基础上创造新形象的心理活动。想象可分为再造性想象和创造性想象两种类型。再造性想象是指根据别人提供的文字、图片等材料或根据自己头脑中存贮的表象材料展开想象,创造出新的形象来。这类想象在审美欣赏中发挥着重要作用。创造性想象是指不依据别人提供的材料而于头脑中独立创造出新形象的想象活动。这类想象在艺术创作中发挥着重要作用。再造性想象与创造性想象的区别在于,前者重在再造,后者重在独创;前者是二度创造,后者是一度创造。但是,再造性想象中也离不开创造性,创造性想象中亦不离间接的表象材料的再造性,因此,两类想象的区别是相对的,二者密切联系,不可截然分割开来,只是各自的侧重点不同。

想象与联想密切相关,有人将联想称为想象的初级形式,正是注意到了二者的紧密联系。想象不同于联想的主要特征在于想象要创造出新形象,联想是回忆头脑中的记忆表象,想象是改造头脑中的记忆表象并创造出全新的形象来,因此,想象更具有独创性。马克思在《摩尔根〈古代社会〉一书摘要》中称想象为"人类的高级属性",主要是针对想象的创造性特征而言。康德说"想象力是创造性的"①,又说"想象力(作为生产的认识机能)是强有力地从真的自然所提供给它的素材里创造一个像似另一自然来"②。从现实的自然中创造出超现实的第二自然,正是人类想象力的创造结晶。黑格尔也说"想象是创造性的"③,并指出"最杰出的艺术本领就是想象"④。正是想象的创造性给予审美创造以自由而广阔的空间。

由于联想与想象密切联系,所以上面阐述的联想在审美活动中的诸多作用都与想象相关。想象同样可以促使审美对象更加具体鲜明、生动传神,促进审美认识由感性向理性深化,比兴、象征等重要审美心理现象既是联想的产物,也是想象的结果,但想象比联想更具创造性。想象在审美活动中的作用主要表现在以下方面:

1. 想象是形象思维的中心环节

审美活动要想达到对对象全面、本质的认识,就必须由感性认识向理性认识不断深化,但这一过程主要不是由抽象概念进行逻辑推理完成的,而是一个由低层次感性形象认知逐步走向高层次感性形象认知的心理过程。在这一过程中,形象思维起着中心作用。形象思维活动正是以联想与想象为基本心理活动形式而展开的,想象所起的作用大于联想,正如康德所说:"鉴赏是关联着想象力的自由的合规律性的对于对象的判定能力。如果现在在鉴赏判断里想象力必须在它的自由性里被考察着的话,那么它将首先不被视为再现,像它服从着联想律时那样,而是被视为创造性的和自发的(作为可能的直观的任意的诸形式的创造者)。"⑤康德从鉴赏的角度阐明了想象力的重要作用,并指明了联想的再现与想象的创造在鉴赏中的作用之不同。审美鉴赏是依靠想象调动头脑中的审美表象

---

① [德]康德:《判断力批判》上,宗白华译,商务印书馆1964年版,第161页。
② [德]康德:《判断力批判》上,宗白华译,商务印书馆1964年版,第160页。
③ [德]黑格尔:《美学》第1卷,朱光潜译,商务印书馆1979年版,第357页。
④ [德]黑格尔:《美学》第1卷,朱光潜译,商务印书馆1979年版,第222页。
⑤ [德]康德:《判断力批判》上,宗白华译,商务印书馆1964年版,第79页。

参与到再创造中去的形象思维活动,鉴赏的理性认识阶段也离不开形象思维的想象性再创造活动。

艺术创作也是以想象性形象思维活动为中心的,离开想象力则无艺术创造力。艺术家创造艺术形象的活动中充满了想象活动,想象为艺术创造注入了鲜活的血液,所以高尔基说"想象是创造形象的文学技巧的最重要的方法之一"①,又说"想象在其本质上也是对于世界的思维,但它主要是用形象来思维,是'艺术'的思维,可以说,想象——这是赋予大自然的自发现象与事物以人的品质、感觉,甚至还有意图的能力"②。鲁迅在《我怎么做起小说来》一文中讲的那个著名的典型化方法,即"嘴在浙江,脸在北京,衣服在山西,是一个拼凑起来的脚色",就是强调小说家应调动头脑中的记忆表象进行想象创造,形成新的艺术形象。

2. 想象是审美活动达到自由创造性的主要心理因素

自由创造性是美的本质,也是美感心理的特质。审美创造与欣赏要达到自由创造的境地,就必须充分发挥联想与想象的作用,特别是想象,它更加自由,也更富创造性。正是海阔天空的想象和那鬼斧神工的艺术创造给人类的艺术世界带来了勃勃生机。刘勰《文心雕龙·神思》说"文之思也,其神远矣。故寂然凝虑,思接千载;悄焉动容,视通万里;吟咏之间,吐纳珠玉之声;眉睫之前,卷舒风云之色",刘勰所言"神思"实即指联想与想象,更近于想象。艺术家的心灵在创造的时刻是极度自由的,千载万里运筹于脑海之间,"随物赋形"而"与山石曲折","常行于所当行,常止于不可不止"(苏轼语),艺术的创造活动正是借助丰富的想象力才能实现自由的创造。

想象是自由的,也是创造性的。正如黑格尔所说:"艺术的要务并不止于这种搜集和挑选,艺术家必须是创造者,他必须在他的想象里把感发他的那种意蕴,对适当形式的知识,以及他的深刻的感觉和基本的情感都熔于一炉,从这里塑造他所要塑造的形象。"③艺术家就是创造者,他们不止于搜集和挑选材料,还要凭想象去创造全新的人物、故事、意象、意境。《西游记》中的各种人物、故事、场景,《梦游天姥吟留别》中的天鸡、虎鼓瑟、鸾回车等意象,现代小说与影视剧中的种种科幻人物与故事,都是想象力创造出的神奇的艺术形象。

在审美鉴赏活动中,想象也是促使审美活动自由再创造的心理形式。看中

---

① [俄]高尔基:《论文学》,孟昌等译,人民文学出版社1978年版,第317页。
② [俄]高尔基:《论文学》,孟昌等译,人民文学出版社1978年版,第160页。
③ [德]黑格尔:《美学》第1卷,朱光潜译,商务印书馆1979年版,第357页。

国戏曲,如果不调动想象力,是无法理解那些虚拟化和程式化的道具、动作、表演的,一根马鞭就可代替马,舞台上打一个圆场就表示遥远的行程。一切审美欣赏活动都因想象而获得丰富深刻的审美感受,艺术作品中的艺术空白、象外之象、虚写成分等等都必须借助想象完成审美再创造。莱辛说:"最能产生效果的只能是可以让想象自由活动的那一顷刻了。我们愈看下去,就一定在它里面愈能想象出更多的东西来。"①想象的自由创造活动,为审美再创造提供了广阔的空间。

3. 想象使审美创造活动更具个性化

想象的个性化特征促使审美创造与鉴赏活动具有极强的个性化特征。人的头脑中贮存的各种记忆表象都具有个性化特征,在表象基础上产生的想象也具有极强的个性特征,依靠想象展开的审美创造与欣赏也就具有个性化特征。例如一幅儿童画《打秋千》,画了一个月牙儿,上面站着一个小姑娘,两根秋千的绳索系在月牙上,另一个小姑娘在荡秋千,周围是许多星星。这幅画体现了这位少儿作者的个性化特征,作者头脑中存贮的月亮、星星、秋千、小姑娘的表象富有儿童普遍的个性特征,这些表象的特定组合又是由作者充满浪漫的幻想的个性特征决定的,体现了小作者爱好浪漫幻想的个性。这种想象力的独创性,赋予了这幅画以天真的童趣和浪漫的情致。

情感与想象是一对孪生姊妹,情感是想象的内在动力,想象为情感寻找美的形象载体。人的情感是极端个性化的,想象力也因此而具有个性化特征。鲍桑葵说:"美首先是一种创造,一种新的独特表现,使一种新的情感从而获得存在。"②每种新的个性化情感都因人的想象不同而获得不同的创造性表现。古代诗人写"愁"就有种种个性化的想象,有人将愁比作一江春水向东流,有人说闲愁是那一川烟草、满城风絮、梅子黄时雨,也有人说只恐双溪蚱蜢舟载不动许多愁。王尔德曾说,第一个将花比作美人的是天才,第二个再用则是庸才,第三个还用则是蠢材。这就是强调审美想象的个性化独创功能。

总之,联想与想象作为一种高级审美心理能力,在审美创造与欣赏活动中,能促进审美意象丰富地展开,使审美意象获得种种创造性的活跃的生命情趣。当然,要想使美感心理过程中审美意象的生成更富生命情趣,还得有情感与移情等心理活动的积极参与。

---

① 北京大学哲学系美学教研室编:《西方美学家论美和美感》,商务印书馆1980年版,第148页。

② [英]鲍桑葵:《美学三讲》,周煦良译,上海译文出版社1983年版,第57页。

第三节 情感与移情

一、情感

情感是介于感性与理性心理活动之间的一种特殊的心理形式。情感是指人对于客体对象是否符合自己的需要而产生的态度的体验。情感是与人的需要直接联系着的,当客体对象符合主体的需要时,主体就会产生肯定性情感体验,如欢乐、兴奋等,反之则会产生否定性情感体验,如忧伤、恐惧等。

心理学中将人的感情分为情绪与情感。情绪是指与人的自然需要相联系的态度体验,马斯洛将人的需要分为七个层次,其中生理需要和安全需要是否得到满足而产生的态度体验即是情绪;情感是指与人的社会需要相联系的态度体验,按马斯洛的需要层次理论,人的自尊、相属与爱、认知、审美、自我实现等需要是否得到满足而产生的态度体验即指情感。情绪是人与动物共有的,情感则是人类特有的心理现象。

情感按发生的强度、速度、持续时间可分为激情、心境和热情;按涉及的内容性质可分为道德感、理智感和审美感;按情感活动中主体与客体的关系可分为内倾型情感与外倾型情感;按在审美经验中的心理差异可分为知觉情感与审美情感[①]。下面仅就第一种类型作简要介绍。

激情是一种强烈的迅速爆发而又短暂的情感,它是一种率真而炽热的情感,如欣喜若狂、惊恐绝望等。心境是一种平静微弱的平缓而持久的情感,它是一种没有突发性外部显现的情感,如乐观、忧郁、沉静等。热情是一种强有力的稳定而深厚的情感,它是一种控制人的身心而又长期影响人的行为的情感。

这三种情感在审美活动中各有不同的作用。激情对崇高美的创造与欣赏有重要作用。比如,人驾一叶小舟行至波涛汹涌的大海,突然面对惊涛巨浪,立即会产生惊恐的情感,一旦战胜狂涛巨澜之后,心中顿生强烈的自豪感,以及领略大自然狂暴力量的美感,整个过程充满着惊恐、欣喜的激情。心境对优美的创造与欣赏有重要作用,而且心境是移情活动的心理动因。比如,欣赏月夜花径之美,人沉浸在大自然的宁静与馨香中,陶醉于自然美景中乐而忘返,这便是一种心境体验。又因为心境具有持久性特征,所以它是移情的心理动因,人处于快乐的心境中,万事万物都显得明媚动人、欢乐可亲。若人处于愁闷的心境中,则雨

---

① 参见滕守尧:《审美心理描述》,四川人民出版社1998年版,第61~62页。

也愁,云也闷,风儿更是惹人恼,一切都被愁闷浸染。热情是贯穿一切审美创造与欣赏活动中的心理动力,没有热情,也就没有审美创造的动力,艺术家失去了想象的活力,欣赏者也无持续的再创造动力。只有对美的事物充满热情,才会不懈地去感受美、创造美。

情感在审美活动中的作用主要表现在以下方面:

1. 情感贯穿整个审美心理活动过程,是一切其他心理形式的内在动力

审美感知、联想与想象、思维与意志等心理活动都浸润着情感活动。没有情感的感知是缺乏审美选择性的,因而也是缺少美感的;没有情感动力则联想与想象不可能丰富生动;没有情感动力则形象思维无从展开;没有情感的意志活动是非审美的意志活动。因此可以说,没有情感活动就没有美感。

钟嵘《诗品序》说:"气之动物,物之感人,故摇荡性情,形诸舞咏。"这说明人的情感来自客观事物的激发,一旦客观事物激发起人的情感活动,人便会以舞咏等美的方式将情感化为审美的活动。恩格斯曾说"愤怒出诗人"[①]。别林斯基说:"感情是诗的天性的最主要动力之一;没有感情,就没有诗人,也没有诗歌。"[②]巴金在《家·后记》中说书中的人物都是他爱过和恨过的:"我写《家》时,我仿佛在跟一些人一块儿受苦,跟一些人一块儿在魔爪下面挣扎。我陪着那些可爱的年轻的生命欢笑,也陪着他们哀哭。"艺术家进入审美创造的境地,往往情不自禁地与人物故事一起同悲欢、共休戚。巴尔扎克为高老头之死而痛哭流涕,汤显祖写《牡丹亭》至"赏春香还是你旧罗裙"句时,"卧庭中薪上,掩袂痛哭",如此痴情于艺术创造的艺术家比比皆是。正是这真挚的情感投入,才使得他们创造出的作品能以情动人,让观者产生强烈的情感共鸣。

审美欣赏同样需要情感的内驱力才能促进欣赏活动充分展开。刘勰《文心雕龙·神思》说:"登山则情满于山,观海则意溢于海。"此言既适合艺术创作,亦适合审美欣赏。一个情感枯竭、心如死灰的人,遇到再美的自然景物或艺术作品,都不会产生丰富生动的美感。只有满怀情感的人才会登山见山情,观海知海意。诗人杜牧见到秋天满山红叶,停下车来观赏,并留下"停车坐爱枫林晚,霜叶红于二月花"的多情诗句。如果登庐山、泰山仅从实用的眼光看,除了能锻炼身体之外,还有什么美感呢?看庐山瀑布,既没有黄果树瀑布壮观,也没有九寨沟的瀑布秀丽,但在李白激情的眼光中,庐山瀑布看似飞流直下三千尺,又若银河

---

① 《马克思恩格斯选集》第3卷,人民出版社1972年版,第189页。

② 中国社会科学院外国文学研究所、外国文学研究资料编辑委员会编:《外国理论家作家论形象思维》,中国社会科学出版社1979年版,第74页。

从九天而下,来到人间。列宁在莫斯科听了贝多芬的《热情奏鸣曲》后说:"我不知道还有比《热情奏鸣曲》更好的东西,我愿每天都听一听。我总带着也许是幼稚的夸耀想:人们能够创造怎样的奇迹啊!"①法国诗人戈蒂叶有言:为了看到拉斐尔的真画,我非常乐于放弃我的作为法国人和公民的权利。这都是强烈的爱美之情激励欣赏者去欣赏美的例证。情感的动力可驱使欣赏者充分调动联想与想象活动,促使审美欣赏获得丰富生动的美感享受。

2. 情感使审美活动具有鲜明的个性化特征

心理学中对情感的个性化特征亦有分析:"大脑皮层中所建立的暂时联系系统,包括个体与其生活条件的各种各样的关系,它表现为个体的生活习惯、生活态度,以及每个人的观点、信仰、立场和思想体系等等。但是,它的建立、发展和改变,受当前事物与过去经验的影响,以及和人的愿望或意向联系着,因此,它是情感的机制。"②情感的机制是大脑皮层中建立的暂时联系系统,而这个暂时联系系统因个体的各种外在与内在条件的差异性而各不相同,因此,情感是极其个性化的心理活动。

审美情感是一种艺术化的情感,它不是人的生理性情绪的自然发泄,既具有人类的普遍性,又具有个体的独特性。苏珊·朗格说,审美情感是"艺术家所认识到的情感和情绪","一种想象出来的情感情绪"③。莫扎特曾说:"我心中的欢乐不是我自己的,我把欢乐注进音乐,为的是让全世界感到欢乐。"他们都旨在说明艺术的审美情感是一种从个体情感中升华出来的经审美观照和美化后的高级社会化情感,这样的情感才更具审美价值。但是,任何社会化的"大我"之情,如果不借助个性化的独特感知方式和承载方式传达出来,那就只能是时代精神的传声筒,是标语口号的宣传品,决不会成为审美的对象。正是情感的个体性决定了审美主体的联想与想象活动沿着特定的情感色调和情感基调向一定方向发展,情感的这种定向作用,促使审美创造与欣赏具有多样性自由创造的特征。

《琵琶记》中"中秋赏月"一节,写牛氏与蔡伯喈一同赏月,二人情感不同而所见之月景各异,"同一月也,出于牛氏之口者,言言欢悦,出于伯喈之口者,字字凄凉","同一月也,牛氏有牛氏之月,伯喈有伯喈之月。所言者月,所寓者心"④。

---

① 《列宁论文学与艺术》,人民文学出版社1983年版,第418页。
② 孙汝亭、孔令智等主编:《心理学》,广西人民出版社1982年版,第451页。
③ [美]苏珊·朗格:《艺术问题》,滕守尧等译,中国社会科学出版社1983年版,第87,109页。
④ [清]李渔:《闲情偶寄》。

由于牛氏此时喜配凤鸾,心境欢悦,故他眼中之月是美丽的,联想与想象到的自然是欢快美好的事物,而蔡伯喈虽然新中状元且作了乘龙快婿,但心中挂念的仍是老父老母和前妻,心情不乐,自然所见之月凄凉难耐。作者高则诚正是从真实的个体性特征出发去表现二人的不同情感趋向的,给人以强烈的艺术美感。

3. 情感是沟通认知与意志的中介环节,促进审美认识活动向意志活动转化

审美心理活动是一个由认识活动向意志活动深化的心理过程,不诉诸意志活动,美感心理则无法转化为审美实践。因此,审美创造与欣赏的实践活动是一个以情感为中介、为动力促进审美认识转化为意志行为的综合过程。在这一过程中,知、情、意处于和谐统一状态,美感创造才会达到自由愉悦的境界。

比如演员的表演,他先须认识到该角色的主要特征,深入体验角色的身份、教养、性格、遭遇等个性特征,又须明白自己是在演戏,用意志调节自己的一切言行举止看是否符合角色的表现。在这种认识与意志的关系中,情感是协调二者的纽带,若没有真情的投入和理性情感的控制,表演就要么显得矫揉造作,要么显得苍白无力。只有在感性情感与理性情感的统一中,将认识活动合目的而又合规律地转化为意志活动,审美创造才会是自由而愉悦的。

黑格尔说:"音乐须满足精神方面的要求,要节制情感本身以及它们的表现,以免流于直接发泄情欲的酒神式的狂哮和喧嚷。"①黑格尔从理性主义出发,强调以理性情感控制感性情感,实质上仍是在追求知、情、意三个心理层面的和谐统一。如果过分强调理性驾驭感性或感性支配理性,则艺术的情感难以达到自由创造境地,合规律与合目的的统一只能是空想。只有将感性情感与理性情感统一起来,才能将认识、情感、意志三者有机结合,并通过情感的动力将审美认识转化为意志行为,达到合目的又合规律的自由创造。宋代的道学诗人朱熹等,可谓是"以理节情"、"以道制欲"、"发乎情,止乎理义"的典范,他们的诗作也是"以性理为诗"的典范,缺少的正是动人的个性化情感。从理论上看,道学诗作在知、情、意三个环节中缺少了感性情感的动力,故其诗作不能给人自由的愉悦。

二、移情

移情这个理论范畴有两个主要使用领域。一个是精神分析心理学领域,由弗洛伊德等人创立,应用于治疗心理疾病,是根据病人与治疗师之间的冲动性情感体验,探索病人的以往人际关系,从而寻找病人发病的心理根源。另一个是美学领域,移情论美学学派是其代表。由于移情论和我国古代的情景论(心物论)、

---

① [德]黑格尔:《美学》第3卷上,朱光潜译,商务印书馆1979年版,第389页。

意境论思想有相通之处,故被我国美学界广泛运用,成为审美心理学中的重要理论范畴。

西方最早在美学领域研究移情现象的是德国美学家R.菲舍尔,经德国的立普斯、K.格罗斯、英国的浮龙·李等人继承和发展,形成了著名的移情论美学,其代表人物是立普斯。移情论美学认为,移情是人把自己的情感投射到对象中,与对象融为一体。如立普斯说:"一当我将自己的力量和奋求投射到自然事物上面时,我也就将这些力量和奋求在内心激起的情感一起投射到了自然之中。这就是说,我也就将我的骄傲、勇气、顽强、轻率、幽默感、自信心和心安理得等情绪一起移入到自然中去了,只有这时候,向自然作的感情移入才变成了真正的审美移情作用。"[①]可见,立普斯所说的移情是指主体向客体作出的情感投射。在此基础上,移情论者进一步认为,美感的本质就在于人从移情活动中看到了自我价值。如立普斯《论移情作用》说:"审美的欣赏并非对于一个对象的欣赏,而是对于一个自我的欣赏。它是一种位于人自己身上的直接的价值感觉,而不是一种涉及对象的感觉。"[②]立普斯还认为,美也是移情活动赋予对象的属性,对象原本没有美,只是由于人的移情活动,对象才有了美。

移情论美学注意到了人类情感具有自由创造性的能动作用,也看到了情感在审美心理中的主导地位,以及情感反应的积极性和主动性,突出了人在审美活动中的主体性地位。但他们忽视了审美客体的基础作用,更否定了审美客体的物质属性和结构规律对主体的作用,从而表现出主观唯心主义的片面性。法国艺术史家沃林格在《抽象与移情》一书中认为,立普斯用移情解释所有艺术创作有失偏颇。他指出,艺术创作的根源除了移情冲动外,还有一种相反的冲动,即抽象冲动。他认为,移情源自人与外界的同化关系,抽象源自人与外界的对立关系。

我国古代艺术创作思想中有很多见解与移情理论是相通的。早期用人的道德品格来比附自然景物的"比德"说,就蕴涵了移情作用。《庄子·齐物论》中讲的"庄周梦蝶",以及《庄子·秋水》中讲的"濠梁之乐",是古代艺术创造中"物化"说的先声,至宋代苏轼《书晁补之所藏与可画竹三首》中的"身与竹化"论,也是有名的物化创造论。"物化"说强调的是艺术创作主体全身心融入审美创造的对象中去,获取对象的生命神韵,在物我共感中达到物即我,我即物,物我不分,天人合一的艺术创造至境。在这种物化的艺术创造活动中,就包含了移情活动。刘

---

① 引自滕守尧:《审美心理描述》,四川人民出版社1998年版,第64页。
② 《古典文艺理论译丛》第8辑,人民文学出版社1964年版,第44页。

勰《文心雕龙·明诗》所谓"人禀七情,应物斯感;感物吟志,莫非自然",《文心雕龙·物色》之"窥情风景之上……情往似赠,兴来如答"等,既强调了感物生情,又强调了情以物迁,指出了情与物之间的双向交流对文艺创作的重要作用,这种"情景"论也包含了移情论思想。

随着"情景"论的发展,"意象"论、"意境"论等艺术创造论随之产生,都与移情活动相关联。我国古代的很多艺术表现手法如比兴、比拟、象征、通感等,都涉及审美移情活动。此外,清代开始出现了移情概念。恽格《南田画跋》说,"观其运思,缠绵无间,飘渺无痕,寂焉寥焉,浩焉渺焉,尘滓尽矣,灵变极矣,一峰耶?石谷耶?对之将移我情",吴乔《围炉诗话》有"情能移境,境亦能移情"语,康有为《诗集自序》有"或因境而移情"语。这几处所谓的移情已接近现代的审美移情概念了。

结合中西方艺术理论中的移情论思想,我们可以这样理解审美移情活动:移情心理现象是在主、客体相互作用中产生的,当客体的某种审美属性激发起主体的联想与想象,而主体的情感状态恰好与对象的形态相呼应,并要借助对象来表达情感,于是主体在强烈的情感统辖中,将本无生命、无情感的对象生命化、情感化,这就是审美移情活动。移情在审美心理活动中的作用主要表现在以下几个方面:

1. 移情有利于创造生动的审美意象,形成优美含蓄的艺术意境

我们常说的托物、借景、缘事以抒情的"间接抒情"方式就包含了移情活动。在审美创造中,移情活动是审美主体将自己的情思投射到对象上去,使审美对象具有审美主体的思想情感色彩。于是,审美主体所要表现的抽象情思就会借助于具体生动的审美意象表达出来,并创造出优美含蓄、耐人寻味的艺术意境。

如左思的《咏史》诗之一:"郁郁涧底松,离离山上苗。以彼径寸茎,荫此百尺条。世胄蹑高位,英俊沉下僚。地势使之然,由来非一朝。金张藉旧业,七叶珥汉貂。冯公岂不伟,白首不见招。"诗人把自己对世道不公、贤才不被重用的不平之情,转移到自然界的事物上去,借位居涧底的郁郁苍松喻指贤能之士,用山顶上的幼苗喻指世袭的贵胄子弟,说明"地势使之然"的道理,并表达出贤才"白首不见招"的不平之情。诗人移情于自然事物,借物抒情言志,创造出"涧底松"、"山上苗"等意象,具象直观地表达出自己对世道人事的情感态度,诗境含蓄,发人深省。这样的诗作在中外文学史上比比皆是。又如中国古代的文人山水画,画面上呈现出来的自然山水风景也好,人物生活场景也好,都不是"模仿"自然和人生的,而是画家自我心灵人格、理想情趣的寄托和投影,故画面上的意象、意境蕴藉深厚。诚如宗炳在《画山水序》中所云:"圣人含道应物,贤者澄怀味象。至于山川,质有而趣灵……夫圣人以神法道①,而贤者通。山水以形媚道,而仁者乐。"在他看来,圣人、贤者与山水之间是相通相融的,沟通的中介就是大"道"。

2. 移情有利于促进审美主体与客体间的双向交流

人的情感具有弥散作用,某种强烈的情感控制人的整个身心,可使主体的这种特定情感弥漫散发到他所见所感的事物中去,使对象染上该情感色彩,主体甚至达到物我两忘的境界。在这种情感状态中,主体"以我观物,物皆着我之色彩"。移情活动正是主动激发情感弥散作用的有效手段,能促进审美主体与客体之间的双向交流,使艺术创作达到忘我的境地,也使得许多艺术欣赏达到如醉如痴的境地。

南宋罗大经说:"曾云巢无疑,工画草虫,年迈愈精,余尝问其有所传乎?无疑笑曰:'是其有法可传哉?某自少时取草虫笼而观之,穷昼夜不厌,又恐其神之不完也,复草地之间观之,于是始得其天,方其落笔之际,不知我之为草虫也,草虫之为我也。此与造化生物之机缄盖无以异,岂有可传之法哉?'"②巢无疑画草虫,正是移情于物、身与物化,才达到传物之神的。陆游的诗句"何方可化身千亿,一树梅花一放翁",也道出了这种移情的创作体验。《红楼梦》中的"黛玉葬花"的故事也充分说明了移情活动促进主、客体双向交流的作用。花开花落、四季更替,本是自然现象,是没有人性人情的,但多情的林黛玉却移情于景于物,又因景因物而生情生感,在她垒的花冢前唱道:"花谢花飞飞满天,红消香断有谁怜……一年三百六十日,风刀霜剑严相逼。明媚鲜妍能几时?一朝飘泊难寻觅……昨宵庭外悲歌发,知是花魂与鸟魂?花魂鸟魂总难留,鸟自无言花自羞。愿奴胁下生双翼,随花飞到天尽头。天尽头,何处有香丘?未若锦囊收艳骨,一抔净土掩风流。质本洁来还洁去,强于污淖陷渠沟。尔今死去侬收葬,未卜侬身何日丧?侬今葬花人笑痴,他年葬侬知是谁?试看春残花渐落,便是红颜老死时。一朝春尽红颜老,花落人亡两不知!"这段优美的诗句正是在移情作用下产生的物我两忘、物我合一的抒情绝唱。

在审美欣赏活动中,审美主体通过主动的移情活动,也能促进审美主、客体间的双向交流,使欣赏活动达到如醉如痴的境地。例如《红楼梦》中林黛玉听戏文的故事就是典型,当她听到"原来姹紫嫣红开遍,似这般都付与断井颓垣"时,倒也"十分感慨缠绵";听到"则为你如花美眷,似水流年"时,"不觉心动神摇";听到"你在幽闺自怜"等句时,"亦发如醉如痴,站立不住";于是,又联想起前日读到

---

① 张彦远的《历代名画记》中作"法道",《全宋文》中作"发道"。
② 罗大经:《鹤林玉露·画马》。

的古人诗句"水流花谢两无情"、"流水落花春去也,天上人间"、"花落水流红,闲愁万种"等,"不觉心痛神痴,眼中落泪"。多情伤春的林黛玉,听了多情惜春的戏文,两相激发,才"心痛神痴"。熊秉明谈他在法国卢浮宫看《蒙娜丽莎》时的一些感想也能给我们以启示:"走到蒙娜丽莎之前,情形有些不同了。我们的静观受到以外的干扰。画中的主体并不是安安稳稳地在那里'被看'、'被欣赏'、'被品鉴'。相反,她也在'看',在凝眸谛视、在探测。侧了头,从眼角上射过来的目光,比我们的更专注、更锋锐、更持久、更具有密度、更蕴深意。她争取着主体的地位,她简直要把我们看成一幅画、一幅静物,任她的眼光去分析、去解剖,而且估价。她简直动摇了我们作为'欣赏者'的存在的权利和自信。"①熊秉明的这段欣赏感受,正是作为鉴赏者移情于审美对象后,在审美主客体间的双向交流中所产生的神奇体验。

3. 移情给审美意象灌注活跃的生命情趣和神韵

在移情的作用下,人视天地万物为生命的主体,与天地万物相往来,交流共感、相生相息。这就消解了人与万物间的支配和对立关系,建立起一种天人相通、物我同一的融合关系。在这种审美关系中,万物皆有生命、有灵性、有人情,人与万物之间处于一种平等的对话状态,我的生命情趣与物的生命情趣在对话中相融合。"山情即我情,山性即我性"②,"山川脱胎于予,予脱胎于山川","山川使予代山川而言也,山川与予神遇而迹化"③。这样,在具体的审美创造与欣赏中,审美意象就自然而然地灌注了活跃的生命情趣和丰满的生命神韵。

我国古代诗人笔下留有许多这类充满活跃生命情趣的诗画作品。李白《独坐敬亭山》写道:"众鸟高飞尽,孤云独去闲。相看两不厌,只有敬亭山。"我看山不厌,山看我不嫌。这里的鸟、云、山都生命化、人格化了,诗人和这些自然事物处于一种双向交流的对话关系中,所以诗人在看山时,竟也觉得山在看自己,且两两相看不觉厌烦,一首小诗就赋予这些意象和整体诗境以活跃的生命情趣。辛弃疾《贺新郎》道"我见青山多妩媚,料青山见我应如是",我见山妩媚,山见我妖娆,与李诗同工。又杜甫诗"感时花溅泪,恨别鸟惊心",杜牧诗"蜡烛有心还惜别,替人垂泪到天明",崔护诗"人面不知何处去,桃花依旧笑春风"等等,都是这种充满生命活力和情趣的优美意象。

总之,在审美心理活动中,情感活动既是形成审美意象的内在心理动力,又

---

① 熊秉明:《看蒙娜丽莎看》,百花文艺出版社1997年版,第1~2页。
② 唐志契:《绘事微言》。
③ 石涛:《画语录》。

是审美意象由感性形象获得理性精神的中介桥梁。移情是审美主体主动将自己的生命情趣灌注给对象，赋予审美意象以丰满的生命神韵。当然，审美意象的创造与欣赏还须在情感与移情的中介作用下，进入到思维与理解等理性心理活动中去，才能获得丰富而深刻的精神内涵。

第四节　思维与理解

西方美学界不少人片面地否定美感中包含理性认识活动。如康德就否定审美判断中的思维活动，认为"美是那不凭借概念而普遍令人愉快的"[①]。提出美即直觉的克罗齐也是将感性与理性割裂开来，认为"直觉是离理智作用而独立自主的"[②]。事实上，美感心理活动既有感性认识又有理性认识，是感性认识与理性认识的统一。理性阶段的审美认识活动包括审美思维和审美理解。

一、思维

思维是以分析与综合的形式达到对客体对象全面、本质的把握的心理活动。过去一般将思维分为抽象思维与形象思维，随着有关灵感问题的科学研究的深入，加之数学中的模糊数学和美学中的模糊美学的兴起，灵感思维、模糊思维等作为特殊的思维形式逐步得到人们的认可。它们在审美活动中都起着广泛的作用。

抽象思维以概念、判断、推理的形式对对象进行分析与综合，从而达到对对象的全面、本质的把握。形象思维以表象或具象的形象形式对对象进行联想和想象，从而达到对对象的全面、本质的把握。科学研究的认识活动以抽象思维为主，形象思维为辅；艺术审美的认识活动以形象思维为主，抽象思维为辅。抽象思维的理性认识具有概括、抽象、明确的特点；形象思维的理性认识具有生动、具体、多义的特征。抽象思维的产品是理论体系；形象思维的产品是形象系统。

抽象思维的主要表现形式是逻辑判断，形象思维的主要表现形式是审美判断。审美判断是审美主体对客体作出的理性分析与评价。但这种理性分析与评价是不同于逻辑判断的。与逻辑判断相比，审美判断具有以下特征：

（1）审美判断是形象性的判断。虽然审美判断与逻辑判断都要达到对事物

---

①　[德]康德：《判断力批判》上，宗白华译，商务印书馆1964年版，第57页。
②　[意]克罗齐：《美学原理　美学纲要》，朱光潜等译，外国文学出版社1983年版，第18页。

全面、本质的认识,但审美判断不是以概念推理的形式作出判断,而是始终围绕着审美对象的形象特征思考,展开相关联想与想象,提炼出形象的本质性审美属性与特征。因此,审美判断是关于审美对象的形象性判断,是始终围绕形象的审美属性展开的思考。

(2)审美判断是情感性的判断。逻辑判断是纯理性的科学判断,不允许情感的介入。审美判断则相反,始终洋溢着情感,是饱含着情感色彩的个性化判断,因此,其判断结果具有强烈的主观色彩。

(3)审美判断是价值性的判断。逻辑判断是关于事物的客观属性、状态、成因、构成、功用等实体说明性判断。审美判断则关注事物与人的审美需要相关联的属性,因而它是一种因是否满足人的审美需要而产生的价值判断。

(4)审美判断还是模糊性的判断。逻辑判断是鲜明准确的单值判断,审美判断则因受上述三大特征的影响而表现出多义性、不确定性和可变性特征,因此它是模糊的多值判断。"诗无达诂"、"趣味无争辩"的理论命题正是就此而发的。

思维在审美活动中的作用主要表现为:

1. 形象思维是美感活动的主要思维形式,起主导作用

前面讲想象就已涉及这一问题。审美创造与欣赏中的思维活动以形象思维为主导,形象思维既不脱离表象材料的感性认识层面,又能进入思维的理性认识层面,是统一感性与理性认识的思维方式,康德等人没有注意到形象思维的这种感性与理性统一的特征,所以片面地认为审美判断是非理性的判断。

形象思维就是运用形象来进行的思维活动。形象思维具有四个特点:一是思维过程始终伴随着形象;二是思维过程浸润着情感;三是思维过程伴随着表象联想与想象;四是思维过程伴随着美感体验。这四个特征正是审美创作与欣赏不可或缺的条件。

艺术创作离不开形象思维,这早已为理论界普遍认可。刘勰《文心雕龙》将创作的"神思"概括为"神与物游",精神与物交游的创作思维即是形象思维。郑板桥《题画竹》云:"江馆清秋,晨起看竹,烟光、日影、露气,皆浮动于疏枝密叶之间。胸中勃勃,遂有画意。"正是眼前的以竹为中心的一系列物象、景象触发了画家的诗情画意,画家胸中勃勃欲发,才能生出"胸中之竹"。一切艺术创造都是形象的思考,金开诚将文艺创作中的形象思维概括为"以创造特定艺术形象为目的的、由抽象思维指导和配合的、渗透着情感活动的自觉表象运动过程"[①],这种自觉的表象运动,就是以形象性的表象作为思考的材料,经联想、想象的充分展开

---

① 金开诚:《文艺心理学概论》,北京大学出版社1999年版,第100页。

而进入形象的本质把握,从形象中直观地显示真理。艺术创作就是以形象显示真理的活动,而不是用概念、判断去证明真理。审美鉴赏的理性认识也是以形象思维为主导的,欣赏者的理性思考浸润着情感,并始终围绕对象的形象特征展开联想与想象,最终把握对象的本质性审美特征,这些本质都是审美意象的特征。

2. 抽象思维在美感活动中起辅助作用

抽象思维在创作与欣赏中的作用是丰富多样的。一般认为,艺术创作中的主题提炼、结构安排等分析与综合、推理的部分是抽象思维的功能,审美欣赏中对内容美的概括提炼、对形式美的归纳等是抽象思维在起作用。事实上,这种区分是表面的、不准确的。思维作为高级认识活动,无论是形象思维还是抽象思维,都具有从具体到概括的抽象力和从本质到现象的具象力两个方面。抽象力和具象力是思维的两种形式,面对某一具体认识对象,这两种能力可以同时发挥作用。因此,绝对地将某部分对象划给形象思维,另一部分划给抽象思维是不符合思维实际的。

黑格尔将审美的感性认识与理性认识的统一称为"敏感的观照",并说"'敏感'一方面涉及存在的直接的外在的方面,另一方面也涉及存在的内在本质。充满敏感的观照并不能把这两方面分别开来,而是把对立的方面包括在一个方面里,在感性直接观照里同时了解到本质和概念"①。事实上,抽象思维与形象思维的关系及其在审美活动中的作用,也是一种"敏感的观照",形象与概念、逻辑判断与审美判断相互作用。审美的艺术眼光中要有哲学眼光,才能使审美创造与欣赏达到更高层次,这种哲学眼光即是长期的抽象思维的惯性形成的理性认识。天才的直觉胜过庸人的推理,因为所谓天才,头脑中贮存有更丰富的感性材料与理性观念,他们的理性逻辑思维常常以直觉的形式瞬间散发出光辉,直达真理。抽象思维的作用也类似这敏感的观照和审美直觉,时时都在为形象思维注入更多的理性与观念,促进审美活动把握真理。

3. 灵感思维在美感活动中起着特殊作用

心理科学的发展为灵感现象找到了种种客观心理依据,它是人脑中贮存的各种信息在无意识状态下相互碰撞和组合,经外物的偶然刺激,显意识中从未浮现过的表象或观念突然从潜意识中浮现出来,有些则成为创造性的思维结晶,这种心理过程即是灵感思维。中国古典美学中的顿悟说与西方美学中的直觉说都与灵感思维密切相关。

灵感具有突发性、亢奋性、创造性特征,它是长期积累与不懈思索的偶然结

---

① [德]黑格尔:《美学》第 1 卷,朱光潜译,商务印书馆 1979 年版,第 167 页。

果,它来无踪去无影,是瞬间闪烁的智慧星光。在审美活动中,灵感为创作增添神奇的想象力,灵感到来时,激情勃发难以抗拒,创作出现创造性进展,奇思妙想涌于脑际,创作者思维敏捷,思路开阔,可以创造性地完成审美意象的塑造。所以柏拉图称之为"神灵凭附的迷狂状态",我国古人称之为"灵眼",都旨在说明灵感思维潜伏着巨大的艺术创造潜能。欣赏中同样会出现灵感的启发,许多精明的读者在灵感的启示下,能从审美对象中发掘出从未被人发现的审美特质,为审美欣赏积累下丰富的灵思妙想的审美经验。

二、理解

审美活动中的另一种理性认识因素是审美理解。理解是指以一定的知识为基础认识新事物的心理活动。它是渗透在一切心理现象中的理性认识活动,一切知识的获得与能力的培养都需要理解活动参与进来。审美活动同样如此,审美理解既是以已有知识经验为基础的理性认识活动,又是获取新的审美知识经验的手段。离开理解,审美创造与欣赏均无法深入地形成审美意象。如果没有对审美创造与欣赏的一系列知识的深刻理解,就不可能深入地展开审美创造与鉴赏活动。如果对审美对象缺乏了解,则不可能发现对象的审美特性。

理解在审美活动中的作用主要表现为以下方面:

1. 审美心理活动诸要素中都渗透着理解

从审美感知到意志活动的整个美感心理活动过程都渗透着理解活动,没有理解的参与,一切审美心理活动均无法实现。黑格尔在阐述艺术家的"创造想象"时说:"在这种使理性内容和现实形象互相渗透融会的过程中,艺术家一方面要求助于清醒的理解力,另一方面也要求助于深厚的心胸和灌注生气的情感。"[1]这就清楚地说明了想象、情感、理解的依存关系。

感知与理解密切相联。感知是理解的基础,没有对客体的感知则无法深入理解客体的属性与本质;理解又是感知的必要条件,没有理解的参与则感知无法深入。事实上,人的感知过程始终渗透着理解因素,只不过因主体知识素养、认知能力等的不同而表现为理解的深浅程度不同而已。毛泽东在《实践论》中说:"感觉到了的东西,我们不能立刻理解它,只有理解了的东西才更深刻地感觉它。"[2]阿恩海姆说:"知觉活动在感觉水平上,也能取得理性思维领域中称为'理解'的东西,任何一个人的眼力,都能以一种朴素的方式展示出艺术家所具有的

---

[1] [德]黑格尔:《美学》第1卷,朱光潜译,商务印书馆1979年版,第349页。
[2] 《毛泽东选集》第1卷,人民出版社1991年版,第286页。

那种令人羡慕的能力,这就是那种通过组织的方式创造出能够有效地解释经验的图式的能力。因此,眼力也就是悟解能力。"①他同样认为理解力伴随着感知活动。艺术创作与审美鉴赏中都需要主体有敏锐的感知能力,其中就有敏锐的理解力,感受力和理解力的敏锐程度则决定于二者结合的程度。一个长期喝茶并留心品鉴茶艺的人,对茶才有敏锐的感受力和理解力。所以马克思说:"感觉通过自己的实践直接变成了理论家。"②也就是说,在长期实践中,人的感觉中因积淀着深刻的理解,所以才能在直觉中生成理论。在感知的基础上形成的表象中也积淀着理解的因素,没有深刻理解的表象容易从头脑中消失,只有深入理解了的表象才会生成自觉的表象运动,并参与到联想与想象的创造中去,发挥审美功能。

在联想与想象活动中,理解亦发挥重要作用。没有对事物间各种联系的深刻理解,就不可能产生种种联想,因为联想是建立在对事物间普遍联系的深入理解基础上的。想象不仅要抓住事物的外部联系,还要依赖事物的内在的本质联系,才能在改造旧有表象的基础上创造出新形象,因此理解成分很突出。面对同一事物,不同知识经验的理解会导致不同的联想与想象,促使审美活动更加个性化。

理解与情感是互为动力的关系,理解愈深刻则情感愈浓郁丰富,情感越浓郁丰富则理解越深刻。特别是审美情感,它根源于人的自然情感又超越人的自然情感,是艺术化处理的社会化审美情感,是"痛定思痛"的结果,其间渗透了主体对情感的体验和理解。鲁迅说:"我以为感情正烈的时候,不宜做诗,否则锋芒太露,能将'诗美'杀掉。"③其意即是说艺术的情感是超越自然情感的,其间充满理性认识对情感的理解。

思维与意志活动作为理性阶段的心理活动,更是与理解密切相关。没有理解的知识作基础,便没有思维和意志活动,思维和意志活动本身就包括了理解因素。理解力愈强,思维活动愈敏捷深刻,意志活动的目的性就愈强,也能更好地选择实现目的的途径与方法。

2. 理解为审美活动的充分展开提供必要的知识基础

审美活动要以大量的相关知识积累为基础,没有一定的知识积淀,审美创作与欣赏均无法自由地展开。

---

① [美]阿恩海姆:《艺术与视知觉》,滕守尧译,中国社会科学出版社1984年版,第56页。
② [德]马克思:《1844年经济学哲学手稿》,刘丕坤译,人民出版社1979年版,第78页。
③ 《鲁迅全集》第9卷,人民文学出版社1958年版,第79页。

这种知识基础可分为两大方面,一方面是有关自然美、社会美、艺术美的审美规律的知识。例如,画家对笔墨运用、纸张选择、颜色调配、构图、线条、光度等等若没有深刻的理解,是不可能进行绘画的自由创造的。一位小说欣赏者若不理解有关小说的常识,对人物性格、故事情节与心理情节、现实环境与超现实环境、矛盾冲突等等知识一无所知,是不可能提高欣赏层次的。若将意识流小说、抒情性小说按传统故事情节式小说阅读,读者肯定会说该小说写得不好,因为没有动人的故事。如果对诗歌的常识一无所知,是不可能理解杜甫诗歌与李白诗歌的不同的美的。这就是说,没有一定的审美知识的理解作基础,便无法进行创作与欣赏。马克思曾说过,对于不辨音律的耳朵,再美的音乐也毫无意义。审美知识修养是审美活动的基础前提,并且只有理解了的知识才能转化为能力。

另一方面是有关特定审美对象的历史、文化等知识。审美创作与欣赏面对特定审美对象还要对它的历史、文化等相关知识有较丰富的理解。如一位作家要想写一部军旅题材的作品,就必须对部队、军人的生活等相关知识材料既有感性的认识又有理性的理解,否则难以创作出真切动人的作品。李存葆的《高山下的花环》,出于对农村出来的贫困官兵的生活、性格、理想等的深入理解,让梁山喜牺牲后留下欠账单,并由其老母与妻子到部队还债,以此深深打动观众的心灵,给人留下不尽的辛酸的思考。如果作者没有亲自到前线掌握大量的真实材料,仅凭虚构杜撰是难以创作出这幕感人肺腑的生活图景的。

审美鉴赏同样需要对对象的有关历史背景等文化知识的理解,否则欣赏难以深入。如欣赏者面对屈原的《离骚》等作品,如果对屈原的身世遭遇、爱国理想、政途遇挫等背景没有深刻的认识理解,屈赋的思想内容之美是难以深入把握的。面对杭州西湖的"断桥残雪",如果理解了它的历史及有关白娘子与许仙的爱情故事,这座普通石桥的美感就不普通了。如果不知道贝多芬的第三与第五交响曲、《爱格蒙特》序曲、第五钢琴协奏曲等作品是在法国资产阶级大革命的时代精神感召下创作出来的,那么就难以理解到作品中抒写的英雄性格和豪迈情感。同样,只有对柴可夫斯基的身世、思想以及创作的时代社会背景有一定的了解,才可能理解他的第四、五、六交响曲、《曼弗雷德》交响曲,歌剧《黑桃皇后》等作品抒发了作者在亚历山大二世和三世的黑暗统治下苦闷彷徨而又渴望光明的矛盾情怀。

3. 理解使审美活动具有永无止境的魅力

人们因为生活阅历、文化水平、审美能力等各不相同,理解力也就各不一样;同一个人又因年龄不断增长、知识不断增加、阅历不断丰富,理解力因此具有暂时性、不确定性、独创性特征;理解的对象大都是丰富多彩、变化不定,乃至模糊难解的,尤其是审美理解的对象,一般都是含而不露、表意不定的。这些现象决定了人们的理解力具有无限性和独创性,特别是审美活动中的理解,更具有不可穷尽性。

审美创造中,审美主体理解力的不可穷尽性,往往使一件作品难以一次性完成,而是经过反复修改、不断完善,才在不太满意中结束创作,形成作品。很少有艺术家对自己一气呵成的一件作品感到完全满意。我国古代诗人炼字炼句的故事很多,都说明审美理解力的无限性。曹雪芹写《红楼梦》也是"披阅十载,增删五次",至于题目,则有《石头记》、《情僧录》、《风月宝鉴》、《金陵十二钗》等不同的命名,只是到了程伟元和高鹗的一百二十回铅印本出现,才定名为《红楼梦》。审美创造中的理解力的无止境性,能促使创作主体不断精益求精地丰富、修正、完善自己的作品。

审美鉴赏中,也因为鉴赏者理解的无限性,使得鉴赏对象总是具有吸引力。即使是我们曾经阅读过的文学作品、曾经看过的影片、曾经反复谛视过的绘画或听过无数次的乐章,它们仍总是裹着一层神秘的面纱,让人看不透"真面目",吸引着我们不断再次走进它们的世界,并获得全新的审美体验。有时,我们的理解力还能从中发现前人所未发现的审美意蕴。

总之,思维与理解是促使审美活动更全面深入的理性心理活动,它们使头脑中形成的审美意象充满了理性色彩,又由于它们与感性心理活动紧密联系,不脱离感性心理,所以才不是纯抽象的逻辑的心理活动,使得审美意象在感性中浸润着理性精神。同时,意志与心理距离等理性心理活动也是促进审美意象获得理性精神的重要心理形式。

第五节 意志与心理距离

一、意志

意志是人脑自觉地确定目的,并根据目的来支配、调节自己的行为,从而实现预定目的的心理活动。意志活动也是理性阶段的心理活动,它是主体对自己"下命令"的理性活动,同时又是由心理活动走向行为活动的中介环节,因此其理性更强。

"人的行动主要是有意识、有目的的行动"[①],审美活动同样主要是有意识、

---

① 伍棠棣等主编:《心理学》,人民教育出版社1982年版,第147页。

有目的的活动。尽管弗洛伊德等人更强调潜意识欲望冲动在审美活动中的决定作用,也有直觉主义美学强调审美活动的非理性色彩,但理性的意志活动在审美中的作用是抹杀不了的。意志是审美意象得以最终形成的根本保证。意志在审美活动中的作用主要表现在以下方面:

1. 意志使人排除外界干扰,专注于审美活动

人的意志活动能使人集中注意力去从事审美创造与欣赏,将自发的审美活动转化为自觉的审美活动。日常活动中,人的自发活动需要强力意志的调节才能转化为自觉活动。审美活动同样如此,只有在自觉的意识状态中,人的注意力才会集中专注于审美的创作与欣赏活动中去,促使审美活动达到理性自觉的高度。

艺术创作是一项艰苦而又愉悦的审美创造活动,如果没有坚强的意志去排除日常生活琐事的干扰,克服种种困难,从而集中注意力于创作活动,是难以铸出许多世界名作的。《庄子》中有一则"佝偻者承蜩"的故事,讲一位驼背老人用竹竿捕蝉,就好像从地上取东西一样,因而得出"用志不分,乃凝于神"的哲理。这位老人的纯熟技艺是靠长期的专注于捕蝉技艺的练习获得的,当他练到自己拿竿的手臂像枯木一样纹丝不动时,捕蝉才如探囊取物一般自如。《庄子》中还有"庖丁解牛"、"吕梁丈夫涉水"等寓言,都旨在强调集中注意力去掌握事物的规律,才能成就一种出神入化的技艺,达到游刃有余的自由创造境地。这些故事虽不是直接讲审美活动,但与审美创造活动是相通的。如王昌龄《诗格》说:"久用精思,未契意象,力疲智竭,放安神思,心偶照境,率然而生。""心偶照境,率然而生",即是灵感到来的结果,但如果没有"久用精思"、"力疲智竭"的专注思索作基础,是不可能有灵感开启思路之门的。

审美欣赏同样需要意志克服各种干扰,才能全神贯注地感受、思考对象,强化审美鉴赏的自觉性。特别是欣赏音乐、舞蹈、戏曲、影视等直观性强且具有"一次过"特征的艺术,如果不专注于欣赏,中间被间断,是很难形成完整感受,得到全面深入理解的。读文学作品如果中间分散了注意力,还可以再看一遍以弥补,但在"一次过"的表演性艺术欣赏中则大多数情况下没有弥补的机会。美国维瓦斯在《审美经验的定义》中称审美态度为"无转移注意",并说"这种注意无转移地专注于一个对象完整表象的直接性中内在意义的领悟"[①]。这些观点都强调了审美活动的凝神观照的特点,事实上是意志使审美注意集中于对象的感受与领悟的活动。

---

① 引自彭立勋:《审美经验论》,长江文艺出版社1989年版,第67页。

2. 意志使人克服实用和功利态度,以审美态度对待对象

人生活在以实用和功利为中心的现实世界中,最习惯于以实用和功利的态度对待事物。特别是有着强烈实用和功利眼光的人,最易于关注对象的实用属性与实用价值,以及功利属性和功利价值。实用和功利的态度是有碍于审美态度实现的。因此,需要意志克服实用和功利的态度,实现审美态度,主体才能自觉地进入审美的创造与欣赏活动中去,自由地获取精神性愉悦。

首先,意志促使审美主体克服日常实用和功利态度,在审美创造和欣赏中,自觉、自由地进入审美态度。艺术家进行创作时应当尽量避免实用和功利态度,不能为名利而创作,更不能为成名获利而借助媒体炒作。这些急功近利的态度有损艺术创造的自觉性和自由性,作品也不会获得长久的艺术生命力。当今一些作者为谋求短期的功利效益,而不惜以种种"媚俗"态度进入创作,以泛性、滥情、暴力、野性的张扬去迎合读者的官能快感,既不能给社会增添美的精神食粮,也有碍自己艺术道路上的长远发展。审美欣赏同样要克服实用和功利的态度。例如,看名画、文物等,不能只看它值多少钱,更不能因为它值钱而想去占有它,而应该关注它的历史文化价值和艺术审美价值。又如,面对自然美的事物,我们也不要只以政治家、经济学家、企业家的价值立场去分析它的旅游价值,开发旅游产业等,而应从爱护自然美、欣赏自然美的立场与态度去体验自然的生命情趣,从不尽联想中获取大自然的审美特性,体验自然事物中蕴涵着的无穷的审美魅力。

其次,意志调节人们的情感活动,使情感由感官快感向精神愉悦升华,确保审美态度的实现。人是动物性与社会性交合着的高等动物,作为动物性的感官快感常常阻碍作为社会性的美感的实现,这就需要意志力克服官能快感,追求精神性愉悦。例如,当下许多艺术作品中都有刺激人的感官快感的内容,特别是对人体雕塑、人体绘画、人体摄影等艺术的创作和欣赏,尤其需要创作者和欣赏者有一定的文化素质和审美素质,才能从感官快感升华为精神愉悦。西方艺术重视对人体美的表现,体现了西方一贯的人本主义等人文精神,他们将人体看成最神圣的美的事物之一,和谐美好的人体是人的本质力量在身体方面的充分表现。如用实用的态度或官能的态度看待,则艺术之美损失殆尽。雕塑家、画家、摄影家面对异性的裸体模特与演员,应从对象上发现闪光的美点,这样才能创作出超凡脱俗的人体美。欣赏者同样需要从对象上看到内在精神或人的某种本质。罗丹曾说:人体是心灵的镜子,最美就在于此,"我们在人体中崇仰的不是如此美的外表的形,而是那好像使人体透明发亮的内在的光芒"[①]。当然,我们要承认和

[①] 罗丹:《罗丹艺术论》,沈琪译,人民美术出版社 1978 年版,第 62~63 页。

谐健康的人体与和谐美好的外表本身就是美的，只是要看创作者和鉴赏者是以何种立场态度对待它们，如果仅从实用的、官能的需要出发对待它们，则是动物性的。此外，我们还要理解，美好的人体若能与深邃的精神相熔铸，人们的性爱若能与神圣的精神追求相结合，这人体、这性爱就脱离了感官快感升华为精神愉悦了，因为它们负载了更深远的社会性精神内涵。在当今高科技发展的时代，各种数码技术不断强化了艺术产品的感官刺激功能，数码声屏技术产品更能满足人的官能快感，这就需要广大受众有清醒的意志力超越官能享受，追求自由的精神愉悦。

当然，完全排斥实用和功利的所谓纯粹的审美，只是西方部分美学家的一种理论诉求。纯粹无实用和功利之目的、价值的审美只存在于少数伟大的艺术中，多数艺术审美活动仍然是实用、功利、审美的结合。因此，这里只强调审美活动要通过意志调节，最大限度地超越实用和功利态度，实现审美态度，升华为自由的精神性愉悦。

3. 意志可以调节人们的审美观念，使审美主体避免审美偏见

人的审美观念受主、客体因素的制约而表现出稳定性、持久性，这种稳定而持久的审美观念一旦遇上全新的审美对象就会产生拒阻心理，或因不理解对象的审美属性而产生偏执的审美判断，于是就形成了审美偏见。审美主体要想尽可能避免审美偏见，就需要意志来调节、纠正、更新审美观念，适应审美对象日新月异的变化。

美是历史的、运动变化的，一切审美创造与欣赏都在运动变化着。人的一生不断地接触到种种新的审美创造与欣赏对象，只有不断地更新审美观念才不致产生审美"代沟"。许多艺术创新的流派首先并不为人理解，卡夫卡的表现主义小说、毕加索的立体派绘画、邓肯的现代芭蕾等都是如此，当它们以新奇怪异的形态呈现给人们的时候，人们很难调整习惯性的审美观念去接受它。当下文艺理论界流行的"艺术终结论"、"文学终结论"、"戏剧终结论"等，也涉及审美观念的更新问题。以往的艺术观、文学观、戏剧观，在今天中国社会的文化艺术审美生活中遭遇到了新的挑战，新的艺术实践活动以及文学和戏剧的生存状态都在发生急剧变化，我们要面对现实而不是面对既有的艺术理念和审美理念来建立新的审美理论观念，这样才能适应变化了的审美对象。

当然，以上所阐述的意志在审美活动中所发挥的几种作用，也是有前提条件的，也必须与其他心理因素共同作用才能实现。比如，第一种作用的前提是主体必须有一定的审美修养，一个不懂音乐的人，注意力再怎么集中于听乐曲也难以获得丰富的审美愉悦，甚至产生厌倦感。所以，我们在理解审美心理要素的作用时,不能孤立地看待问题。

二、心理距离

审美活动中所讲的心理距离,既不是指客观世界中的时间和空间距离,也不是指审美主体与客体之间在时间和空间上的距离,而是指审美主体面对审美对象时,从心理上与对象保持适度的距离感,超越实用功利态度,实现审美态度,强化审美效果。

将心理距离作为审美活动中的核心理论问题来研究的美学家是英国人布洛。在西方美学界,早在康德那里就提出了审美判断必须排除利害与欲求的观念。叔本华也强调审美心理要从意志和欲求中超脱出来,以"静观"的态度对待对象。英国经验派美学家博克在《论崇高与美》一文中说:"如果危险或苦痛太紧迫,它们就不能产生任何愉快,而只是可恐怖。但是如果处在某种距离以外,或是受到了某些缓和,危险和苦痛也可以变成愉快的。"① 这已经与布洛的思想很接近了。

布洛的心理距离说美学思想有几个要点。首先,强调审美活动的非实用性、无功利性或无利害感。布洛的根本观念是"要求以不涉及利害关系的态度观赏和创造审美对象"②。布洛认为,审美活动必须以"介于我们自身与我们的感觉之间"的心理距离为前提条件,心理上的距离"是通过把客体及其吸引力与人的本身分离开来而取得的,也是通过使客体摆脱了人本身的实际需要与目的而取得的"③。即是说,审美心理距离是人在主观态度上与现实生活保持一定的间隔距离,对对象采取非实用、超功利的态度。其次,认为美在心理距离中产生。布洛认为,美是心理距离造成的,即美是主观的,美作为最广义的审美价值,没有距离的间隔就不可能成立。"距离还更进一步为区分什么叫做美的,什么仅仅是可人的,提供了最需要的判别标准。"④ 再次,审美心理距离要适度,不能太远,也不能太近,太远或太近都不利于美感产生。布洛因此提出了"距离的内在矛盾"说。审美心理距离在审美心理活动中的作用主要表现为以

---

① 引自朱光潜:《西方美学史》上,人民文学出版社 1964 年版,第 237 页。

② 蒋孔阳、朱立元主编:《西方美学通史》第 6 卷《二十世纪美学·上》,上海文艺出版社 1999 年版,第 104 页。

③ [英]布洛:《作为艺术因素与审美原则的"心理距离"说》,见《美学译文》第 2 辑,中国社会科学出版社 1982 年版,第 96 页。

④ [英]布洛:《作为艺术因素与审美原则的"心理距离"说》,见《美学译文》第 2 辑,中国社会科学出版社 1982 年版,第 96 页。

下方面：

1. 审美心理距离有利于审美关系的建立和美感的产生

生活在现实世界中的人们与外界事物发生的关系，首先是实用的、功利的现实利害关系。要想培养审美情趣，提高审美能力，就必须学会与外界事物广泛建立审美关系。特别是从事审美创造和鉴赏的人，就更应该不断培养审美心理距离感，与对象世界建立广泛的审美关系，激发美感的产生。

布洛曾举了一个典型的例子，值得我们思考。即设想一艘航船在海上遇到大雾，这对水手和乘客来说都是不好的事情，因为大雾意味着有触礁、迷航、耽误航程等危险，人们又习惯于从实用和功利关系来看待事物，所以会产生惊恐和焦虑。但若船上的人与这种实际利害关系保持适度距离，用非实用和非功利的态度来欣赏这大雾，大雾有如透明的薄纱，或许从中能看到许多美丽的景致，给人一种恬静、安宁、自由等快感。这两种截然不同的感受，就是"由于距离从中作梗而造成的"。可见，心理距离就是要求主体以非实用、无利害的态度对待对象，与对象建立一种静观的自由的审美关系，以激发美感的产生。

苏轼《宝绘堂记》中的一段文字也是讲的这个道理。他说："君子可以寓意于物，而不可以留意于物。寓意于物，虽微物足以为乐，虽尤物不足以为病；留意于物，虽微物足以为病，虽尤物不足以为乐。"苏轼这里所强调的"寓意于物"，就是要求人们以超越实用功利的态度对待外物，在人与物之间建立一种自由的审美关系；"留意于物"却是一种实用的功利的占有的沉溺于外物的态度，以这种态度对待外物，就不会产生自由的审美快感。苏轼正是这样一位艺术天才，他总是善于在日常生活小事、平常事中，保持一种超功利的心理距离，与对象建立审美关系，发现事物的美。朋友送给他一点米酒，他能为此写一篇《酒子赋》。更有意思的是，苏轼曾经过瞿塘峡，目睹峡口的天下至险滟滪堆，写下了《滟滪堆赋》，文中作者并没有流露出惊愕、害怕或诅咒之情，也没有表现出对该巨石有碍行舟的不满，相反，他却从中悟出了"物固有以安而生变兮，亦有以用危而求安"（"用危而求安"意为敢冒风险而求得平安）的人生哲理。苏轼在《文说》中道出了自己艺术创造的体会："吾文如万斛泉源，不择地而出。在平地滔滔汩汩，虽一日千里无难。"为什么苏轼的艺术创作能有如"万斛泉源，不择地而出"呢？就是因为他总能随时随地与外物保持一种审美的心理距离，与变化着的对象总能处于一种审美关系中。

对于普通人来说，在日常生活中接触到一些艺术作品，也要善于保持一定的审美心理距离，与艺术审美对象建立一种审美的而非实际的、实用功利的利害关系。比如，有些读者和观众，在阅读文学作品或看戏、看影视作品时，移情过度，把艺术世界中的人事当成实际生活中的真人真事,或者开枪射击舞台上扮演丑角、败类的演员,或者把自己当成作品中的某个人物而效法他的言行心态,或者把影片中黑帮生活中的暴力、变态、色情等带到现实中来,上演犯罪悲剧等。这些现象都是因为普通观众与对象缺乏适度的审美心理距离,不能与欣赏对象保持审美关系引起的。

2. 审美心理距离可以强化审美注意,获取丰富的审美信息

客观世界的事物具有各种属性,如实用属性、知识属性和审美属性等。从现代心理学角度看,人的注意力面对对象的各种属性时是有选择性的。注意的心理机制是人的大脑皮层形成了优势兴奋中心,使人的注意力集中于对象的某方面属性,并抑制其他属性对人的刺激,从而表现出选择性。如前所述,人生活在实用功利的世界中,生存和发展的需要是最主要的需要,所以当人们面对外界事物时,注意力往往集中在对象的知识、实用、功利等属性上,并抑制审美属性对人的刺激。如果人们有意识地或者说利用清晰的意志力来与对象保持一定的心理距离,强化审美注意,就会在大脑皮层中形成关于事物审美属性的优势兴奋中心,从客体对象中获取丰富的审美信息。我们都知道罗丹的"生活中不是缺少美,而是缺少发现美的眼睛"这句名言,从心理距离角度看,这个善于"发现美的眼睛",就是靠长期强化审美注意形成的。

例如,当一群人沿着狭小的山路攀援,走进一座尚未被现代技术文明改变的深山时,不同的人关注这山的属性是不同的。生物学家会关注这里的生物种类分布、原始物种等,或盼望寻找到濒危动植物;地质学家会关注这里的地质构造、地貌特征,或希望找到某种地质构造理论的依据;环境学家会关注这儿的空气质量、氧气和负离子含量,并为这儿的环境没有遭到破坏而欣慰,并呼吁要继续做好生态保护工作;地方官员会关注这里山民的经济收入、生活状况、文明进化程度、通讯交通问题等;经济学家会看到这里的林业资源和旅游资源等,构想未来可以开发的项目;佛教徒会关注这深山是否藏有古寺,或想象将来在这儿建一座庙宇;画家会关注这山的造型,水的蜿蜒,松的挺拔,雾的神秘等;诗人或为自己每个艰难的脚印而自豪,或倾听着云与松的对话,体验那仿佛几千年都诉说不尽的情愫,或注目那充满野性的小溪,聆听那自由的山鹰的歌唱……在这种种关注中,普通人都会关注这山的实用属性,唯有艺术家等审美主体才会从实用属性中超越出来,与这里的一切建立审美关系,强化审美注意,自由地获取丰富的审美信息。从中也可以看出,事物的实用属性是有限的,而审美属性则是无限的。

3. 审美心理距离可以使审美主体能"入"能"出",与客体保持最佳审美心理状态

布洛提出的"距离的内在矛盾"说,就是为了解决心理距离太远或太近都不利于美感产生的问题。比如,某人欣赏一出戏,一方面剧中的内容与他的生活经历越接近,就越能使他产生情感共鸣,获得美感,但同时,太接近了又会使这位观者将戏剧内容当成现实事件,激发起自伤身世之情,产生实际利害感(非美感)。所以,心理距离太近容易导致美感消失。同样,心理距离太远也会导致美感消失。比如,京剧中的唱、念、做、打以及脸谱、程式化动作等,对于那些懂得京剧的观众来说能激发美感,因为它们以"陌生化"的形式与实际生活保持了较远的心理距离,但如果是一位没有任何京剧常识的外国人来欣赏,则不知所云,也许觉得索然无味,这就是心理距离太远导致的。可见,保持适度心理距离,才能激发美感的产生。

事实上,布洛像许多西方美学家一样,习惯于静止地、孤立地分析审美心理问题,没有看到审美心理活动实际上有一个过程。也就是说,审美活动并不都是瞬间的直觉,有时是一个有着较长时间的心理过程。在这个过程中,主体先要深入对象中去,全面感知对象,但又要从对象中走出来,保持审美的态度。与此相比,清末王国维提出的"出入说"更符合实际。他既强调了距离间隔的必要性,又注意到消除距离的必要性。王国维《人间词话》说:"诗人对宇宙人生,须入乎其内,又须出乎其外。入乎其内,故能写之。出乎其外,故能观之。入乎其内,故有生气。出乎其外,故有高致。"审美主体与客体的关系既要消除距离,又要保持距离,即要"入"亦要"出"。"入"者消除距离,没有深入具体细致的体物活动,就不能感受对象的生机,便不能写。庄子的"物化"说,苏轼的"身与竹化"说,都是消除距离的"入",有"入"的基础才能"出"。"出"者保持距离,只有与对象保持距离,用哲人的、艺术的眼光观照对象,才能发现更深刻的更远大的内涵,才能有高致。再用这种"出"的眼光指导新的"入",则能更深入地把握对象的审美特性。这种由"入"而"出"、又由"出"而"入"的审美关系的形成,就是一个历时性的心理过程,而不是仅仅靠布洛所谓共时性的适度距离能形成的。

综上所述,审美心理活动是一个由诸多心理活动要素共同组成的审美心理活动系统,每种心理要素在美感心理活动中都发挥着不可或缺的作用。不论是在美的创造还是在美的欣赏中,它们始终围绕着审美意象的不断生成和不断丰富、完善而发挥积极作用。所谓审美意象就是在审美活动之中形成的内心形象,即意中之象,它既具有高度的概括性,又具有鲜明的个体性,充盈着自由的情感和意志。审美意象是审美活动的核心,它是由审美主体的感知、表象、联想、想象、思维、理解、情感、意志等等审美心理因素共同作用而形成的。敏锐的感知力是审美意象形成的基础,丰富的审美表象积累是创造审美意象的材料,联想力是审美意象生成获得活跃性和丰富性的心理能力,想象力是审美意象获得独创性的心理能力,情感参与使审美意象获得巨大的内在情感动力,移情活动使审美意象充满生命情趣,审美思维、理解、意志和心理距离为审美意象的形成注入理性色彩,是审美意象走向完善的心理保障。

此外,直觉与潜意识等心理现象也是审美活动的特殊心理要素,并在审美意象的生成中发挥作用。比如,美感心理要素不是一个历时性的排列过程,而是交互作用、互相渗透的共时性心理活动现象,它们常常以直觉的形式融为一体。这说明直觉形式也是美感产生的重要心理形式,而在直觉与灵感现象中,潜意识也参与到显意识活动中来,为审美意象的创造与欣赏发挥潜在作用。

关键词释义

[审美意象] 所谓审美意象就是在审美活动之中形成的内心形象,即意中之象,它既具有高度的概括性,又具有鲜明的个体性,充盈着自由的情感和意志。审美意象是审美活动的核心,它是由审美主体的感知、表象、联想、想象、思维、理解、情感、意志等等审美心理因素共同作用而形成的。敏锐的感知力是审美意象形成的基础,丰富的审美表象积累是创造审美意象的材料,联想力是审美意象生成获得活跃性和丰富性的心理能力,想象力是审美意象获得独创性的心理能力,情感参与使审美意象获得巨大的内在情感动力,移情活动使审美意象充满生命情趣,审美思维、理解、意志和心理距离为审美意象的形成注入理性色彩,是审美意象走向完善的心理保障。

[移情] 移情心理现象是在主、客体相互作用中产生的。当客体的某种审美属性激发起主体的联想与想象,而主体的情感状态(心境)恰好与对象的形态相呼应,并要借助对象来表达情感,于是主体在强烈的情感统辖中,将本无生命、无情感的对象生命化、情感化,这就是审美移情活动。

[形象思维] 形象思维就是运用形象来进行的思维活动。形象思维具有四个特点:一是思维过程始终伴随着形象;二是思维过程浸润着情感;三是思维过程伴随着表象联想与想象;四是思维过程伴随着美感体验。这四个特征正是审美创作与欣赏不可或缺的条件。

[审美心理距离] 审美活动中所讲的心理距离,既不是指客观世界中的时间和空间距离,也不是指审美主体与客体之间在时间和空间上的距离,而是指审美主体面对审美对象时,从心理上与对象保持适度的距离感,超越实用功利态度,实现审美态度,强化审美效果。

[**"出入说"**] 王国维说:"诗人对宇宙人生,须入乎其内,又须出乎其外。入乎其内,故能写之。出乎其外,故能观之。入乎其内,故有生气。出乎其外,故有高致。"审美主体与客体的关系既要消除距离,又要保持距离,即要"入"亦要"出"。"入"者消除距离,没有深入具体细致的体物活动,就不能感受对象的生机,便不能写。庄子的"物化"说,苏轼的"身与竹化"说,都是消除距离的"入",有"入"的基础才能"出"。"出"者保持距离,只有与对象保持距离,用哲人的、艺术的眼光观照对象,才能发现更深刻的更远大的内涵,才能有高致。再用这种"出"的眼光指导新的"入",则能更深入地把握对象的审美特性。这种由"入"而"出"、又由"出"而"入"的审美关系的形成,就是一个历时性的心理过程,而不是仅仅靠布洛所谓共时性的适度距离能形成的。

思考题
1. 何为审美感知和表象?二者在审美活动中各有何作用?
2. 联想和想象在内涵上有何区别?二者在审美活动中的作用有何差别?
3. 审美情感与普通情感有何差别?情感在审美活动中有何作用?
4. 何为移情?我国古代艺术理论中有哪些思想与移情论相通?移情在审美创造活动中有何作用?
5. 何为审美判断?它有哪些特征?
6. 比较说明形象思维、抽象思维、灵感思维在审美活动中的作用。
7. 何为审美理解?理解在审美活动中有何作用?
8. 简述意志和审美心理距离在审美活动中的作用。
9. 移情论和心理距离说是否矛盾?它们的关系怎样?
10. 简述王国维"出入说"的理论内涵。

进一步阅读文献
1. 朱光潜:《文艺心理学》,安徽教育出版社,1996年版。
2. 金开诚:《文艺心理学概论》,北京大学出版社,1999年版。
3. 滕守尧:《审美心理描述》,四川人民出版社,1998年版。
4. [美]苏珊·朗格:《艺术问题》,滕守尧等译,中国社会科学出版社,1983年版。
5. [意]克罗齐:《美学原理 美学纲要》,朱光潜等译,外国文学出版社,1983年版。
6. 叶朗:《胸中之竹——走向现代之中国美学》,安徽教育出版社,1998年版。

第五章 美的本质

美的本质论是西方传统美学领域的一个最基本的理论问题，通俗地说，就是围绕"美是什么"而展开的讨论和论述。对于美的本质的探讨，是美学领域耐人寻味的话题，针对这一话题论述的话语构成了西方美学史上的独特景观，这些话语也折射出不同时代和不同文化语境中的哲人们对于美的深邃思考，同时也代表了不同时代和不同文化语境的审美意识。总体而论，在关于"美是什么"的论述中，中国与西方存在明显的差异。透过这些话语论述，我们就能够把握不同文化语境里的不同审美观。

第一节 西方美学史上对美的本质的探讨

对于"美的本质"的讨论是西方美学发展过程中一道浓墨重彩的风景线，细读这道风景线，我们能够分析出它的基本构成，这就是：从对象的自然属性及其组合规律探讨美的本质、从客观精神世界探讨美的本质、从主观精神世界探讨美的本质和从社会生活探讨美的本质。

一、从对象的自然属性及其组合规律探讨美的本质

在西方美学史上，有一些先哲们把审美对象的美与对象本身的自然属性及其组合方式关联起来思考，并且试图从这种关联里找到某些内在的联系进行概括。无论这些努力是自发的还是自觉的，都给我们留下了丰富的理论信息。其中以毕达哥拉斯学派、亚里士多德和博克的论述最值得我们关注。

1. 毕达哥拉斯学派论美的本质：美是一定数量关系的和谐

据现有资料看，西方美学史上最早触及美的本质的是毕达哥拉斯学派。

毕达哥拉斯（约前580—前550），是古希腊早期一位伟大的数学家和宗教领袖。公元前6世纪时，毕达哥拉斯在意大利南部的克罗托城确立了以道德和宗教为特征的学派，史称毕达哥拉斯学派。他们主要是一些自然科学家，并主要从

自然科学角度来认识世界、认识美，在西方美学史上影响很大。

毕达哥拉斯学派的哲学观认为，数是一切事物的本质，整个自然界就是和谐的数。在他们看来，宇宙就是各种数量关系的和谐系统。在自然界，所有能够被人类认识的事物都与数有关。

据资料记载，毕达哥拉斯在路过一个铁匠铺时，被铁锤击砧的声音的和谐所吸引，经过仔细观察揣摩，他发现了声音的不同源于铁锤的重量的不同，即音的长短与铁锤的重量成一定的比例关系。他把这一思考应用于琴弦做实验，又发现：琴弦越长，声音就越悠扬；振动的速度越快，声音就越高亢。于是，他悟出了音乐的基本原理就是一种数量关系：音乐是由不同的音调（长短、轻重和高低等）按照一定的数量比例组成的，音乐就是一种音程与弦的频率的关系。这大概就是最早的音程学原理。

毕达哥拉斯学派把这一发现运用到对于雕刻、建筑等艺术的认识中去，认为艺术所展示的美也体现了一种合理的或理想的数量关系，美的本质就是和谐，即"美是一定数量关系的和谐"，美在于"各部分之间的对称"和"适当的比例"。他们也将和谐原则应用于研究艺术对人的影响，认为人的生命也是一种和谐，它与外界的和谐形成一种感应，同声相应、同气相求就产生了快感，所以，人才爱美、欣赏艺术。同时，毕达哥拉斯学派进一步认为，整个自然界乃至整个宇宙都展示了数的和谐。他们认为，宇宙间的各个天体的组合也体现着数的和谐，各个天体间的距离有一定的数的比例，天体运行的快慢有一定的数的比率，如太阳与地球的距离是地球与月亮的距离的2倍，金星则是3倍，水星是4倍。他们认为，整个宇宙就构成了数的和谐，因此，天体和宇宙都产生于数。毕达哥拉斯学派用数量比例所构成的和谐来思考宇宙和宇宙间的天体运动，这也使得他们关于宇宙的思考具有了美学的意味。

毕达哥拉斯学派从把"数"作为世界万事万物的基本属性到把"数"作为世界的来源，给我们暗示出一种思维的逻辑，即从各类事物的外在自然属性可以找到某些共性，并且可以进行理论概括，进而得到内在的认识，这就是我们今天所说的"本质"、形而上的认识。当他们把这一思维运用到对于事物的"美"的思考时，就很顺利地把事物的外在的"数量关系"与各类事物的共同的"美"内在地关联起来了，于是，美就是一定数量关系的和谐也就成为了他们对于各类事物的"美"的本质性认识。

毕达哥拉斯学派对于美的认识后来得到了进一步发挥，这就是著名的"黄金分割"。它的分割方法为，将某直线段分为两部分，使一部分的平方等于另一部分与全体之积，或使一部分对全体之比等于另一部分对这一部分之比。即：在直

线段 AB 上以点 C 分割,使 $AC^2=CB×AB$,或使 $AC：AB=CB：AC$。它的比值被称为黄金比。黄金比最早是由古代希腊人发现的,直到 19 世纪被欧洲人认为是最美、最谐调的比例。黄金比广泛用于造型艺术中,具有美学价值,尤其在工艺美术和工业设计的长和宽的比例(如书籍开本)设计中容易引起美感。20 世纪中期,法国建筑师雷科布西埃发现黄金比具有数列的性质。他将其与人体尺寸相结合,提出黄金基准尺方案,并视之为现代建筑美的尺度。法国还产生了名为黄金分割画派的立体主义画家集团,专注于形体的比例。

2.亚里士多德论美的本质:美是整一

亚里士多德(前 384—前 322)是西方古代最伟大的思想家之一,也是古希腊美学思想的集大成者。他关于美的论述是不集中的,也是不连贯的,他在《诗学》、《形而上学》、《政治学》等著作中零散地表述了他对于美的认识,这些构成了他的美学思想。

在亚里士多德的美学思想中,有机整体观念是他最基本的美学观。他认为,美是具有一定体积与安排的有机整体。在《形而上学》第十三章里,亚里士多德指出,美的形式是秩序与对称;在《政治学》中,他认为城邦的美体现为大小适度。

亚里士多德用实体论来反对柏拉图的理念论,他认为,客观事物是不依赖于理念而独立存在的,他把美当作独立外在的客观存在,是第一性的。美作为一种客观存在,怎样理解它的本质呢? 亚里士多德在《诗学》中,论述了美是具有一定体积与安排的有机整体的思想,"一个美的事物——一个活东西或一个由某些部分组成之物——不但它的各部分应有一定的安排,而且它的体积也应有一定的大小,因为美要倚靠体积与安排,一个非常小的活东西不能美,因为我们的观察处于不可感知的时间内,以至模糊不清;一个非常大的活东西,例如一个一万里长的活东西,也不能美,因为不能一览而尽,看不出它的整一性;因此,情节也须有长度(以易于记忆者为限),正如身体,亦即活东西,须有长度(以易于观察者为限)一样"①。在他看来,史诗和悲剧的情节都应当"围绕一个整一的行动,有头,有身,有尾,这样它才是一个完整的活东西,给我们一种特别的快感"②。

显然,亚里士多德的"实体论"哲学观在这里转化成了各类事物的形式因素,在他看来,这些形式因素共同表现出"整一",万事万物的美就在事物的外在形式因素里。

---

① [古希腊]亚里士多德:《诗学》,罗念生译,人民文学出版社 1962 年版,第 25～26 页。
② [古希腊]亚里士多德:《诗学》,罗念生译,人民文学出版社 1962 年版,第 82 页。

3. 博克论美的本质:美是外在的感性形式因素

博克(1729—1797)是18世纪英国著名的美学家,他在美学文献《关于崇高和美的观念的根源的哲学探讨》里指出,"我们所谓美,是指物体中能引起爱或类似情感的某一品质或某些品质……美是不得不依靠某些实在的品质而感动人的东西。而且因为它不是理性的创造物,因为它在打动我们时与效用无关,甚至在根本不可能看出效用的场合下打动我们,因为自然界的秩序和方法一般说来与我们的尺度和比例大相迥异,所以,我们必须断定,美大半是借助于感官的干预而机械地对人的心灵发生作用的物体的某种品质"[①]。

在博克看来,美与审美对象本身的"某些实在的品质"有密切的关联。博克把这些品质概括为:"第一,比较地说是小的。第二,是光滑的。第三,各个部位的方位要有变化。但是,第四,这些部分不能构成棱角,而且必须互相融为一体。第五,要有娇柔纤细的结构,不带任何显著的强壮有力的外貌。第六,它的颜色要洁净明快,但不能强烈夺目。第七,假如它不得不有一种显眼的颜色,那这种颜色就必须同其他颜色一起构成多样的变化。"[②]

从博克的概括里我们不难看出,这些品质都涉及审美对象的外在感性形式因素。博克对于美的探讨所揭示的是美的感性特征,他把这些感性特征与审美主体的心灵作用结合起来,既体现了英国经验主义美学探讨美的总体思维方向,也是对经验主义美学单纯强调主观经验的审美观念的超越。

二、从客观精神世界探讨美的本质

从客观精神世界探讨美的本质指的是对美的本质性思考的一种思维方式,这种思维方式认为精神是世界的本原,是第一性的,但这精神并不是个人的主观意识,而是存在于宇宙空间的一种神秘的、客观的精神。

1. 柏拉图论美的本质:美是理念

柏拉图(前427—前347)的各种著作都以对话的形式写成,共有对话四十篇,涉及内容主要有政治、伦理教育和哲学上的一般问题。柏拉图关于美学方面的论述只是零散地出现于许多对话之中,而专门谈美的只有他早年写成的《大希庇阿斯》一篇。柏拉图是古希腊唯心主义美学的代表,也是西方唯心主义美学最杰出的美学家,同时也是西方美学史上第一个比较系统地探索美的本质的美

[①] 北京大学哲学系美学教研室编:《西方美学家论美和美感》,商务印书馆1982年版,第122页。

[②] 《古典文艺理论译丛》第5辑,人民文学出版社1963年版,第59页。

学家。

柏拉图的哲学基石是"理念论",他认为世界的本原不是任何形式的物质,而是一种精神性的东西——"理念"。柏拉图的美学思想是以理念本体论为基础的,他认为,任何具体的事物都是变化的,也都是虚假的,只有"理念"才是永恒的,也是真实的。在他的观念中,存在着两个世界:一个是物质世界;一个是"理念"世界。"理念"世界是最真实的,现实世界摹仿"理念"世界。他进而指出,只有存在于"理念"世界中的美(即"美本身"),才是真实而永恒的美。而现实中任何具体事物的美,由于分享了作为理念的美,才成为了美的事物。

"美是理念"所包含的基本内容是:

首先,美的理念先于具体的事物,是不依赖于具体的事物而独立的存在。柏拉图把美分成美本身(即美的理念)和美的事物两个层次,后者由前者决定。相同事物的美有许多,但美的理念却只有一个。

其次,具体的事物的美只有"分有"了"美本身",它才能成为美的东西。柏拉图认为,世间万物的美,都是由于分享了美本身(理念),然后才成为美的东西。他说:"如果有人告诉我,一个东西之所以是美的,乃是因为它有美丽的色彩或形式等等,我将置之不理……一个东西之所以是美的,乃是因为美本身出现于它之上或为它所'分有',不管它是怎样出现的或者怎样被'分有'的。关于出现或'分有'的方式这一点,我现在不作积极的肯定,我所要坚持的就只是:美的东西是由美本身使它成为美的。"(《斐多篇》)柏拉图坚信,在美的理念以外,不存在任何美的实体。

再次,理念的美是绝对的、永恒的,不包含半点杂质。柏拉图在《会饮篇》里说:"这种美是永恒的,无始无终,不生不灭,不增不减的。它不是在此点美,在另点丑……它也不是随人而异,对某些人美,对另一些人丑……一切美的事物都以它为源泉,有了它那一切美的事物才成其为美,但是那些美的事物时而生,时而灭,而它却毫不因之有所增,有所减。"这就是柏拉图观念中的真正的美、永恒的美。

柏拉图的关于"美是理念"的论述开创了对美作理性思考的先河,也开创了从精神领域探讨美的思维导向,为后来者进行美的探讨拓展了新的视域。

2. 普洛丁论美的本质:美是物体分享到"太一"流溢的理念

普洛丁(205—270)是中世纪基督教美学的始祖,是古罗马时期著名的唯心主义美学家,也是新柏拉图派的开创者。普洛丁在《九章集》中对"美是什么"作了深入的探讨。他在第一集第六章里指出,他所探讨的美,不仅是感性的美,而且包括"美的事业,美的行为,美的学问,以及道德品质的美"。在他看来,他所探讨的美是"一切事物都具有的同一的美"。

在哲学上,普洛丁把柏拉图的"最高理念"解释为"神"或"太一"。他认为,"太一"是宇宙一切的来源,是超越存在和思维的不可知的纯粹精神,是真善美的最高统一体。美不是源于物质世界,而是源于物体所分享到的"理念"。"太一"将"理念"通过心灵流入混乱的物质,使之凝为和谐的整体形式,才有美的事物。人们通过感官欣赏感性事物的美,是一种低级的认识活动;而灵魂对美的认识并不需要以感性认识为前提,它是灵魂对神的一种观照。他说,太一降生美,并使美变得更美,由于这种美是因美的过度而自太一中流溢出来的,太一是美的源泉和顶点。

普洛丁用"放射"说来解释神如何创造出世界。在他看来,神如同太阳,把他的光辉放射出来。普洛丁虽然承认物质世界存在美,但是,他坚信物质世界的美不在物质本身,而是物质在反映神的光辉。美不是源于物质世界,而是源于"太一"流溢出的"理念"。

在普洛丁的观念中,美不在于客观事物本身,而是在于灵魂(这里的灵魂不仅仅指向个体的灵魂,而且指向普遍的宇宙的灵魂),在于神。他说,心灵一旦经过了净化,就变成一种理念或理性,变成毫无形体,纯粹理智,完全属于神明的东西,而神就是美的源泉,是一切和美同类的事物的源泉。

在普洛丁的美论框架中,神(太一)居于理念和灵魂之上,神(太一)"溢出"理念,以照管灵魂。神又"溢出"灵魂,以创造万物。人类仅仅凭借感官无法与神相通,只有通过心灵去感知神的存在。

普洛丁的美论是柏拉图的理念论的延续和发展,也是古希腊唯心主义美论通向中世纪神学美论的桥梁。

中世纪的美学家们对于美的思考起步于"神的显现",他们坚信不疑的美学观是:美是上帝的显现。他们认为,上帝创造了这个世界,也使这个世界烙上了自己的印记,正是这一印记使这个世界具有了一种多样性的统一,这就是和谐,于是,事物的和谐之所以美,是因为它们有上帝的印记,即"像上帝",是"太一"流溢的光辉。

3. 黑格尔论美的本质:美是理念的感性显现

黑格尔(1770—1831)是德国古典美学和理性主义哲学的集大成者,他认为,理念是唯一的绝对的存在,包括美在内的整个世界都是理念的自我实现的过程。在他看来,美就是这一理念所显现出的和谐统一。

黑格尔继承和发展了柏拉图的理念本体论哲学观,然而,他不满意柏拉图的空洞理念,而认为理念是具体的,是在不断地否定着自己。在黑格尔的理性主义哲学中,美学从属于精神哲学,于此,抽象而空洞的"概念"通过自我否定,就与客观存在相结合,成为了具体的"理念"。于是,在黑格尔的理性主义哲学中,理念不是概念,它所代表的是实在。他说:"美就是理念,所以从一方面看,美与真是一回事。这就是说,美本身必须是真的。但是从另一方面看,说得更严格一点,美与真却是有分别的。说理念是真的,就是说它作为理念,是符合它自在本质与普遍性的,而且是作为符合自在本质与普遍性的东西来思考的。所以作为思考对象的不是理念的感性的外在的存在,而是这种外在存在里面的普遍性的理念。但是这理念也要在外界实现自己,得到确定的现前的存在,即自然的或心灵的客观存在。真,就它是真来说,也存在着。当真在它的这种外在存在中是直接呈现于意识,而且它的概念是直接和它的外在现象处于统一体时,理念就不仅是真的,而且是美的了。美因此可以下这样的定义:美就是理念的感性显现。"①

也就是说,在黑格尔的"美是理念的感性显现"的论述中,"理念"就是内容、目的、意蕴,是现实的、具体的(并非柏拉图的"理念"概念)。美是具体的理念,从这一个角度看,美与真是一回事。所谓"感性显现"就是表现,就是理念表现为客观事物的外形,成为诉诸人的心灵的艺术形象,即理念内容的现象与实在,它是理念与感性的直接统一,互相渗透,融为整体。感性的东西心灵化,心灵的东西从感性的形式中显现出来,这就是黑格尔的"感性显现"的含义。

黑格尔的美论是理性与感性的统一,"理念"是美的内容,而"感性显现"则是美的诉诸形式的表现。黑格尔认为,理性在艺术创作中居指导地位,而感性形式是理性的显现,如果没有感性形式,理性就是抽象的思想,而不能成为艺术的本质。所以,美是理性与感性形式的统一。

三、从主观精神世界探讨美的本质

从主观精神世界探讨美的本质是西方美学史上另一种理论思维方式,这一种理论思维把个人的某种主观精神如感觉、经验、心灵、意识、观念、意志等看做是世界上一切事物产生和存在的根源与基础,而世界上的一切事物则是由这些主观精神派生的,是这些主观精神的显现。

1. 休谟论美的本质:心灵的情感效果

休谟(1711—1776)是英国著名的经验主义美学家,他把经验主义美学的感觉经验论发展到极致,并把经验主义美学的感觉知识论运用到美学领域。在《人性论》一书里,休谟提出了他的美论。

---

① [德]黑格尔:《美学》第 1 卷,朱光潜译,商务印书馆 1979 年版,第 142 页。

休谟以圆为例来表述他对美的本质的解读,他指出:"欧几里德已经充分解释了圆的一切性质,但从未在任何命题中说到圆的美。理由显而易见,美不是圆的一种性质,因为,美不在圆周线的任何一个部分上。美只是圆形在心灵上产生的效果,心灵的特殊构造使它易于感受这种情感。如果你要在圆中找美,不管是用你的感官还是用数学推理在这圆形的一切属性中找美都是徒劳的。"①在休谟看来,美的本质是"心灵的情感效果",而不是对象的属性。休谟从经验主体的角度,提出了美是外物的某种形状在人心里产生的某种效果。

休谟说:"同一事物引起的不同感受都是正确的;因为感受并不体现任何事物的内在属性;它只标志事物与人的心灵中间的一种合拍状态或联系;如果这种合拍状态实际不存在,那么根本就没有产生任何感受的可能。美不是客观存在于任何事物中的内在属性,它只存在于鉴赏者的心里;不同的心会看到不同的美;每个人只应当承认自己的感受,不应当企图纠正他人的感受。想发现真正的美或丑,就和妄图发现真正的甜或苦一样,纯粹是徒劳无功的探讨。"②休谟对于美的认识是:事物本身没有绝对的美可言,当我们说某一事物是美的时,是因为事物与审美主体构成了一种关系,也就是说,美具有相对性。

休谟对于美的本质性的认识带有明显的折衷性,他既明确了美的本质离不开主观因素,又离不开客观因素,其中主观因素是基本的。休谟的观点是从主观精神世界探讨美的本质的经典论断。

2. 克罗齐论美的本质:美是直觉

克罗齐(1866—1952)是意大利美学家,他在《美学原理 美学纲要》里指出:"我们已经坦白地把直觉的知识和审美的事实看成统一,用艺术作品做直觉的知识的实例,把直觉的特性都付与艺术作品,也把艺术作品的特性都付与直觉。"可见,直觉是理解他美学理论的关键。

克罗齐认为,"每一个真直觉或表象同时也是表现","无论表现是图画的音乐的,或是任何其他形式的,它对于直觉都绝不可少"③。我们从这里可以找到一个连接,即:直觉即表现,表现即艺术,艺术即美。所以,直觉即美。

显然,克罗齐所说的"直觉"是一种把无形式的感受和情感形式化的创造性

---

① [英]休谟:《人类理解研究和道德原则研究》,关文运译,商务印书馆1957年版,第291页。
② 《古典文艺理论译丛》第5辑,人民文学出版社1963年版,第4页。
③ [意]克罗齐:《美学原理 美学纲要》,朱光潜等译,外国文学出版社1983年版,第14页。

心理活动。直觉使情感和意象融为一体,使情感成为诉诸意象的情感,更使意象包含有情感的意象,即审美的形象,心灵只有借造作、赋形、表现才能直觉。概而言之,克罗齐对于美的本质性的表述是:美就是直觉。

3. 立普斯论美的本质:美产生于移情

立普斯(1851—1914),德国著名心理学家和美学家,是"移情说"美学的主要代表。

立普斯认为,审美欣赏的"对象"是一个问题,审美欣赏的原因却是另一个问题。美的事物的感性形状当然是审美欣赏的对象,但也当然不是审美欣赏的原因。毋宁说,审美欣赏的原因就在我自己,或自己,也就是"看到""对立的"对象而感到欢乐或愉快的那个自我。从中可以读出一个最基本的信息,即,审美欣赏的原因就在我自己,这表达着立普斯对于美的思考是从主观的精神世界角度着手的。

立普斯在他的《空间美学》里讨论了"道芮式石柱",在他看来,道芮式石柱上细下粗,石柱上有凹凸相间的槽纹,当我们审视这一静态的无生命的石柱时,仿佛石柱自己耸立起来,充满了生机和动态,这是因为我们把自己的主体情感倾注到了审美对象上去了。立普斯的这个经典比喻给我们道出了美感的产生、美的产生与移情的内在联系,即,美产生于移情。

四、从社会生活探讨美的本质

将美的本质与社会生活联系起来,也是西方美学史上产生过影响的观点,其中以狄德罗和车尔尼雪夫斯基的论述最具代表性。

1. 狄德罗论美的本质:美是关系

狄德罗(1713—1784)是法国启蒙运动时期最重要的思想家之一,他关于美的一般概念的定义,见于《关于美的根源及其本质的哲学探讨》(这是他为《百科全书》所写的关于"美"的词条)。他的其他美学思想散见于他关于绘画、雕刻、音乐和戏剧的论述中。

狄德罗认为,美是存在于人类社会的一种关系。狄德罗把关系分成三种:真实的关系、见到的关系和想象的关系。他指出:"在我们称之为美的一切物体所共有的品质中,我们将选择哪个品质来说明以美为标记的东西呢?哪个品质?很明显,我以为只能是这样一个品质:它存在,一切物体就美,它常在或不常在——如果它有可能这样的话,物体就美得多些或少些,它不在,物体便不再美了;它改变性质,美也随之改变类别;与它相反的品质会使最美的东西变得讨厌和丑陋。总而言之,是这样一个品质,美因它而产生,而增长,而千变万化,而衰退,而消失。然而,只有关系这个概念才能产生这样的效果。因此,我把凡是本身含有某种因素,能够在我的悟性中唤起'关系'这个概念的,叫做外在于我的美;凡是唤起这个概念的一切,我称之为关系到我的美。"①

实际上,狄德罗所说的"外在于我的美"指的就是客观存在的美;"关系到我的美"则是已被我感觉到的美,这既依存于客观实在的一面,也涉及主观感受的一面。狄德罗关于"美是关系"的具体内容,简要而论,主要包括以下方面:

第一,美是客观的、实在的。狄德罗论述中的"关系"不是指精神中的关系,而是客观存在的关系。他通过将"在我身外的美"(即客观事物的美)与"与我有关的美"(即人的主观反映)区别开来,以说明美的客观性。他说:"不论我想到还是没想到卢浮宫的门面,其一切组成部分依然具有原来的这种或那种形状,其各部分之间依然是原有的这种或那种安排;不管有人还是没有人,它并不因此而减其美,但这只是对可能存在的、其身心构造一如我们的生物而言,因为,对别的生物来说,它可能既不美也不丑,或者甚至是丑的。"②

第二,美具有社会性、社会内容。在西方美学史上,关于美的本质的认识,从亚里士多德到贺拉斯到奥古斯丁都一脉相承、大同小异地侧重形式方面的探讨,英国经验主义美学从感觉经验出发,把美归结为小、光滑、娇柔等也是限于形式方面的探讨。狄德罗的"美在关系"的理论则开始突破这一美论思维,使美论的触须开始伸向社会关系的领域。他以高乃依的悲剧《贺拉斯》里的台词"让他死"为例证,对美的社会性内涵作了论述。仅仅从"让他死"三个字的字面来看,没有明确的所指,既无善恶,也无美丑。如果把这句台词置于具体的语境中,如在剧作《贺拉斯》的第三幕第六场,老贺拉斯为了祖国,把三个儿子都送上前线,两个儿子阵亡。当他从女儿口里知道剩下的一个儿子临阵脱逃时,老人怒骂:"让他死!"这三个字展示了老人的崇高品质。于是,不美不丑的三个字顿放异彩。

狄德罗的"美是关系"论强调了美的客观性,他认为,一个事物所以为美,是因为我们察觉了它的各种关系,这些关系是客观事物本身存在的,不依赖于我们的想象力而产生。狄德罗的这一命题不仅揭示了事物的客观属性的美,而且揭示了事物的社会关系的美。

从现有资料上看,狄德罗关于"美是关系"的美论之所以强化了美的客观性,实际上是针对英国经验主义美学的主观性取向的。第一,他认为,某一事物之所以美,是因为人们领会到与它的各种关系,这种种关系存在于事物本身,是客观

---

① 《狄德罗美学论文选》,张冠尧等译,人民文学出版社1984年版,第24~25页。
② 《狄德罗美学论文选》,张冠尧等译,人民文学出版社1984年版,第25页。

的。第二,狄德罗否认绝对美的存在,他认为,只存在与一定条件相关联的具体语境的美。

2. 车尔尼雪夫斯基论美的本质:美是生活

车尔尼雪夫斯基(1828—1889)是俄罗斯著名美学家,他把费尔巴哈的唯物主义哲学观运用到美学理论中,通过提出"美是生活"来批判黑格尔的"美是理念的感性显现"这一唯心主义美学观。

在批判黑格尔唯心主义美论的基础上,车尔尼雪夫斯基提出了自己的美论:"美是生活;任何事物,凡是我们在那里面看得见依照我们的理解应当如此的生活,那就是美的;任何东西,凡是显示出生活或使我们想起生活的,那就是美的。"[①]

车尔尼雪夫斯基的这个美论包含三个意义层面:第一,"美是生活",美就在客观生活本身,美的本质在于生活,而不是理念借以表现自身的一种手段,这是车尔尼雪夫斯基美论的核心。第二,任何事物,凡是我们在那里面看得见依照我们的理解应当如此的生活,那就是美的。这是对"美是生活"所作的进一步补充说明,它指向美的社会性内涵,规定了什么样的生活能使事物成为美的。第三,凡是显示出生活或使我们想起生活的,那就是美的。这是指向美的自然属性,说明自然界的美的东西因为它显示出生活,也使我们想起生活,所以是美的。

车尔尼雪夫斯基关于美的本质的认识,是建立在现实生活的基础上的,它将对美的本质的探讨从精神世界拉回到现实世界中来,在西方美学史上具有重要意义。

五、否定美的本质

在 20 世纪初,西方哲学领域兴起了分析哲学思潮,随着分析哲学的兴起,美学领域的分析美学也随之产生。分析美学不仅对传统的西方美学进行了尖锐的批判,而且对于西方传统美学的合理存在进行了彻底的否定。表现在对于美的本质的认识上,分析美学否定了对于美的界定的可能。

摩尔(1873—1958)是分析美学的先驱,在《伦理学原理》中,摩尔运用逻辑分析的方法对"美"这一概念进行了分析。他认为,美不能像科学认识那样描述事实,只是一种情感状态,"我们说'看到一事物的美',一般意指对它的各个美质具有一种情感"。摩尔从语言方面指出,"美"的概念是无法定义的。

---

① [俄]车尔尼雪夫斯基:《艺术与现实的审美关系》,周扬译,人民文学出版社 1982 年版,第 6 页。

维特根斯坦(1889—1951)是分析美学最重要的代表。在《美学讲演录》里，维特根斯坦指出："'美'这个词更频繁地出现在某些句子里，如果你注意一下这些句子的语言学形式的话，你就会发现，像'美'这样的词更容易被误解。"[①] 在维特根斯坦看来，以往对于美的讨论和思考陷入了语言的误解，往往把对事物的形容作为事物的本身属性，作为事物的某种性质的预设。这一思维体现在对于美这一概念的理论思考上，把事物的某些属性设定为美的性质，这实际上是将一个假问题设定为真问题，进而追寻事物的美的本质。维特根斯坦的这一思想实际上是从语言上否定了美的本质性的讨论或思考的合逻辑性。

在《逻辑哲学论》里，维特根斯坦指出，"伦理学是不能表述的，这是很明白的。伦理学是超验的（伦理学与美学是一个东西）"[②]。他认为美学如同伦理学一样，是超验的、不可言说的。在他看来，对于不可言说的对象，我们只能保持沉默。因此，对于诸如"美是什么"之类的美学问题就被否定了。

对于"美的本质"探讨的否定，既是当今西方哲学思维的必然趋势，更是西方美学的现代性蜕变。

第二节　中国美学史上的美论思想

一、中国古典美学论美

中国古典美学一直没有正面问或答"什么是美"或"美是什么"，例如伍举谈论美时顾左右而言其他。但这并非表明中国古典美学没有思考美，没有美论思想。能够体现出古代中国人思考美的最为可靠的资料，是中国古代先贤对于"美"的文字表达。说到中国古代先哲的美论，我们习惯于想到孔子的"里仁为美"的论述，似乎这就是中国古典美学关于"美"的文字表达的开端。其实，在孔子以前，也有许多先贤论及"美"，如史伯、单穆公、伍举、吴公子季札等。这些美论都是零散的、片断的，存于《左传》、《国语》、《尚书》、《周易》等古代典籍之中。

1. 孔子以前的美论

从中国古代文献所记载的论美的片断可以看出，最初的美论大致可分为两类：一是美善相混的论述；一是美善相别的论述。

[①] 刘小枫选编：《德语美学文选》下卷，华东师范大学出版社2006年版，第168页。
[②] [英]维特根斯坦：《逻辑哲学论》，郭英译，商务印书馆1985年版，第95页。

据《国语·楚语上》记载:"灵王为章华之台,与伍举升焉,曰:'台美乎?'对曰:'臣闻国君服宠以为美,安民以为乐,听德以为聪,致远以为明。不闻其以土木之崇高、彤镂为美,而以金石匏竹之昌大、嚣庶为乐;不闻以观大、视侈、淫色以为明,而以察清浊为聪。若于目观则美,缩于财用则匮,是聚民利以自封而瘠民也,胡美之为?'"

在上述对话里,对伍举的审美观,若以一言概之,就是美善同一,美就是善,善就是美。伍举认为,国君的美体现在"服宠以为美,安民以为乐,听德以为聪,致远以为明",而不是"以土木之崇高、彤镂为美","以观大、视侈、淫色以为明",也就是说,使国家强盛、使黎民百姓安居乐业这些作为国君的"善"举,在伍举看来就是美。从伍举与楚灵王的答非所问的对话中,我们能比较容易地感受到这种美论的美善相混特性,像这种美论在中国古典美学发展史上不胜枚举。伍举在这里关于美的论述,是有文献记载可考的最早的美的定义,这一定义代表了中国古典美学美论的主要思维方向。

在中国古典美学的美论中,还有一些关于"美"不同于"善"的论述。如《左传》载云:"宋华父督见孔父之妻于路,目逆而送之,曰:'美而艳。'"这里的"美"就不同于"善"。又如《荀子·王霸》说:"人之情,口好味而臭味莫美焉;耳好声而声乐莫大焉;目好色而文章致繁,妇女莫众焉……"

2. 儒家美论

儒家美学以孔子美学为代表,在孔子仁学的基础上,首先对美作出了较为深刻的阐发。儒家美学经历了一个漫长的发展历程,在这一发展历程中,不同阶段的先哲们都把一种高度完善的道德境界视为"美"。在早期儒家众多的思想家中,直接论述到"美"的主要有孔子和孟子。

孔子(前551—前479)是中国春秋时期伟大的思想家,也是中国美学思想最重要的奠基人,孔子的美学思想主要见于《论语》一书。

孔子曰:"里仁为美。"(《论语·里仁》)对于"里仁为美",今人注释为:人如果能居住在行仁道的地方是最好的。由此可见,在孔子看来,"美"与"仁"的关系十分紧密。

孔子身处中国古代早期的社会大变革时期,从历史角度看来,这一变革集中体现为:从原始的巫术礼仪等演化而成的,用以维系奴隶主贵族等级制度的"周礼"的土崩瓦解。春秋时代,周室衰微,维系周室权威的"礼"、"乐"准则也不再被遵守,所谓"礼崩乐坏"是也。"礼崩乐坏"的显在表现是"僭越",例如,据记载,鲁国的大夫季氏用"八佾舞于庭",按照礼制,天子方可用八佾,诸侯用六佾,而大夫只能用四佾。对于季氏用"八佾舞于庭"之举,孔子愤慨指责:"是可忍也,孰不可忍也!"(《论语·季氏》)从这里可见孔子对于"礼"的维护之一斑。然而,奴隶主贵族的等级制度的土崩瓦解已是历史的趋势,以孔子为代表的维护者无论怎样努力亦是枉然,即,在东周末期的大变革时代,无论用何种手段试图使人们恪守"周礼"都已无济于事,"于是孔子创造性地采取了以'仁'释'礼'的办法,说明'礼'是植根于人的本性的,是每一个人都应该而且能够实行的东西"①。

在《论语》中,"仁"字出现有百多处,几乎每一处都有不同的意味,如:

> 颜渊问仁。子曰:"克己复礼为仁……"(《颜渊篇》)
>
> 仲弓问仁。子曰:"出门如见大宾,使民如承大祭。己所不欲,勿施于人。在邦无怨,在家无怨。"(《颜渊篇》)
>
> 司马牛问仁。子曰:"仁者,其言也讱。"(《颜渊篇》)
>
> 樊迟问仁。子曰:"爱人。"(《颜渊篇》)
>
> 子张问仁于孔子。孔子曰:"能行五者于天下为仁。""请问云。"曰:"恭,宽,信,敏,惠。"(《阳货篇》)

"克己复礼为仁",即是说,克制自己,使自己的语言行动符合礼,这就是仁。孔子对于仲弓问仁的回答,则是:平常出门像去见贵宾一样庄重,役使百姓要像承当大祭典一般严肃。自己所不喜欢的,不要强加给别人。在诸侯国中没有人对自己怨恨,在卿大夫的封地没有人对自己怨恨。"仁者,其言也讱"意为说话谨慎。孔子认为,美只能建立在"仁"的基础上。而对于子张关于"仁"的询问,孔子的解释则是指向"恭"、"宽"、"信"、"敏"、"惠"五种品德修养。

仅从上面引述中,我们可以看出,孔子对于"仁"的解释指向是不同的。但是,这些解释都蕴涵了作为个体的人的行为准则,可以说,孔子的"仁"所要求的正是道德的"善",这也是"里仁为美"的哲学内涵。

在孔子之后,孟子、荀子等从不同角度对孔子美学进行新的阐发,丰富和发展了儒家美学。

孟子(前390—前305),名轲,据说曾经求学于子思(孔子之孙),是孔子以后儒家美学流派中影响最大的人。孟子的美学思想主要见于《孟子》一书。

在《孟子》中有许多处说到"美"。如,《孟子·告子上》里说道:"牛山之木尝美乎,以其郊于大国也,斧斤伐之,可以为美乎?"这句话里说的是树木的美,当树木在山上时,是"尝美乎",而当树木被砍伐,离开了生长的山地时,就不一定美了。这句话语我们可以解读为:事物的美呈现为一种生命状态,任何事物一旦没

---

① 李泽厚、刘纲纪:《中国美学史》,安徽文艺出版社1996年版,第108页。

有了生命,美就不存在了。

《孟子·尽心下》里还有这样的描述,浩生不害问曰:"乐正子何人也?"孟子曰:"善人也,信人也。""何谓善?何谓信?"曰:"可欲之谓善,有诸己之谓信,充实之谓美,充实而有光辉之谓大,大而化之谓圣,圣而不可知之之谓神。乐正子,二之中,四之下也。"

"充实之谓美"是孟子直接论述到"美"的言论。"充实"意指:生命个体通过不懈的努力,把自身的善的本性"扩而充之",并使之贯注入人的形体之中,于是,作为自然生命的"形体"就具有了道德之高尚的意义,并且具有可直观性。也就是说,孟子是把一种道德的完善作为美的内涵来思考的。

3. 道家美论

道家美学的创始人是老子,但是,使道家美学发扬光大的则是庄子。道家美学致力于从"道"的自然无为的思想角度来思考美,把摆脱任何人为的束缚,从而走向自然视为最"美"的境界。在道家美学中,影响较大的是庄子论美。

庄子(前369—前286),名周,其美学思想主要见于《庄子》一书。

在《庄子·知北游》里,庄子说:"天地有大美而不言,四时有明法而不议,万物有成理而不说。圣人者,原天地之美而达万物之理。"在庄子看来,大自然中不仅有美存在,而且是"大美",是真正的美。天地间的美之所以是"大美",是因为它是自然状态,最充分地体现了自然的根本特性,而这正是"道"的精神之所在。现世中的人们只要体验到"道"的自然无为的本性,并且将自然作为生活的根本准则,不为功利而奔波,不为物役,就拥有了天地间的"大美"。

4. "美"字释义

许慎《说文解字》认为,美,"甘也,从羊从大。羊在六畜主给膳也。美与善同意"。许慎之后,有个叫徐铉的人进一步注为:"羊大则美,故从大。"

上述注释反映了中国先民的美学观。在他们看来,美的东西总是与实用相结合的,不实用的东西无美可言。美就是善,善也就是美,即许慎所谓"美与善同意"。

从结构来考察,"美"表达了"羊之大也"、"躯体硕大之羊"的含义,这是对形象丰硕、羊毛浓厚、象征旺盛生命力的羊的姿态的感受。

对"美"字本义"甘也"这一味觉的感受,段玉裁的解释是:"美"作为"从羊从大",不是为了表达对于羊大的姿态的感受,而是因为肥大的羊其肉味"甘","美"正是表达了对"甘"这一味觉经验的感受。也就是说,在中国先民的美学观念中,人类的美感源于人类对于味觉的快感。

在中国美学史上,"味"是一个重要的美学范畴。这与中国的烹饪文化传统有密切关系。早在先秦时期,烹饪就不仅仅是实用,而且已经具有了艺术的内涵。于是，我国古代那些杰出的思想者完全可能实现从"味"的快感到美感的超越。因为，"味"是一种直感，是一种经验的搜寻，并非以概念为中介的理性思维，也非常符合中国人的思维模式。所以，在中国古代美学史上，"味"被广泛地运用于文学或艺术的各种鉴赏之中。

二、中国现代美学论美的本质

中国现代美学与20世纪的中国社会变革相关联，它产生于20世纪初，是中西文化(包括美学)碰撞的产物。对于20世纪初的中国而言，美学同其他学科一样，凝聚着启蒙的内力和现代化进程的嬗递。

中国现代美学当从王国维开始。他最早把西方美学引入中国，运用当时西方美学的观念来审视中国古典艺术，令人耳目一新，尤其是他对于古典小说《红楼梦》的审美，成为中国现代美学的开路者。从王国维以后，西方美学开始系统地进入中国，特别是马克思主义美学在中国的传播，使得中国现代美学进程融思想启蒙与现代化演进于一体。新中国成立后，我国美学界(后来推广到美学以外的领域)展开了两次大规模的关于美的本质的讨论，在这两次大讨论里，一些有影响的关于美的本质的观点纷纷问世。

1. "美是观念"

这一论点是以吕荧、高尔泰为代表的少数论者关于美的本质的看法。

吕荧(1915—1969)，安徽天长县人。吕荧在1953年批评蔡仪的"美是典型"论时说："美，这是人人都知道的，但是对于美的看法，并不是所有的人都相同的。同是一个东西，有的人会认为美，有的人会认为不美，甚至于同一个人，他对美的看法在生活过程中也会发生变化，原先认为美的，后来会认为不美；原先认为不美的，后来会认为美。所以美是物在人的主观中的反映，是一种观念，而任何观念，都是以社会生活为基础而形成的，都是社会的产物，社会的观念。"①

1957年，吕荧在《美是什么》一文中指出："美是人的社会意识。它是社会存在的反映，第二性的现象。"②

在吕荧看来，美只是一种反映存在的意识形态的观念，而不是存在本身，是主观的认识。他认为："美是人的一种观念，而任何精神生活的观念，都是以现实生活为基础而形成的，都是社会的产物，社会的观念。"③与吕荧持相同美论的美

---

① 吕荧：《美学问题》，原载《文艺报》，1953年第16期，第26版。
② 《吕荧文艺与美学论集》，上海文艺出版社1984年版，第400页。
③ 《吕荧文艺与美学论集》，上海文艺出版社1984年版，第416页。

学家高尔泰更是直述其论:"有没有客观的美呢？我的回答是否定的:客观的美并不存在。""美,只要人感受到它,它就存在,不被感受到,它就不存在。"①

2."美是典型"

这一论点是美学家蔡仪提出的。蔡仪(1906—1992),湖南攸县人,中国现代著名美学家。

蔡仪关于"美是典型"的论点首先在《新艺术论》中提出,他认为,美是客观的,美在事物本身,无论它是否被感受到,它始终存在。他说:"美的东西就是典型的东西,就是个别之中显现一般的东西；美的本质就是事物的典型性,就是个别之中显现着种类的一般。"他又说:"美的规律即典型的规律,或者说美的法则即典型的法则。"②"我们认为美的东西就是典型的东西,就是个别之中显现着一般的东西；美的本质就是事物的典型性,就是个别之中显现着种类的一般。于是美不能如过去许多美学家所说的那样是主观的东西,便很显然可以明白了。"③

蔡仪的美论的哲学来源是唯物主义的认识观,他把唯物主义关于物质是第一性的,意识是第二性的原理运用到对于美的探讨中,认为美是事物的客观属性,先有了客观事物的美,然后才有人的美感,他以"甜"与"糖"作喻说:"现在我们知道,这样把美的观念看作和甜的感觉的观念,而美的观念不是美感的观念。甜的观念是反映主体对于糖的特征的感受。关于主体对于美的事物特征的感受是美感,而不是美,所以和甜相当的是美感,而不是美。甜和美感既然都是关于主体对事物特征的感受,因此甜的感觉或美感的内容、甜的观念或美感观念的内容都是属于主体的,而不是属于客体的；是属于人的,而不是属于物的。至于美的观念的内容显然是相反的,它不是主体对于美的事物特征的感受,而是美的事物的特征,它不是属于主体的,而是属于客体的,甚至如关于自然事物的美的观念的内容则不是属于人类的,而是属于自然物的。"④

3."美是主观与客观的统一"

这一美论由朱光潜先生提出。朱光潜(1897—1986),安徽桐城人。

朱光潜早期认为,美是心灵的创造,他说:"美不仅在物,亦不仅在心,它在心与物的关系上面；但这种关系并不如康德和一般人所想象的,在物为刺激,在心为感受；它是心借物的形象来表现情趣。世间并没有天生自在、俯拾即是的美,

---

① 高尔泰:《论美》,甘肃人民出版社1982年版,第1页。
② 蔡仪:《美学原理提纲》,广西人民出版社1982年版,第11页。
③ 《蔡仪美学论著初编》上,上海人民出版社1982年版,第238页。
④ 《蔡仪美学论著初编》下,上海人民出版社1982年版,第490页。

凡是美都要经过心灵的创造。"①中国当代的美学大讨论是以朱光潜的自我批判为开端的,在大讨论中,他将自己早期的"美是心灵的创造"的主观论美论转变为"美是主观与客观的统一"的美论。朱光潜把"物的形象"与"物"相区别,他在《论美是客观与主观的统一》中说:"美感的对象是'物的形象'而不是'物'本身。'物的形象'是'物'在人的既定的主观条件(如意识形态、情趣等)的影响下反映于人的意识的结果,所以只是一种知识形式。在这个反映的关系上,物是第一性的,物的形象是第二性的。但是这'物的形象'在形成之中就成了认识的对象。就其对象来说,它也可以叫做'物',不过这个'物'(姑简称物乙)不同于原来产生形象的那个'物'(姑简称物甲)。物甲只是自然物,物乙是自然物的客观条件加上人的主观条件的影响而产生的,所以已不纯是自然物,而是夹杂着人的主观成分的物,换句话说,已经是社会的物了。美感的对象不是自然物而是作为物的形象的社会的物。"②在上面的论述中,物的形象已是"主观与客观的统一",那么,作为物的形象的美必然也是"主观与客观的统一"。

所以,朱光潜认为,美既有客观性,又有主观性;既有社会性,也有自然性。客观性与主观性是统一的,自然性与社会性也是统一的。

4. "美是客观性与社会性的统一"

这是以李泽厚为代表的一些论者的美论。

李泽厚(1930—),湖南长沙人。

李泽厚认为,美是一种客观物质的存在,是一种不依赖于人类主观意识条件的客观存在,这是美的客观性。

李泽厚说:"美是现实生活中那些包含着社会发展的本质、规律和理想而用感官可以直接感知的具体的社会形象和自然形象。""美就是包含着社会发展的本质、规律和理想而有着具体可感形态的现实生活现象,简言之,美是蕴藏着真正的社会深度和人生真理的生活形象(包括社会形象和自然形象)。美是真理的形象。"③在《美学三题议》一文里,李泽厚进一步强化了"美是社会实践的产物"的美论。在他看来,美"不是一种自然属性或自然现象、自然规律,而是一种人类社会生活的属性、现象、规律。它客观地存在于人类社会之中,它是人类社会生活的产物。没有人类社会,就没有美"。

李泽厚是从认识论角度来探讨美的,在他看来,美学就是一种认识论,是一

---

① 见《朱光潜美学文集》第1卷,上海文艺出版社1983年版,第153页。
② 《朱光潜美学文集》第3卷,上海文艺出版社1983年版,第67~72页。
③ 李泽厚:《美学论集》,上海文艺出版社1981年版,第59,30页。

种对社会生活的认识。

5."美是自由的象征"

这是中国当代著名美学家高尔泰的美论,这一美论是以人的本质为出发点,他认为:"美的本质,基于人的本质。美的哲学,是人的哲学中一个关键性的有机组成部分。"

早在新中国成立初期的美学大讨论中,高尔泰就坚持与吕荧相同的美论:美是主观的观念。到了20世纪80年代,历经沧桑的高尔泰和许多美学家一样,开始从人的角度来思考美。

在《1844年经济学哲学手稿》一书中,马克思指出,美是"人的本质的对象化"。这一充满现代精神的见解,为我们的美学研究,指出了正确的道路。正因为美是人的本质的对象化,所以离开了人,就没有美。所以研究美,归根结底,也就是研究人。美的哲学是人的哲学的一个部分,是人的哲学的深层结构,它的一切前提都是从人的哲学引申出来的。

美是人的本质的对象化,人的本质是自由,所以美是自由的象征。美是主观的,因而美是自由的,在自由的天空里,在自由的尺度下,主体才是真正的主体,主体的审美才是终极意义的。

高尔泰认为,研究美就是研究美感,研究美感就应该研究人。于是,美学就是人学,美的哲学也就是人的哲学。他认为美的哲学就是人的哲学的一部分,是人的哲学的深层结构,所以研究美就是研究人,其根本目的是认识人,揭示人的丰富性。又由于美是人的本质的对象化,而人的本质是自由,所谓自由是主体通过实践对必然性的把握或驾驭。在高尔泰看来,人是马克思主义哲学的出发点。马克思的《1844年经济学哲学手稿》的"自然的人化"和"人的对象化"被中国当代美学引证为:美是人的本质的对象化,高尔泰则将人的最高本质概括为自由。所以美是自由的象征。在高尔泰看来,"美是自由的象征,所以一切对于自由的描述,或者定义,都一概同样适用于美"。

从"美是人的本质的对象化"到"人的本质是自由",再发展成"美是自由的象征",我们可以把握高尔泰对于"美"的思考的哲学逻辑。

三、新时期关于美的本质的探讨

随着美学大讨论的深入和美的本质的探讨的展开,中国现代美学迎来了一个"百花齐放,百家争鸣"的时代。20世纪80年代后,对于美的本质的认识又有了新的表现:首先,以客观的实践性为本体的美的本质论成为认识的主流;其次,对于实践为本体的美的本质论的学术质疑也与日俱增。于是,一段时期内,对于美的本质的论述也呈现出众说纷纭、色彩斑斓的发展状况。在这一时期关于美的本质的论述中,我们选择几个影响较大、思维独特的论述进行解读,以期把握新时期对于美的本质的探讨的整体概貌。

1. 美是和谐

"美是和谐"是周来祥先生提出的,他认为"美是和谐,是人和自然、主体和客体、理性和感性、自由和必然、实践活动的合目的性和客观世界的规律性的和谐统一"①。

周来祥认为,美的本源既不在审美客体上,也不在审美主体上,而是在审美主体与审美客体的审美关系中,这种审美关系应该能够体现审美主体与审美客体的和谐统一。

中国当代美学的美的本质的讨论与西方美学史上关于美的本质的思考有内在的逻辑关联。从毕达哥拉斯的"美是一定数量关系的和谐"的思想开始,西方传统美学一直围绕着审美主体与审美客体的和谐统一对美的本质进行着思考。周来祥的"美是和谐"则是这一逻辑思维最简洁的表述,同时,这一表述也融汇了中国古典美学对于美的认识和思考的精髓。

2. 美是自由的形象

"美是自由的形象"是蒋孔阳先生提出的,"美的形象,应当都是自由的形象。它除了能够给我们带来愉快感、满足感、幸福感和和谐感之外,还应当能够给我们带来自由感。比较起来,自由感是审美的最高境界,因此,美都应当是自由的形象"②。

蒋孔阳认为,美是人的本质力量的对象化,在对象化的审美创造中,人作为审美主体,也并存地进行着反观自身的审美创造,于是,美的形象就是这一创造的结晶。他指出:"人都有本质力量。每一个具有自我意识的人,都力图把自己的本质力量,通过实践的活动,最充分最彻底地表现出来,当一个人的本质力量,得到了完美的表现,实现了自己的目的和愿望,达到了自己的要求,于是,就感到满足、幸福、愉快,感到自己与现实的关系,是和谐而自由的,这时,就产生了美。"③

蒋孔阳认为,在人类的审美思维中,"美的理想就和自由的理想结合在一起",当一个人的外在和内心都拥有了自由,这个人就成为了名副其实的审美主

---

① 周来祥:《论美是和谐》,贵州人民出版社1984年版,第73页。
② 蒋孔阳:《美学新论》,人民文学出版社1989年版,第188页。
③ 蒋孔阳:《美学新论》,人民文学出版社1989年版,第188页。

体,那么,这个审美主体眼中的一切外在形象如同自身一样,也就拥有了自由,就成为了美的形象。

在蒋孔阳的美的本质的认识中,美既是哲学的,也是艺术的。

3. 美是自由的感性表现

"美是自由的感性表现"是刘纲纪先生提出的,他认为,"美是在人类改造世界的实践基础上,从必然到自由的飞跃所取得的历史成果……美是人在他生活实践创造中所取得的最高的自由的感性具体的表现。而人类的审美与艺术活动的终极目的,就是要不断促进人类从必然王国向自由王国的飞跃"①。

我们不难看到,刘纲纪对于美的本质的认识深深打上了实践美学的烙印,作为实践美学的重要代表,刘纲纪的美学基本思想是:美来源于人类的实践活动,美就在于感性地表现了人类的自由创造的本质。

刘纲纪从马克思主义美学的实践思想出发,从历史发展过程的角度来探讨美的生成,他指出,"劳动创造了美,但劳动产品成为美的对象,这当中有个历史转变的过程。实用先于审美,使用价值先于审美价值"②。"劳动创造了美"意味着美是实践的产物,美来源于人类的实践活动。因此,人类的活动与美的创造有了共同的基础——实践。

在刘纲纪的美的思考里,自由是核心,他认为,自由是人与动物的根本区别,在哲学层面,人应该是自由的存在物。同时,在所有的实践活动中,自由又从一般的实践活动中区别出美的实践活动,于是,自由就成为了人与美的共同的本质。

马克思主义美学认为,人按照美的规律再现着世界和自己,美是人的本质力量的对象化。在刘纲纪的美的思考里,"感性表现"就是"对象化"的具体表述,美就是自由的感性表现。

4. 美是对象化了的情感

"美是对象化了的情感"是当代学者邓晓芒对于美的认识,在邓晓芒看来,美感是一种"借一个对象来达到情感的相互共鸣所产生的情感……正是美感,使人的情感成为符号化、对象化的情感,成为真正的(社会化的)情感"③。

如果把邓晓芒关于美、美感、情感的论述进一步简化,那就是:美是人的对象化的情感。

---

① 刘纲纪:《美学与哲学》,湖北人民出版社1986年版,第6页。
② 刘纲纪:《美学与哲学》,湖北人民出版社1986年版,第6页。
③ 邓晓芒、易中天:《走出美学的迷惘》,花山文艺出版社1989年版,第450页。

5. 美在超越

"美在超越"是杨春时先生对于美的本质的认识,他认为:"美的意义是对现实的超越,这意味着审美主体成为全面发展的个性(审美性)和自由的意识(审美意识),而对象则成为充分主体化的世界……美作为人的对象世界,具有超越现实的自由的意义,美就是这种存在意义的总体的、最高的最本质的显现。"[①]"审美是超越现实的自由生存方式和超越理性的解释方式——审美的本质就是超越。"[②]

杨春时的"超越"主要表现在:第一,超越实践美学的本质论,他认为,"审美并不包含于实践概念中,它也不能从实践中推演出来";第二,超越现实,在他看来,审美不仅与现实相隔离,而且超越现实,进入本体的层面;第三,超越理性,杨春时认为,"审美以超理性形式,升华了无意识,解除了自觉意识的压迫,从而使审美意识成为自由的意识,同时它吸收了无意识的巨大心理能量和非逻辑形式,形成了审美意识的巨大情感力量和创造性"[③]。

6. 美在生命

"美在生命"是当代学者潘知常对于美的本质性的理解,他认为,审美活动是一种以实践活动为基础,却又超越实践活动的生命活动[④]。

潘知常从不同文化语境来阐释中国文化和西方文化对于"生命活动"的不同认识。儒家美学倡导"生生"的刚健之美,而道家则从物我化一的维度来阐释生命境界的美,释家则倾向于在世俗的生活中体悟生命之道、感受生命之美,西方文化则认为,生命的最高境界是永恒的超越,是生命的自由和诗意的栖居。无论是什么样的"生命活动"的认识,都可导向美的思维,都可升华到美的本质性层次。

潘知常的生命美学观实际上阐释了生命与美的内在的联系,即,审美活动在本质上是一种生命活动。

第三节 关于美的本质的初步探讨

一、探讨美的本质的方法论

对于美的本质,我们必须坚持从实际出发,既要反对传统美学的形而上学的

---

① 杨春时:《生存与超越》,广西师范大学出版社1998年版,第125~126页。
② 杨春时:《生存与超越》,广西师范大学出版社1998年版,第162页。
③ 杨春时:《生存与超越》,广西师范大学出版社1998年版,第148~149页。
④ 潘知常:《生命美学论稿》,郑州大学出版社2002年版,第95页。

探讨方法,又要反对怀疑一切、虚无主义的后现代主义的研究方法。世界上并没有一个一成不变的、单一的、实体性的所谓美的事物的本质,就像柏拉图和黑格尔的"理念"、普洛丁与奥古斯丁的"上帝"、休谟的"快感"、克罗齐的"直觉"、柏格森的"生命的绵延"、毕达哥拉斯的"数的比例和和谐"、博克的"细小、光滑、明亮、变化而不露棱角等等"、车尔尼雪夫斯基的"生活",这样一些固定不变的决定美的事物的一劳永逸的所谓"本质"。同样,世界上也不是就根本不存在所有美的事物的共同本质,不然的话,为什么维特根斯坦在早期断然否定事物的"本质"以后又承认事物有所谓的"家族相似"呢?美国分析哲学家奎因为什么会要求哲学家在探讨事物的过程之中应该有一个"本体论承诺"呢?所以,应该说,一切事物,包括美的事物,还是有一些"本质"的,不过,这种"本质"不是单一的、封闭的、一成不变的、永恒的,而是开放的、多层次的、非实体性的、关系性的,当然在一定的历史时期也是一个相对完整的整体。因此,我们在探讨美的本质这个千古难题之前,必须明确方法论的几条原则。

1. 开放性原则

我们探讨美的本质,并不是要找到一种永远终结"美的本质"的问题的一成不变的结论,而是应该明确,"美的本质"问题,就像一切真理问题的探讨一样,都是开放性的,每一个历史时期只可能揭示美的本质的某些方面,也就是达到关于美的本质的相对真理,而不可能终结真理,不可能达到"绝对真理"。关于美的本质的探讨是一个永远不可能终结的过程,因此,美的本质问题是一个开放性的问题。

2. 多层次原则

美的本质的问题,就如同一切复杂的事物的内在规定性的问题一样,不可能是单一的、实体性的,而是多层次的,应该多角度进行探讨,因此,就像一切事物的本质都是把一事物区别于其他事物的内在规定性,这种内在规定性并不是单一的,而是多层次的,并不是实体性的,而是关系性的,因此,任何研究者都应该从不同的角度去揭示出某一方面或某一层次的这种把美的事物区别于非美事物的内在规定性。

3. 整体性原则

尽管美的本质与任何事物的本质一样,都是开放性的、多层次的、关系性的,都是现象之中的内在的、稳定的、重复的、经常的方面和层次,但是,既然这些内在规定性要完成把美的事物区别于非美事物的任务,就必然会相互联系成为一个完整的整体,从而实现这种区分的任务,因此,在一定的历史时期之内,研究者和探讨者也应该把从不同层次、不同角度所揭示的那些本质或本质的某些方面整合起来,以区分美的事物和非美事物,不能仅仅满足于把各个不同方面和层次的内在规定性揭示出来,而不作任何的归纳和总结。

二、美的本质的初步探讨

根据以上这样三条基本原则,下面就从几个方面、几个层次来分析一下美的本质——把美的事物区别于一切非美事物的内在规定性,然后把它们综合成为一个相对完整的整体,也就是给美下一个相对完整的定义。

1. 从认识论角度来看,美是客观的价值或属性

认识论是研究人的认识的产生和发展的过程及其规律的哲学学问。因此,在认识论范围之内,认识者就是社会的人,而人的认识就是认识者意识之内的东西,所以是"主观的",而人们的认识对象就是"客观的"。

所谓"客观的"是什么意思呢?列宁在《哲学笔记》中指出"客观的=在我们身外的","在我们之外独立存在=不以思维为转移"①。这就是说,所谓客观的,就是独立地存在于我们的身外,不以人的主观意识为转移。具体说来,美的客观性意思就是:第一,美的事物本身就有美的性质,美的性质是美的事物所具有的;第二,人的意识可以对美作出各种反映,却不可能抹杀美的性质;第三,不同的人的意识可以对美作出不同的反映,然而事物的美丑是有客观标准的。

先从自然事物的美来看,例如,苏轼的诗《饮湖上初晴后雨》,首先,西湖不论晴景的"水光潋滟",还是雨后的"山色空濛",都是美的,西湖本身具有美的属性,而西施也是具有美的属性的少女,二者在美的属性上有相似之处,这样才能使苏轼产生"欲把西湖比西子,淡妆浓抹总相宜"的相似联想,以比喻的形式来表达自己对西湖的审美感受。其次,西湖的美是客观存在在那里的,并不因为你不去欣赏它,它就消灭了,也就是说你的意识不去反映它,它仍然存在。再次,西湖和西施的美,可能由于种种原因(个人经历、修养、心境等等)引不起某个人的美感,甚至有人在特定情境下对它们产生反感,但是这些人的美感(意识)却不能作为评价西湖和西施美不美的标准。事实上,从古到今,观赏西湖风光的游客络绎不绝,我们中国人至今仍然把西施作为美女的代名词。尽管有句俗话说"情人眼里出西施",但是情人眼里的这个西施,是否真的就是西施那样的美女,也并不是这个情人说了就算的,还得取得符合一定标准的公认。

社会事物的美也是客观的。雷锋助人为乐的行为美,白求恩以他人的利益高于自身利益的心灵美,是他们本身所具有的,任何人的意识都不能否认的,也

---

① 《列宁全集》第38卷,人民出版社1992年版,第60~61页。

不因为有些人不理解或反对而改变其为美,因为他们的行为和心灵是符合人类社会发展规律的,而且是于人民有利的,因而是美的。

艺术美虽然是艺术家意识的产物,但仍然是客观的。艺术美必须附丽于艺术作品,艺术作品是艺术家审美意识的物态化。这种以一定物质形态(线条、色彩、声音、节奏、旋律、语言、人的身段等)固定下来的艺术家的审美意识就是人们的审美对象——艺术作品。艺术作品的美,也是艺术作品本身所具有的。欣赏者可以从不同角度去欣赏它,或者表示自己的特殊好恶,可是,达·芬奇《蒙娜丽莎》的美的魅力,不管有无人去观看,它总是存在在那里。你也可能不认为它是美的,但它本身经受了历史的考验,稍有艺术修养的人,不分民族、阶级,都认为它是美的,因为这幅画,无论蒙娜丽莎肖像所表现的人道主义、乐观主义精神,还是金字塔形的构图的宁静,色彩的和谐,微笑的神态和安详的姿态(上身的媚态和双手的柔和),都表现出文艺复兴时代人类的精神自由,对禁欲主义、神权的否定,对人和人的乐观的肯定,因而它永远以美的光彩和魅力令人倾倒。艺术作品本身的审美价值和属性离开我们的意识存在着,但这种价值的发现,发现的深浅、高低、多少是因欣赏者而异的,但不同的欣赏者的意识是无法完全抹杀这种审美属性和价值的。

因此,美的客观性是从认识论的角度进行分析的结果。美的客观性是对审美主体的意识而言的。从辩证唯物主义的认识论来看,审美意识只能反映事物的美,却不可能任意地捏造或抹杀事物的美。当然美感对美的反映是能动的、创造性的,但美感永远依存于美,没有美,美感就成了无本之木,无源之水。

如果越出认识论的层次片面地强调所谓"客观性",那也会陷入困境。例如,如果美是纯客观的属性,与物的自然属性一样,那人对它的反映应该是大致相同的,但实际上美却因人的不同的社会实践和生活而变化,物的自然属性与不同的社会实践和生活发生审美关系就会显现出不同的审美属性。因此,我们说美可以离开人的主观(意识),却永远离不开这个主体(实践)。这样,就有必要区分一下客观与客体、主观与主体。客体是与主体相对应的本体论概念,客体用来指明在作为主体的人之外的独立的世界存在;主体指的是人的存在。客观是与主观相对应的认识论概念,客观世界尽管仍然是人之外的世界,却已经是作为主体的人认识和改造的对象的世界了;主观则用来指明人的认识。归纳起来就是:第一,主体和客体是本体论的概念,主观和客观是认识论的概念;第二,主体包括人的意识和活动,而主观专指人的意识;第三,主客体关系主要是实践关系,主客观关系是认识关系。

只有明确了这种概念的区分,在进一步从本体论和发生学的角度来探讨美的本质的时候,才不至于陷入概念的混乱而纠缠不清。

2. 从本体论角度来看,美是一种社会属性和价值

所谓本体论是研究存在的本原和方式的哲学学问,也可以称之为存在论。在人类没有生成之前,自然界是统一的,在那时候只有一种存在,就是自然存在。但是,自从人类通过以物质生产为中心的社会实践自我生成出来以后,自然界就分化为自然界和社会界两大部分,所以存在就有了两大类:自然存在和社会存在。这里就出现了一个问题:美,事物的美究竟是自然存在的性质,还是社会存在的性质?这就必须从本体论的角度来进行探讨。

我们说美是客观的,不依赖于人的意识,但并不意味着事物的一切客观属性都是美,也不是说美可以是与人和人类社会无关的自然属性,而只有事物的社会属性才可能是美的本质规定。说美是事物的社会属性大致包含这么三层含义:第一,美是人类社会中才有的;第二,美是在人类社会实践中产生的;第三,美随着人类社会生活的发展而发展。

(1)美是人类社会中才有的。

人类社会产生以前究竟有无美的存在,这是个玄妙的问题,无法以实例证实。但是,我们可以从理论上进行推论,并从原始人对美的认识过程来推测。

从理论上说,现代科学已经证明,世界上除了运动着的物质以外,就没有任何东西了。世界是运动着的物质的世界,运动是物质的不变属性,整个世界是由按照一定规律运动着的物质构成的,自然界的一切事物和现象都是运动着的,时间和空间是运动着的物质的存在形式。因此,物质固有的属性是运动,而由物质构成的各种事物的属性是运动的表现,即表现为事物的形状、体积、数量和结构形式,这种属性才是不依赖于我们的感觉存在的事物的客观属性。这种属性可以称为物质的第一性质。而万紫千红的颜色并不是物质本身固有的东西,物体本身只是反射出不同波长、不同频率的电磁波。这些电磁波作用于视觉器官,通过感官的生理和心理的一系列变化过程,才在视觉中枢显现为各种颜色。自然物体也无所谓抑扬顿挫的声音,而只是震动出不同的波长、不同频率的波动,并推动空气波,它们通过听觉器官在接受空气波的震动之后产生的生理心理过程,才转化为中枢听觉的声音。同样,物体本身也无所谓气味或滋味。离开我们的感官,就自然物本身而言,既无所谓香,亦无所谓臭;既无所谓甜,也无所谓苦……可见,我们所直接感觉到的东西乃电磁波、空气波、分子运动在我们感官上的作用所引起的变化所产生的结果,而非直接地等同于它们的存在本身。恩格斯在《自然辩证法》中说过,"视觉和听觉两者所感知的都是波动",所以颜色和声音本质上乃是电磁波或空气波的一定特性的主观反映。也就是说,我们平常所谓的颜色和声音这些属性是通过人的感觉（视、听）器官反映出来的电磁波、空气波的一定运动。颜色和声音，气味和滋味，就是对于人而言的一种物体"属性"。这种性质可以叫做事物的第二性质。

而美则是离不开人及社会的第三性质。现在我们姑且按照一般的理解把颜色、声音等看成是自然属性，可它们已经在与人的关系中存在着了。但它们本身也不就是美，而只是这些颜色与声音，按一定的规律组成表达一定社会内容和人类情感的色彩和乐音及其组合，它们才能成为美的对象。所以，美是对人类社会而言的属性或价值，离开了人类社会就没有事物的美。这里需要对价值作点说明。所谓价值，是表示对人自身的存在和发展来说是必需的、有益的东西的性质。人的需要是多层面的，满足和实现这些需要的事物的价值，也应该是多层面的：满足物质需要的是实用功利价值，满足认识需要的是认识价值，满足社会伦理道德需要的是伦理价值，满足心灵自由愉悦需要的是审美价值。美这种属性正是在人与现实的审美关系之中生成的，是一种对人而言的价值。比如，花，我们欣赏它的美，并不是欣赏它的花瓣，它的颜色的来源——电磁波，而是把它当作一个与社会生活有密切关系的完整形象来欣赏它的外形、颜色、姿态，但这外形、颜色、姿态组成的形象已经与人们的欣欣向荣、艳丽、丰富的社会生活经常、必然地联系在一起了。在百花盛开的春天，我们感到人类生活与花紧密相联；在百花凋零的冬天，我们看到傲霜斗雪的梅花，也会感到人类生活的无穷生命力。总之，这些形式（形状、颜色、姿态）都已经融合（积淀）了社会生活内容，成了"有意味的形式"，这时，才成为对人来说的一种价值或社会属性，即第三性质，这才是美。

从原始人对美的认识来看，法国18世纪文艺理论家、博物学家布封有一段名言可以说明美是一种社会属性。他在谈到未经人类开发的自然时说："在这些荒野的地方，没有道路，没有交通，没有任何人类智慧的痕迹；人要想走进这些荒野，就只有循着野兽闯开的窄径；并且要随时提心吊胆免得变成野兽的粮食；荒野的吼声既使他震惊，那一片冷落凄凉的沉寂又使他心悸，他只好往回跑了。他说：'生野的自然是丑恶的，死沉沉的。'"[①]因此，当自然现象还纯粹是自然现象，未经人类实践，没有变成与人发生密切关系的属人的现实时，就无美可言。许多考古学家也证明了这一点。例如花，在我们今天看来，是非常美的，可是考古学家却告诉我们，对于原始狩猎部落的人来说，花却无所谓美。普列汉诺夫就说："如大家所知道，原始的种族，——例如，薄墟曼人和澳洲人——虽然住在花卉极

---

① ［法］布封：《自然史》，见《布封文钞》，任典译，人民文学出版社1961年版，第89页。

其丰富的地上,也决不用于装饰。"①考古学家裴中文也说,原始人的艺术,极少以植物为对象,并说:"纯以大自然中的风景为对象,好像绝对未发现。"②这是因为,那时原始人或现在一些原始民族尚处于狩猎时代,植物还没有成为人类生活的一部分,所以不是美感的对象,也就无美的价值可言;可是到了农耕时代,植物开始成为人类生活的一部分,与人类社会生活发生了密不可分的关系,它也就成为了美感的对象了,植物的自然属性才转化为审美属性。德国艺术史家格罗塞在《艺术的起源》中考察原始民族的装饰时就说过:"从动物装潢变迁到植物装潢,实在是文化史上一种重要进步的象征——就是从狩猎变迁到农耕的象征。"为什么在原始人那里只见到有兽皮、兽骨、牙、角、爪等装饰,而在古希腊神话中才见到桂枝花冠,其原因就在这里。

(2)美是在人类社会实践中产生的。

美是人的社会实践使"自然人化"才使物体的自然属性转化为审美属性的。

那么何谓"自然的人化"呢?"自然的人化"也就是"人的本质力量对象化"。这二者指的是同一个过程。它说的是,以物质生产劳动为中心的社会实践,使主体与客体的关系发生了根本的变化,主体(人)的本质力量(物质能力和精神能力的总和)在客体(自然界)中得到了体现,而自然界也成为烙下了人类活动、意志印迹,证明着人的本质力量的与人关系密切的自然界。或者说,"自在的自然"成了"为人的自然界",确证和实现了人的本质力量的自然界。所以,"自然的人化"和"人的本质力量对象化"都是指通过社会实践,特别是生产劳动所产生的人与自然界之间的变化。"自然的人化"是从客体方面来说这一关系的,而"人的本质力量对象化"则是从主体方面说这一关系的。

"人的本质力量对象化"和"自然的人化",并非由马克思首创。黑格尔和费尔巴哈已经明显地表述了这一概念。不过,黑格尔的含义主要指"绝对精神"的外化,在他看来,自然是"绝对精神",即人的自我意识的自我发展的结果。费尔巴哈在批判宗教时,明确指出上帝是人的本质的对象化,即人把自己的一切本质力量(物质力量和精神力量的总和)对象化在上帝身上,简言之,人按照自己的形象塑造了上帝。可是,费尔巴哈所讲的人的本质,只是人的生物学上的类,即自然属性,特别是自然情欲(如男女性爱),因而在批判宗教时是一针见血的,而在

---

① [俄]普列汉诺夫:《没有地址的信 艺术与社会生活》,曹葆华译,人民文学出版社1962年版,第36页。

② 裴中文:《旧石器时代艺术》,转引自全国高等民族院校编写组:《美学十讲》,云南人民出版社1982年版,第132页。

解释人类历史时却是无能为力的。

只有马克思在研究人类最基本的社会生活,即物质生产、经济生活中找到了人类的真正的本质。他指出人的本质是不同于动物的人的需要,是劳动,是在劳动中结成的种种社会关系。从这个历史唯物主义的基点上来谈"人的本质对象化",才科学地解决了人与自然的关系。马克思说:"实际创造一个对象世界,改造无机的自然界,这是人作为有意识的类的存在物……的确证。"①这就是说,由于人的社会实践,自然界才与人发生了密切关系,成为人类本质的确证。在《资本论》中,马克思说得更明确:"劳动首先是人和自然都参加的一种过程,在这种过程中,人凭自己的活动作为媒介,来调节和控制他跟自然之间的物质交换。人自己也作为一种自然物质来对待自然物质,于是发动肉体的各种自然力,例如肩膀、腿以及头和手;人在通过这种运动对自然加工改造之中,也就在改造他本身的自然,促使他的原来睡眠着的各种潜力得到发展,并且服从他的控制。"②他在谈了建筑师与蜜蜂筑蜂房、织工与蜘蛛结网的区别后总结道:"劳动过程结束时所取得的成果在劳动过程开始时就已存在于劳动者的观念中,已经以观念的形式存在着了。他不仅造成自然物的一种形态改变,同时还在自然中实现了他所意识到的目的。"③恩格斯也说过:"一切动物的一切有计划的行动,都不能在自然界上打下它们的意志的印记。这一点只有人才能做到。"人和动物的最后的本质区别就在于,"动物仅仅利用外部自然界,单纯以自己的存在来使自然界改变,而人则通过他所做出的改变来使自然界为自己的目的服务,来支配自然界"④。这种本质的区别,用马克思的说法就是"动物只是按照它所属的那个物种的尺度和需要来进行塑造,而人则懂得按照任何物种的尺度来进行生产,并且随时随地都能用内在固有的尺度来衡量对象,所以,人也按照美的规律来塑造物体"⑤。这就明明白白地告诉我们,人在改造自然界的过程中,还与现实形成了审美关系,这种审美关系是"人的本质力量的对象化"和"自然的人化"的成果,正是这种实践过程带来的人与自然关系的根本改变才使事物的自然属性转变为审美属

---

① [德]马克思:《1844年经济学哲学手稿》,刘丕坤译,人民出版社1979年版,第50页。
② 《马克思恩格斯论文学与艺术》(一),陆梅林辑注,人民文学出版社1982年版,第66页。
③ 《马克思恩格斯论文学与艺术》(一),陆梅林辑注,人民文学出版社1982年版,第66~67页。
④ 《马克思恩格斯选集》第3卷,人民出版社1972年版,第515页。
⑤ [德]马克思:《1844年经济学哲学手稿》,刘丕坤译,人民出版社1979年版,第50~51页。

性。举例来说,原始人打制石器,使自然形态的石头成为手中的工具,这个石器的工具,特别是经过磨光的新石器,就体现了人的物质能力和精神能力,就是"人的本质力量的对象化",也是"自然的人化"。这种工具所表现出来的人的本质力量,以光滑、对称等具体形式因素组成的形象,就成为原始人的最初的审美对象。原来的光滑、对称等自然属性就转化为审美属性,对人具有了审美的价值。

  社会美和艺术美的产生是人的社会实践和艺术实践的直接成果,这是很明显的,同样,自然美也是"人的本质的对象化"和"自然的人化"的产物。对于经过人类实践改造过的自然界的美,这样说是比较好理解的,困难在于,人力至今未及的大自然,如太阳、星星、月亮、原始森林等的美,为什么也说是"人的本质的对象化"和"自然的人化"的产物呢?这就需要历史地理解人与自然的关系。这里的根本原因就在于,由于人类的生产劳动,日月星辰等自然物虽未经过人的直接加工改造,但它们与人的关系却完全改变了,再也不是外在于人的"生野的自然",而是成了人们已经认识或必将认识以及终将利用的自然了,人在它们面前再也不是匍匐在地的奴隶,而是直起了腰杆的主人,就有可能以观照的态度去欣赏它们了。我国的神话"后羿射日",就说明了在原始人那里,由于生产力水平的低下,他们有很长一段时期还不以太阳为美,而以太阳为害,所以要由幻想出来的后羿这个人去射掉九个太阳,留下一个太阳。当然,究竟从何时开始太阳成为审美对象,这还无法确切考证,但是有一点可以肯定,太阳并非一开始就是人的审美对象,而要通过代表"人的本质力量的对象化"的后羿连射九日才逐渐成为人的审美对象。我国台湾高山族也有一个类似的神话:古代天上有两个太阳,人们极受旱热之苦,后来他们的一位祖先经过千辛万苦的努力,用箭射中了一个太阳。被射中的太阳流血后暗淡下来,变成了月亮,而向四方飞溅的血滴就成了星星。这类神话是古人对太阳认识不足的幻想,但也反映了人们在想象之中认识和利用自然的愿望和本质力量的对象化。布封说,生野的自然是丑恶的,高尔基也认为,在围绕我们并仇视我们的自然中是没有美的,他说:"赞美人是因为一切美好的有社会价值的东西,都是由人的力量、人的意志创造出来的。"①所以,我们说,美不是物体的自然属性,而是一种社会价值或社会属性。也正是在这个意义上,马克思说"劳动创造了美"。

  (3)美随着人类社会生活的发展而发展。

  美是社会实践的产物,美是对于具有审美能力的人而言的一种价值,因而,美就必然随着人类社会生活、社会实践的发展而发展。车尔尼雪夫斯基说:"每

---

① [俄]高尔基:《论文学》,孟昌等译,人民文学出版社1983年版,第165页。

一代的美都是而且应该是为那一代而存在:它毫不破坏和谐,毫不违反那一代的美的要求;当美与那一代一同消逝的时候,再下一代就将会有它自己的美,新的美,谁也不会有所抱怨的……今天能有多少美的享受,今天就给多少;明天是新的一天,有新的要求,只有新的美才能满足他们。"①由于车尔尼雪夫斯基把美与生活联系在一起,他天才地猜测到了美的时代性。而我们看到了美的实践基础,就使这种天才的猜测成了科学的结论。狩猎时代以动物为审美的对象,农耕时代以植物为审美的对象;清代以森严、金碧辉煌的故宫为审美的对象,我们以庄严、质朴的人民大会堂为审美的对象;古希腊的美是"高贵的单纯和静穆的伟大",文艺复兴时代的美是人性美的规范,19世纪浪漫主义却以错综变化为园林美的圭臬……这些不同,其根本原因就在于人们的社会实践和人的本质力量在丰富发展,作为社会价值和社会属性的美也必然随着变化和发展。而物体的自然属性却是自古以来很少变化的,它们只是随着人类实践的发展而日益被揭示出来,并改变其存在的自然形式而已。当然,美的时代性也并非绝对的,它还有继承性的一面。而这继承性的一面也是因为社会实践和人的本质力量毕竟也有共同性的一面才产生的。

3. 从发生学的角度来看,美是社会实践达到一定自由的产物

所谓发生学是研究事物的发生过程及其规律的哲学学问。我们从发生学的角度来看美的生成过程就可以发现,事物的美并不是预成的,而是生成的;并不是与大自然的发生同在的,而是与人类的实践及其产物——人类社会的发生同在的。而且,事物的美的生成是一个历史的、社会实践比较高程度的产物,也就是人类社会实践的一定自由的产物,而且随着社会实践的自由程度的不断变化,事物的美也在不断地生成和变化。

具体说来,美是物体的社会价值或社会属性,是"人的本质的对象化"的产物,但是,并不是一切社会价值和社会属性,"人的本质的对象化"的产物,都是美,而只有与人的自由相对应的社会价值和社会属性,"人的本质的对象化"达到自由的产物,即只有社会实践达到一定自由的产物才是美。因此,"人的本质的对象化"是美的初级本质,而自由却是美的更深层的第二级本质。

我们说,美是"人的本质的对象化"的产物,但是一切人的产品都是"人的本质的对象化"的产物,而并非人的一切产品都是美的对象。例如,一个技巧不高明的木匠做的桌子,就不会成为美的对象;一个人格低下的作家所写的诗或小说

---

① [俄]车尔尼雪夫斯基:《生活与美学》,周扬译,人民文学出版社1957年版,第125页。

就不会具有美的属性。而只有技艺高超的木匠,人品高尚、技巧娴熟的作家的产品,才会是美的产品。这两种人就是在本行业的实践中达到了一定自由的人,他们的产品才会是具有美的属性的东西。

那么自由作为美的第二级本质有怎样的涵义呢?恩格斯说:"自由是在于根据对自然界的必然性的认识来支配我们自己和外部自然界。"①毛泽东也说过,自由是对必然性的认识和对客观世界的改造。马克思指出过:"动物的产品直接同它的肉体相联系,而人则自由地与自己的产品相对立。"②马克思和恩格斯在《共产党宣言》中指出:"代替那存在着阶级和阶级对立的资产阶级旧社会的,将是这样一个联合体,在那里,每个人的自由发展是一切人的自由发展的条件。"③

从这些论述中,我们可以看到:第一,自由是对必然性的认识和运用,也就是客观必然性和人的主观能动性的实践中的统一,或者说是合规律性与合目的性的统一。第二,自由是摆脱肉体的直接需要对待物,或者说是超越直接功利地对待物,也就是功利性与超功利性的统一。第三,自由是个人与社会的统一。

我们曾一再提到,马克思在谈到人和动物的生产的根本区别时指出:"动物只是按照它所属的那个物种的尺度和需要来进行塑造,而人则懂得按照任何物种的尺度来进行生产,并且随时随地都能用内在固有的尺度来衡量对象;所以,人也按照美的规律来塑造物体。"④所谓"物种的尺度"就是指自然的必然性(规律性),而"内在固有的尺度"则是人所认识和运用的必然性,也就是自由。所以,在人能够认识和运用客观必然性来为自己的目的服务时才是在"按照美的规律塑造物体"。也正因为如此,马克思才认为"自由自觉的活动恰恰就是人类的特性"。这也就是说,人类的实践只有达到了自由的程度才算是确证和实现了人的本质特征。正是这种自由的实践才会使人与现实生成审美关系,而这种关系在客体上体现为审美属性,而在主体身上表现为审美意识。所以,只有自由的实践才能使物体的自然属性转化为审美的属性。

人类的实践在统一了客观必然性和人的主观能动性(创造性)时,才可能达到自由,违反了客观必然性,实践就无法顺利进行,更不可能得到成功;没有了人的主观能动性(创造性),就不可能使人的实践显示出区别于动物生产的特点。而人的主观能动性(创造性),在实践中就表现为活动是为满足自己的一定需要

---

① 《马克思恩格斯选集》第 3 卷,人民出版社 1972 年版,第 153 页。
② [德]马克思:《1844 年经济学哲学手稿》,刘丕坤译,人民出版社 1979 年版,第 50 页。
③ 《马克思恩格斯选集》第 1 卷,人民出版社 1972 年版,第 273 页。
④ [德]马克思:《1844 年经济学哲学手稿》,刘丕坤译,人民出版社 1979 年版,第 50~51 页。

进行的,即具有明确的目的性。诚如马克思在《资本论》中所指出的那样,人的实践的特性在于,"他不仅使自然物发生形式变化,同时他还在自然物中实现自己的目的,这个目的是他所知道的,是作为规律决定着他的活动的方式和方法的,他必须使他的意志服从这个目的"①。人的目的在自然物中的实现,在实践过程中的实现,也就是一种"对象化"的过程,也就是对象由"自在之物"向"为我之物"转化的过程,就是人创造自身发展所必需的客观价值世界的过程。所以,自由就是合规律和目的性的统一,那么,一个事物既合乎客观必然(规律)存在,而又符合人的目的性,就可以对人显示出美的价值。歌德说:"我们固然不能说,凡是合理的都是美的,但凡是美的确实都是合理的至少应该是合理的。"这就是说,美的事物是应该合乎规律的。他又说:"例如达到结婚年龄的姑娘,她的自然性是孕育孩子和给孩子哺乳。如果骨盆不够宽大,胸脯不够丰满,她也不会显得美。但是骨盆太宽大,胸脯太丰满,也还是不美,因为超过了符合目的的要求。"②达到结婚年龄的姑娘之所以要有比较宽大的骨盆,比较丰满的胸脯,是因为这对人类的生存和发展有利,因而对人来说也是符合一定目的的,因而才会显得美。所以,自然事物本身是无所谓目的可言的,但当它有利于人的生存和发展,有利于人类社会生活的时候,它也就是符合人类的目的的。这种合目的性与合规律性的统一就构成了自然美的第二级本质——自由。

正因为美是合乎规律性而又合乎目的性的产物,所以,我们可以说,美是真和善的统一,因为所谓合规律性,就是一种真的价值,而所谓合目的性,就是一种善的价值,二者的统一就是美的价值。因此,狄德罗说:"真、善、美是些十分相近的品质。在前面的两种品质之上加以一些难得而出色的情状,真就显得美,善也显得美。"③

为什么说真、善、美是些十分相近的品质呢?因为:第一,这三者都是对人来说的价值,都是离不开人类社会的"第三性质"。第二,它们都包含有人的自由在内。不过,三者表现在不同的领域:真表现在科学认识领域,善表现在道德实践领域,而美则表现在审美领域;真是事物的合规律性,主要是认识的自由,善是事物的合目的性,主要是实践行为的自由,而美则是合规律性和合目的性的统一,

---

① 《马克思恩格斯论文学与艺术》(一),陆梅林辑注,人民文学出版社1982年版,第67页。
② [德]爱克曼:《歌德谈话录》,朱光潜译,人民文学出版社1987年版,第134页。
③ 北京大学哲学系美学教研室编:《西方美学家论美和美感》,商务印书馆1980年版,第135页。

因此是认识和实践统一的自由。第三,真、善与美最明显的区别还在于,美的自由本质必须显现为感染人的感性形象。

美的自由本质还包含着它超越直接功利和与个人与社会相统一的这么两层含义。也就是说,美是没有直接的功利的一种社会价值,还是一种对于社会存在物的个人而言的特殊价值。具体来说,就是美具有超功利性和社会性。这些,我们在讲到人对现实的审美关系时已经论述过了。

需要着重指出的是,美的超功利性只是指它不与直接的肉体、物质的、实用的功利目的相联系,或者说,美是人在社会实践中扬弃了肉体的、实用的、物质的功利目的而生成出来的。但是,不能因此认为美就完全是无功利的,因为功利的因素是隐含在美的属性之内的。这一点在那些由实用的物品转化为审美对象的人工产品之中表现得非常明显。比如建筑艺术,尽管主要是以其审美价值为人们所欣赏,往往不是直接为了居住目的的,但是,它仍然在结构、布局、装饰等方面隐含着某些功利性在内。因此,不能把非功利性和超功利性在美的本质中当作绝对化的一个方面。康德美学以及西方现代许多美学流派,就是由于把美的非功利性和超功利性绝对化,无限地夸大,最终就走向了形式主义。

4. 从现象学的角度来看,美必须附丽于能感染人的感性形象

所谓现象学是研究事物的外在现象和形象显现的哲学学问。当哲学家把事物划分为现象和本质、外在和内在等不同方面的时候,他们发现,事物的有些性状是显现在事物的外在现象之上的,有些性状是决定事物的本质的内在规定性的。所谓本质也就是那些比较固定的、经常的、反复出现的现象,所以现象学的研究也是与事物的本质密不可分的。

真是事物的合规律性,反映在人的头脑中则是概括事物本质的概念体系;善是事物的合目的性,反映在人的意识中则为评价事物满足人需要的准则的体系,也是以概念的形式反映出来的;美则是真与善的统一,在人的感官面前则作为具体感人的完整形象呈现出来。

美必须以完整的感性形象呈现出来,这是极容易理解的经验事实。无论什么事物,当我们从概念上抽象地把握它时,它就不可能对人具有美的价值,而当我们从形象上具体地把握它时,它才对人显示出美的价值来。比如,我们对任何从大量感性事实中抽象出来的数学公式、物理公式是无法感到美的,因为 $S=\pi R^2$ 是无美可言的,而只有你面前出现一轮红日或金黄的圆月时,那才会产生美感。同样,你看到一个晶体的分子式也无法感到美,而只有你面前出现一定形状、结构巧妙的水晶石时,你才会感到"美极了"。车尔尼雪夫斯基说得好:"'美'

是在个别的、活生生的事物,而不在抽象的思想。"①

　　无论是自然事物、社会事物,还是艺术作品,谈到它们的美,就离不开它们的形象,包括任何以一定自然形式、材料所构成的可感的感性构成物,因而是具有物质形态的,当然也包括艺术形象在内。桂林山水、西湖风光,都是以象鼻山、笔架山、漓江水和平湖秋月、花港观鱼、三潭印月等具体、个别的感性形象引得人们赞美它们;一个人的心灵美,也必须从他的一言一行中具体显现出来;艺术作品总得显现为形象才会使人产生美感;语言文字虽不是直接地表现出形象,但文学作品运用语言文字可以间接地在读者的想象中唤起各种各样的形象。

　　这里需要说明的有两点:

　　第一,只有形象显现才能引起人们的情感体验。比如,我们理解"人"这个概念时,主要是从理智上把握"人"会制造工具和使用工具、会运用语言、组成一定的社会关系等本质属性,这个抽象的概念不大可能引起人们的好恶之情。可是,在生活中我们与具体的张三、李四相处,其言行、相貌、体态等形象显现就会引起我们的好恶之情。正因为这样,美就具有感染人的特点,这一特点在艺术中表现得最为明显。比如,阿Q这个具体形象,就会引起我们"哀其不幸,怒其不争"或者更加复杂的感情;读《红楼梦》时,我们也会憎恶贾政、王熙凤、薛蟠、薛宝钗等人,而同情、赞美贾宝玉和林黛玉;读《高老头》也会引起我们对高老头的同情,以及对他的女儿们的厌恶。我们面对大自然的具体景色,也会产生不同的情感,像《岳阳楼记》中所描写的那样,春和景明的各种物态令人心旷神怡,而淫雨霏霏的各种景象则会使人感极而悲。

　　第二,形象是内容和形式的统一,美的形象显现既离不开它所内蕴的社会内容,也离不开它所借以显现的自然形式。我们说过,事物的自然属性本身无所谓美丑,必须在社会实践中,由于事物与社会生活发生了普遍必然的联系,事物的自然属性本身不是被抛弃,而是社会生活内容借自然形式显现出来,社会生活内容在社会实践中积淀、溶化于自然形式中,自然形成了"有意味的形式",所以,美是离不开自然属性这个感性材料的。象鼻山的美,固然不在于它的形状的自然属性,但是,一旦在社会实践中,这座山的自然形状与人们狩猎巨象、利用巨象的社会生活密切联系起来了,那么,就既不可忽视这种社会内容上的联系,也不能忽视这座山在自然形态上与巨象的相似联系。没有前者当然这座山不会成为人们的审美对象,但没有后者,就失去了美存在的物质条件。所以,自然条件是美的一个内在构成部分,是不可或缺的。事物的自然形态、自然属性的无限丰富也

---

①　马奇主编:《西方美学史资料选编》下,上海人民出版社1987年版,第609页。

是构成美的丰富性的一个重要条件,高山、大海、翠竹、鲜花给我们的美感不同,就是因为它们的自然形态各有不同,千姿百态,能与特定的社会内容相联系,构成不同的美的形象显现,从而给人以不同的情感体验和美的感受。社会事物的美,也得附丽于一定的自然形式。比如,国徽的美,当然首先在于组成这一社会事物的各部分(天安门、五角星、齿轮、麦穗等)的社会意义,但离开了天安门、五角星、齿轮、麦穗等的自然属性(形状、颜色)及其一定的组合关系,也不可能成为美的形象显现。艺术作品中就更清楚了:离开了颜色、线条及其一定的结构,就不可能有绘画的美;离开了语言这个物质外壳,文学作品的美就无法体现。在舞蹈中,这一点尤其突出。舞蹈美根本上来源于舞蹈场面与社会生活的内在必然联系,可是,舞蹈演员身姿的匀称、柔软、窈窕,则是不可或缺的自然条件。欣赏芭蕾舞《四个小天鹅》,固然重要的在于舞蹈所表达的情感、内容,但是演员体态的苗条、匀称、轻盈却是一个重要条件,离开了这种形体美,情感和内容的美就无从体现。所以,芭蕾舞的演员要穿紧身衣,女演员还要穿那种超短裙和无袖衣,就是为了更充分地以人的形体美来表现情感和内容。

总之,美的本质就在于社会实践中自由的形象显现,或者更精确地说,是形象显现的自由。这种自由是合规律性与合目的性的统一,即真善的统一。这种自由也是超越直接功利的,即功利性和超功利性的统一,这种自由还是个人与社会的统一。因此,美具有客观社会性、形象感染性、合规律性和合目的性、超功利性。美是事物的一种社会价值。

如果一定要给美下个定义的话,可以归纳为:

美是一种客观存在的社会价值,人类通过创造性的劳动实践,把具有真和善的品质的本质力量,在对象中自由地显现出来,从而使对象成为一种能够引起爱慕和喜悦感情的观赏形象,这种形象所具有的价值,就是美。

或者用简单的一句话来说,美是显现实践自由的形象的肯定价值。

以上我们从认识论的角度论述了美的客观性,从本体论的角度论述了美的社会性,从发生学的角度论述了美的合规律性和合目的性,从价值论的角度论述了美的价值的超功利性,从现象学的角度论述了美的形象感染性,并且以"自由"这个标志人的创造性实践的高度概括的概念为中心归纳了美的本质。但是,这只不过是对美的本质的一个初步的探讨。其实,我们还可以从更多的方面,从其他的角度来进行研究。任何对美的本质有兴趣的人都不应该把自己的探索当作终极真理,因为终极真理是只能接近而永远达不到的。

现代科学的发展,特别是自然科学与社会科学一体化的趋势,对美的本质等美学问题的研究也在产生着一些影响。我们不能漠视这种影响,但也不应该过分地迷信所谓"科学主义",而是应该从现代科学中吸取一切有益的营养以丰富我们的研究,也可以从自然科学的角度来探讨美的本质,以拓展我们的视野和思维空间。比如,现代科学的重要理论成果——系统论、信息论和控制论,现在已引起了美学工作者的广泛注意,国内外都有人正在力图从这"三论"的一些原理出发来思考美的本质。这种思考确实也是有价值的。从系统论的角度来看,美应该是一种"系统质"。这种系统质不是美所包含的各种因素的简单相加,我们在思考美的本质时不能把各种因素割裂开来,也不能把各种因素并列起来,而应去探求作为一个系统的质的规定,从整体上把握审美对象。从控制论角度看,美又是事物的一种有序状态,或称负熵。因此我们应理解美的动力状态,避免单纯从静态方面去研究美,并将无机物和有机体的美统一起来进行观察,并了解其反馈机制。从信息论角度看,美还是一种特殊的信息,其作用的发挥是在主体与客体的相互作用之中实现的。这样就使我们注意到美的传达和接受之间的密切关系,不致陷入孤立片面的思维方式。但是,"三论"对美的本质的研究究竟会带来怎样的突破性进展,目前还很难作出明确的回答,还需要学者和有志者进行专门深入的探求。不过,从"三论"作为横向科学这个特点来看,要解决美的本质特征,具体说来就是:美究竟是一种怎样的"系统质",是一种怎样的有序状态和信息,光靠这"三论"是很难得出令人满意的结论的。因为它们更着重于系统、状态和信息的一般研究,往往不顾及具体的、特殊的、个别的方面,它们把人与动物,甚至与无机物都看作一定的系统、状态和信息交流者,这样恰恰不能回答我们所要探讨的问题:美区别于其他任何属性,美的事物区别于其他任何事物的质的规定性。因此,对美的本质的研究,我们不能以为有了"三论"就可以圆满解决千古疑难之谜,还是得坚持从多角度、多层次进行深入的研究、综合的研究,这样才可能把美的理论推进一步。

此外,20世纪和21世纪之交,生态美学和身体美学也逐步凸现出来,有人认为似乎它们可以改变对美的本质问题的探讨,比如主张"主体间性",反对主客二分,张扬"身体转向",突出人的欲望、感性、非理性等等。但是,生态美学、身体美学毕竟都是普通美学的分支学科,在美的本质的问题上,我们仍然必须从哲学基础上来进行开放性、多层次、整体性的探讨。

关键词释义

[美的本质] 把美的事物与非美的事物区别开来的内在规定性。

[客观论] 认为决定美的事物的内在规定性是事物的一种客观性质的观点和学说。比如,毕达哥拉斯的"美是数的比例与和谐",亚里士多德的美是"要依

靠大小、比例和安排"的有机整体,博克的美的"七种性质",蔡仪的"美是典型"等等。

[主观论] 认为决定美的事物的内在规定性是事物的一种主观的性质的观点和学说。比如,休谟的"美即快感"说,康德的"美是形式的主观合目的性"说,克罗齐的"美是直觉"说,立普斯的"移情说",布洛的"距离说",吕荧、高尔泰的"美是主观的"等等。

[主客观统一论] 认为决定美的事物的内在规定性是一种主观和客观相统一的性质的观点和学说。比如,朱光潜的"美是主客观统一"的观点和学说。

[客观精神说] 认为决定美的事物的内在规定性是一种客观的精神性质的观点和学说。比如,柏拉图的"美是理念",普洛丁的"流溢说",黑格尔的"美是理念的感性显现"说等等。

[实践美学] 以马克思主义实践唯物主义和实践观点为基础的美学流派,形成于20世纪三四十年代的苏联、东欧,20世纪五六十年代的中国"美学大讨论"之中。在中国的主要代表是李泽厚、刘纲纪、蒋孔阳、周来祥等。在20世纪80年代成为中国当代美学的主流。

[后实践美学] 20世纪90年代在中国兴起的,以超越实践美学为口号的美学流派。它主要包括杨春时的"超越美学"、潘知常的"生命美学"、张弘的"生存美学"、王一川的"体验美学"等等。

[美] 美是显现实践自由的形象的肯定价值。

[实践的自由] 人类的社会实践达到一定高度的状态和境界。它的主要含义在于:①合规律性与合目的性的统一;②超功利性与功利性的统一;③个体性与社会性的统一。

思考题

1. 西方美学史上主要有哪几条探讨美的本质的途径?
2. 中国古代美学的美论思想有什么鲜明特色?
3. 中国20世纪五六十年代的美学大讨论形成了哪些美学流派?它们对美的本质各持什么观点?
4. 中国20世纪80年代以来美学界关于美的本质问题的研究有哪些新进展?
5. 探讨美的本质的方法论应如何理解?
6. 美的本质主要应该如何理解?
7. 你对美的本质问题有什么新的看法?

进一步阅读文献

1. 张法:《美学导论》,中国人民大学出版社,1999年版。
2. 彭锋:《美学的意蕴》,中国人民大学出版社,2000年版。
3. 周宪:《美学是什么》,北京大学出版社,2002年版。
4. 朱立元:《美学》,高等教育出版社,2006年版。
5. [古希腊]亚里士多德:《诗学》,罗念生译,人民文学出版社,1962年版。
6. [俄]车尔尼雪夫斯基:《生活与美学》,周扬译,人民文学出版社,1957年版。
7. 李泽厚、刘纲纪:《中国美学史》,安徽文艺出版社,1996年版。
8. 蒋孔阳:《美学新论》,人民文学出版社,1989年版。
9. 杨春时:《生存与超越》,广西师范大学出版社,1998年版。

第六章 美的形态

美学不仅研究美的本质和特征,而且还要研究美的形态。美的形态是美的本质的具体存在形式。客观世界极其丰富,美的形态也千差万别。研究美的形态,就要对美的具体表现分门别类地进行研究。美的分类没有一种固定的模式,可以从不同的角度进行,所以具有相对性。从美存在的范围进行分类,可以把美分为两大类:现实美和艺术美。现实美又包括自然美和社会美。从美所表现的人的不同方面,可以把美分为内在美和外在美,或叫心灵美和外表美。从美所表现的事物的不同方面,可以把美分为内容美和形式美。从美所表现的性质和给人的审美感受的差异,又可以把美分为优美、崇高、悲剧美、喜剧美等等。因此,美的分类不能绝对化。美的分类具有相对性的原因主要有三:一是客观世界丰富多彩,分类也是相对的;二是美可以从不同角度、不同层次进行观照;三是随着社会的发展,美的形态也在发生变化。我们这里主要谈谈第一种分类,即自然美、社会美和艺术美。

第一节 自 然 美

自然美指具有审美价值的自然事物和现象表现出来的美。日月星辰、花鸟虫鱼、梅兰竹菊、北国草原、南疆山水等自然景观体现出来的美都属于自然美的范畴。

自然是相对于社会而言的,自然事物和现象是天然的,本身不具有社会性。但是,自有人类以来自然界就成为人类的实践对象,因此,自然就分为两大类:一类是经过人类加工改造的自然,另一类是未经过人类加工改造的自然。自然美也就相应地分为两类:一类是经过人类加工改造的自然美,如江河治理、禽兽驯养、沙漠变绿洲、沧海成良田等;另一类是未经过人类加工改造的自然美,如江上明月、山间清风、浩瀚大海、茫茫草原、庐山瀑布、黄山奇峰、张家界、九寨沟等。

一、自然美的根源

关于自然美的本质问题,历来是一大难题,美学界众说纷纭,莫衷一是。有的美学家认为自然界本身不存在美与丑,自然界只是人内心一些美好的东西和对象的契合。如黑格尔认为自然美只是心灵那种美的反映,他认为"就自然来说,概念既不确定,又没有什么标准,因此,这种比较研究就不会有什么意思"①。承认自然美存在的美学家主要从三个方面去寻找自然美的根源。

一类美学家从自然事物的自然属性上去寻找,认为自然美在于自然事物本身,是自然事物本身固有的属性,如事物本身的声、色、形及其组合形式。这种观点,虽然肯定了自然美的现实性,但并不能圆满地解决问题,因为自然美虽然离不开事物的自然属性,但自然属性本身却不是美。例如,有人以曲线为美,梅花弯曲的枝条是美的,但蛇的弯曲尽管最符合蛇形线要求,然而人们并不欣赏它。

另一类美学家认为,自然美是某种客观精神、主观意识、观念、情趣外化和体现的产物。克罗齐认为美"属于心灵的力量",断然否定美与自然本身有关。他说只有当人们用审美的方式去欣赏自然界事物时,自然才显得美。因为"有眼光和想象力的人们对于自然风景所指定出来的各种观点,后来有几分知道审美的游人到那里朝拜时,就跟着那些观点去看,这就形成了一种集体的暗示"。"移情说"的代表人物立普斯也有类似的看法。这种看法混淆了美与美感,忽视了自然事物的固有属性的审美特征。

还有一类美学家认为,自然美既不是自然物的自然属性,也不是客观精神、主观意识的外化,而是生活的属性,是由于把自然美当作人和人的生活的暗示。在阳春三月,踏青于农家田舍,看到"平畴交远风,良苗亦怀新"的清新景象,我们感觉到美是由于它有利于我们的生活。人们赞美阳光,因为阳光是一切生命的源泉,同时也因为日光直接有益于人的生命机能,增进体内器官的活动,因而有益于人的精神状态,而在炎热的夏天人们并不这样看待阳光。这种观点把自然美与生活联系起来,但对生活只能做抽象的阐释。以上三种观点都没有科学地解决自然美的根源问题。

要探究自然美的根源,必须从人与自然事物的关系方面去研究。人和动物与自然事物的关系是有本质区别的。马克思、恩格斯指出,在人类从动物界分离出来之前,对野蛮人来说,"自然界起初是作为一种完全异己的、有无限威力的和不可制服的力量与人们对立的,人们同它的关系完全像动物同它的关系一样,人

---

① [德]黑格尔:《美学》第1卷,朱光潜译,商务印书馆1979年版,第5页。

们就像牲畜一样,服从它的权力"①,自然界以其无限的力量与人类处于对立的地位,人类只能匍匐在大自然的威力之下,大自然只能是一种异己的存在物。正如高尔基所说:"在环绕着我们并且仇视着我们的自然界中是没有美的。"②随着人类劳动生产实践活动的开展,自然界与人类社会生活的关系日益密切和广泛,人与自然界的关系发生了根本性的变化,从相互隔膜、陌生、对立、疏离的状态,逐渐变得彼此接近,相互融洽,形成一种亲和力。这种亲和力主要体现在两个方面:一是对自然界的认识,二是对自然物的利用与改造。通过实践,人类在自然界的躯体上打上了人的印记,使自然成为一种为我的存在,成为人们的"无机的身体"。马克思称这种自然是"人化的自然",他说:"随着对象性的现实在社会中对人说来到处成为人的本质力量的现实,成为人自己本质力量的现实,一切对象对他说来也就成为他自身的对象化,成为确证和实现他的个性的对象,成为他的对象,而这就是说,对象成了他自身。"③

　　自然美在于人化的自然。高尔基说,"美是从人对美的观点的渴求中诞生出来的。打动我的,并非山野风景中所形成的一堆堆的东西"④。尽管自然美与自然事物的固有属性不无关系,但自然美的根源在于"人化的自然",在于"人的本质力量的对象化"。马克思指出:"诚然,动物也生产。它也为自己营造巢穴或住所,如蜜蜂、海狸、蚂蚁等。但是动物只生产它自己或它的幼仔所直接需要的东西,动物的生产是片面的,而人的生产是全面的;动物只是在直接的肉体需要的支配下生产,而人甚至不受肉体需要的支配也进行生产,并且只有不受这种需要的支配时才进行真正的生产;动物只生产自身,而人再生产整个自然界;动物的产品直接同它的肉体相联系,而人则自由地对待自己的产品。"⑤动物不存在对象化问题,人类才存在对象化问题,人不同于动物,人通过劳动把他们的目的和观点实现在劳动产品中,使对象成为人化的对象,使人的本质力量对象化了。人化的自然界主要就是指人类加工改造的自然界,但也决不能排斥经过实践而成为人类认识对象的自然界。正如马克思、恩格斯指出:"人化的自然决不是某种开天辟地以来就已存在的,始终如一的东西,而是工业和社会状况的产物,是历史的产物。"⑥

---

① 《马克思恩格斯选集》第 1 卷,人民出版社 1972 年版,第 35 页。
② 吴世常主编:《美学资料集》,河南人民出版社 1983 年版,第 215 页。
③ 《马克思恩格斯全集》第 42 卷,人民出版社 1979 年版,第 125 页。
④ 吴世常主编:《美学资料集》,河南人民出版社 1983 年版,第 215 页。
⑤ 《马克思恩格斯全集》第 42 卷,人民出版社 1979 年版,第 96~97 页。
⑥ 《马克思恩格斯选集》第 1 卷,人民出版社 1972 年版,第 48 页。

直接经过人类加工改造的自然美,根源于"人化的自然"这一点容易理解。高尔基谈自然美时就曾说:"令我赞赏的是人如何轻易地与如何伟大地改变了自然。"[①]而未经人类直接加工改造的自然美,同样根源于"人化的自然"。因为未经加工的自然,在原始人那里,猛兽、荒山、烈日等不能成为审美对象。普列汉诺夫说原始的狩猎民族"从不曾用花来装饰自己,虽然他们住在遍地是花的地方",因为"狩猎的——民族的装饰艺术中,植物是完全没有地位的"[②]。但在人类社会实践过程中,它们逐渐被认识,从而改变了与人类的疏离与敌对关系。例如原始人类生活在有水的地域,但对水没有足够的认识,长期以来,人类存留着对洪水泛滥的恐惧感,不论神话还是传说都有这种心理的痕迹,如精卫填海、大禹治水、女娲补天等。在长期实践过程中,人们与自然的关系发生了根本性的改变,与之建立了密切的关系,自然界愈来愈多地引起人们的兴趣和喜爱,逐步成为审美对象。山水诗、山水画的出现就是明证。南朝谢朓写过"余霞散成绮,澄江静如练",唐代张若虚《春江花月夜》把江水写得无比美妙,深深打动了人们的心灵。宋代苏轼彻夜泛舟于江水之上,感叹着江水的一如既往。山水画出现稍晚,东晋、南朝时,山水画才开始独立成类。王微在《叙画》中欣赏自然,"绿林杨风,白水激涧",宋代画家郭熙曾说,"山得水而活","无水则不媚"。因为人们认识了水的一些规律性,才使水的自然属性转化为审美属性,水由"自在之物"转化为"为人之物",于是就具有了审美价值。

二、自然美的特征

1. 自然美侧重于形式美

自然美主要以其感性形式引起人愉快的美感。一般而言,审美对象都是内容和形式的统一体,但是自然美的内容比较模糊隐晦,而其感性形式则鲜明清晰,人们往往是享受着自然的色、形、声的美妙及其排列组合的神奇。例如青山绿水、白雪红梅、碧海蓝天,取悦我们的是色彩。潺潺流水、沥沥秋雨、徐徐春风,取悦我们的是声音。"大漠孤烟直,长河落日圆",那是形体在震撼着诗人的心田。山峦起伏、河川蜿蜒、杨柳依依、春夏秋冬的变化以及花开花落、云卷云舒,那是自然的比例、节奏、反复、对比、和谐统一使人心驰神往。

正是因为自然美以形式美取胜,因此,自然美没有阶级性。多姿的鲜花、清

[①] 吴世常主编:《美学资料集》,河南人民出版社1983年版,第215页。
[②] [俄]普列汉诺夫:《没有地址的信 艺术与社会生活》,曹葆华译,人民文学出版社1962年版,第36页。

澈的小溪、弯弯的月亮、价值连城的宝石、奔驰的骏马等是属于全人类的,可以为不同时代、不同阶级、不同民族的人们共同欣赏。

也正是自然美以形式美取胜,所以判断自然美的标准,往往不是道德理性而是感性直观。例如,癞蛤蟆能吃蚊虫等害虫,而且其分泌物还能制蟾酥,对人类来说是益虫,可是它那灰褐的肤色,满身的疙瘩、臃肿、笨拙的体态却令人生厌。蝴蝶则相反,其幼蛹对农作物危害很大,但它舞姿翩翩、形体对称、色彩斑斓,因此人们欣赏它,李白还写出了"双飞西园草,八月蝴蝶黄",这正体现出蝴蝶给人们带来的温馨、宁静的感受,梁山伯、祝英台死后化蝶也是人们审美理想的反映。

2. 自然美的多面性

自然美的多面性指的是一种自然物可以表现多种多样的美的形态,有时甚至表现出丑的形态。例如老虎,因为它有凶猛残暴的属性,人们往往把老虎与丑和恶联系在一起。所以,人们把面相慈善的恶棍叫"笑面虎",把狠毒的女性称为"母老虎",把外强中干的家伙称为"纸老虎"。但另一方面,老虎又具有雄壮勇猛的特征,人们又把它作为勇敢的化身和英武的象征。

自然美的多面性的原因之一,在于人类社会生活的多样性,自然物与人类社会生活之间亦存在多种关系。如下雨,人有时有"夜来风雨声,花落知多少"的诗情逸兴,有时还赞叹"好雨知时节,当春乃发生"。但是,在生活困苦,饥寒交迫,茅屋为秋风所破之时,杜甫只有"雨脚如麻未断绝"的无奈。

原因之二,是自然物的自然属性在人类社会生活中作用不同,从而产生不同的审美评价。例如青蛙,车尔尼雪夫斯基在《生活与美学》中写道:"蛙的形状就使人不愉快,何况这动物身上还覆盖着尸体上常有的那种冰冷的粘液,因此蛙就变得更加讨厌了。"①但是,我国宋代词人辛弃疾则把蛙与蝉、鹊同时作为审美对象,他写道:"明月别枝惊鹊,清风半夜鸣蝉。稻花香里说丰年,听取蛙声一片。"蛙的美丑,是因它的自然属性与社会生活的不同联系,它的粘液使人想到尸体,它的鸣叫让人想到平静。

原因之三,文化背景的差异。如美国人不喜爱兔子,而我们认为兔子聪明灵巧,再如美国人欣赏老鼠,赋予它美丽的光环,而我们却把它作为人人喊打的对象。

原因之四,丑与美的纠缠。正如刘熙载在《艺概·书概》中所说:"怪石以丑为美。丑到极处,便是美到极处。"熊猫的笨拙与稳重,狐狸的狡猾与聪明,蛇的冰冷与机灵等等,都是同一对象本身存在着或美或丑的可能性,在一定条件下有

---

① [俄]车尔尼雪夫斯基:《生活与美学》,周扬译,人民文学出版社1957年版,第10页。

时丑中见美,有时美中见丑。葛洪在《抱朴子·博喻》中说"锐锋产乎钝石,明火炽乎暗木,贵珠出乎贱蚌,美玉出乎丑璞",这也说明了美与丑互相依存的现象。

第二节 社 会 美

　　社会美是指社会事物、社会现象表现出来的美。社会美的范围非常广泛,现实美中除自然美之外,都属社会美。马克思说"社会生活在本质上是实践的",人类最基本的实践活动是向自然索取物质生活资料的生产劳动,在这个过程中,人不仅和自然界发生关系,而且人与人之间彼此结成一定的社会关系。在改造自然、社会的过程中,人的本质力量得到充分的显现,从而创造出社会美,即形成了实践主体的美、实践过程的美、实践环境的美和实践产品的美。

一、实践主体的美

　　实践主体的美即人的美。人的美包括作为自然人的人体美和作为文化产物的服饰美、心灵美。
　　人体作为审美对象具有双重性,它既是一种自然的存在,也是一种文化符号。作为文化符号,它可以成为塑造艺术形象的载体,但人体美主要表现一种自然美。作为自然存在,人体的美是自然美的最高发展和最高形态。车尔尼雪夫斯基指出,在整个可以感觉的世界中,人是最高的实体;歌德也感叹,不断升华的自然界的最后创造物就是美丽的人。
　　作为自然美的人体,很早就进入了人类的审美视野。两万年前的奥地利就有了世界上最早的人体雕像——维林多夫女神。古希腊时代,对人体美的欣赏蔚然成风,古希腊社会尚武,崇拜健美的肉体,裸体体育竞赛是最好的展示人体美的形式。中国现存最早的人体艺术作品是五千年前辽宁裸体女性陶像。《诗经》中也给人们展示了"手如柔荑,肤如凝脂","巧笑倩兮,美目盼兮"的美女。《陌上桑》中的罗敷,《世说新语》中的潘岳也都是人们欣赏的对象。
　　人体的自然美,主要表现为一种形式美,也体现了人的躯体合规律性和合目的性的统一。人的躯体的合规律性主要指符合人类生长的规律,也指各部分的组合规律。如人的面部以鼻梁为中心,其左右两侧无不对称。人的头、躯干和肢体无不成比例。达·芬奇说人体"美感完全建立在各部分之间神圣的比例关系上"①。头与身长之比为1:8,头与腰之比大约为1:1,女性肩宽与头之

――――――――――
　　① [意]达·芬奇:《芬奇论绘画》,戴勉编译,人民美术出版社1979年版,第134页。

比为2∶1,躯干与头之比为3∶1,下肢与头之比为4∶1。合目的性是指人的躯体符合人体生存发展的需要,也符合人类观赏的要求,美丽的人体能使人赏心悦目。眼睛一大一小,嘴歪在一边,都因破坏匀称而不美。古希腊名医噶伦就曾说:"身体美确实在于各部分之间的比例对称。"①

服饰美是人类表现人体美的一种手段。服饰与人的结合最核心的内容在于作为审美主体的人同时是服装表现的对象。人的服饰美在一定程度上取决于人的文化观念和人体形式,同样体现了合规律性与合目的性的统一。这就是说,服饰要以特定的感性形式体现人和社会发展、前进的社会内容,既要符合人的自然生长规律,有利于人本身的成长,又要有利于表现个人各个方面的特点。

服饰起源不仅在于保护人自己身体的需要,还在于遮掩身体,装饰自己身体的精神性需要。所以服饰从其诞生之日起就具有了实用和审美的双重功能。随着社会的发展和历史的积淀,在服饰的双重功能之中,都不可避免地蕴含着一种文化,它往往成为性别、年龄、民族、身份、风俗习惯、社会地位、职业和宗教信仰的一种象征。所以,一个人的服饰应该能准确地传达主体及其环境的社会文化信息,符合主体的性别、年龄、民族、风俗习惯、社会地位、职业性质以及宗教信仰。除此之外,随着人类生产力不断提高,生活逐渐艺术化,服饰的审美功能也大大加强。一般来说,服饰的美往往是服饰的形式引起的审美主体的视觉效果,而不是用尺子量出来的。这种美丽的视觉效果是按照比例、平衡、韵律、强调、和谐统一等造型原则对材质进行综合处理而形成的。

人的内在美,也称心灵美或灵魂美。内在美是指人的健康的心灵体现出来的美,包括思想意识、情感态度和知识智慧的美三个方面。一是思想意识的美。思想意识的美就是人的思想、观念、理想要符合人类历史发展的规律,又有利于人类的生存和完善。二是情感态度的美。情感态度的美指人的肯定性感情趋向应指向符合历史发展规律和有利于人类历史发展的事物。三是知识智慧的美。知识智慧的美指人的学识修养、开拓精神、创造能力应体现人的本质力量,展示人的自由形象。古希腊哲学家德谟克利特说:"身体的美,若不与聪明才智相结合,是某种动物性的东西。"②苏格拉底也认为在所有的事物中知识(智慧)是最美的。

---

① 北京大学哲学系美学教研室编:《西方美学家论美和美感》,商务印书馆1980年版,第16页。

② 北京大学哲学系美学教研室编:《西方美学家论美和美感》,商务印书馆1980年版,第14页。

如果一个人有一种正确的人生观念,他就会把小我与大我有机融合起来,使个体的发展与社会的发展以及他人的进步和谐统一。奥斯特洛夫斯基在《钢铁是怎样炼成的》中坦露了自己的人生格言:"当他回首往事的时候,不因虚度年华而悔恨,也不因碌碌无为而羞耻——这样,在临死的时候,他就能够说:我整个的生命和全部的精力,都已献给世界上最壮丽的事业——为人类的解放而斗争。"他以此表明自身的生存价值和人生理想。相反,整天昏沉,无所事事,必将受到历史的唾弃。

二、实践环境的美

环境是指人活动的空间。环境一般包括社会环境和自然环境两个方面。社会环境主要是指人与人之间的关系,它是环境的核心。自然环境是人所面临的物质条件,也可称为物质环境。

第一,社会环境的美。马克思说:"人的本质并不是单个人固有的抽象物。在其现实性上,它是一切社会关系的总和。"①也就是说,人的本质是由一切社会关系构成的,那么什么样的社会关系才是美的呢?它需要满足两个条件:一是符合社会历史发展的必然趋势,即合规律性;二是满足人们生存和生活的需要,即合目的性。在资本主义社会中,人和人之间相互隔膜、生活压抑、变形,如尤奈斯库《秃头歌女》写夫妻之间不认识,卡夫卡《变形记》写人变成大甲虫,这是对资本主义社会本质的揭示。这种环境既违背了社会历史发展的必然趋势,又不符合人们的生活要求,因此就是丑的。但如果一个环境中,人与人之间相互理解,相互关心,充满人间的温情与关爱,团结协作,共同为实现美好的目标进行不懈的奋斗,这样的环境就是美的。

第二,自然环境的美。它是人们生活、学习和工作场所的美,包括个人活动场所和社会活动场所的美。自然环境的美,也要体现合规律性和合目的性的统一。这些场所,既要符合建筑的规律,又要突出人性的特点,使人生理感到快适,便于人们的生活、学习和工作。如家庭居室的装修设计,除符合建筑力学规律之外,还要遵照人体工程学的设计原则和格式塔心理学美学的原则。所谓人体工程学原则就是要使设计符合人体高度和活动范围,门窗的宽窄、扶手的高低等应该符合人体的特征。所谓格式塔原理的设计原则就是既要使室内的形象与背景和谐统一,又要使室内空间设计、构件装修设计、陈设设计和家具设计构成一个整体,其效果要优于四个部分之和。

---

① 《马克思恩格斯选集》第1卷,人民出版社1972年版,第18页。

三、实践活动的美

人类社会生活本质上是实践的,社会美首先表现在人的实践活动之中。从实践的角度来探讨美是马克思主义美学的一个显著特点,也是马克思主义美学对以往美学的一种超越。

1. 劳动实践的美

人类最基本的实践活动,是向自然索取物质生活资料的生产劳动。在这一过程中,人们也结成一定的社会关系,从事改造社会的活动。因此社会实践活动既包括人类改造自然的生产劳动,也包括改造社会的社会斗争以及与之相关的科学活动等,下面谈谈生产劳动、社会斗争与科学实验的美。

生产劳动是人类最基本的实践活动,也是人类获得美感的基本领域。马克思说,人类的本质恰恰就是自由自觉的活动。自由自觉正是人类活动和动物活动的本质区别。恩格斯说自由是在于根据对必然性的认识来改造外部的自然界。马克思在《资本论》里说:"劳动资料是劳动者置于自己和劳动对象之间、用来把自己的活动传导到劳动对象上去的物或物的综合体。劳动者利用物的机械的、物理的和化学的属性,以便把这些物当作发挥力量的手段,依照自己的目的作用于其他的物。"①因此,人类劳动也体现了合规律性和合目的性的统一,劳动体现人类的本质力量,体现人的自由创造性,所以自古以来,人们总是赞美劳动。

但是随着分工的发展,出现了私有制,社会有了阶级对立,出现了体力劳动和脑力劳动的分离,给劳动的自由创造性蒙上了一层阴影。这种现象就是劳动的异化现象。异化是指本属于人类创造的对象,却反过来统治自己,奴役自己,压迫自己。异化劳动,指的是剥削制度下被统治、被奴役、被压迫的劳动者的劳动。这种劳动不能体现人的自由创造的特征,而是一种强制的被动活动,是一种异己的力量,使劳动者肉体和精神受到损害。正如马克思所说:"劳动为富人生产了奇迹般的东西,但是为工人生产了赤贫。劳动创造了宫殿,但是给工人创造了贫民窟。劳动创造了美,但是使工人变成畸形。"②劳动本来应让劳动者感到喜悦和幸福,但在异化劳动中,劳动却使劳动者感到痛苦和不幸。正如马克思所说,劳动者"在自己的劳动中并不肯定自己,而是否定自己,并不感到幸福,而是感到不幸,不是自由地发挥自己的体力和智力,而是使自己的肉体受到折磨,精

---

① 《马克思恩格斯全集》第 23 卷,人民出版社 1972 年版,第 203 页。
② 《马克思恩格斯全集》第 42 卷,人民出版社 1972 年版,第 93 页。

神遭到摧残"①。如俄国画家列宾的名画《伏尔加河上的纤夫》,从拉纤者的神态即可看出劳动者的异化。劳动者并不是自觉地创造,而是变成了机器,丧失了自己的本性,这种劳动违背了人的个性发展,没有体现人的自由本质,所以马克思说"劳动创造了美,但是使工人变成畸形"。

随着劳动的异化,劳动产品也被异化。劳动产品本应属于劳动者,可是在异化劳动中,劳动者创造的对象,反而成为了统治自己、支配自己的工具。然而,尽管如此,劳动者的智慧和力量仍然要在劳动产品中表现出来。例如,民间传说中有孟姜女哭长城,这是对当时统治者强迫百姓修筑长城的血和泪的控诉,但长城所凝集起来的本质力量,其本身的美是不可否定的。

异化劳动与美的关系是一个复杂的问题。对异化劳动的美的问题,不能简单地作出肯定和否定的判断。我们应该从劳动产品本身与异化劳动中体现的劳动人民的聪明才智两个方面来具体分析。异化劳动固然不美,但异化劳动产品却可能是美的。如故宫、长城、金字塔等是异化劳动的产品,但其形式的壮观是显而易见的。异化劳动固然不美,但在劳动对象中仍然显示出劳动者的智慧和才能,如西安的秦代兵马俑就具有强烈的感人力量。同时我们应该注意到,劳动异化只是一个特定历史阶段的产物,在将来精神创造力和物质生产力得到彻底的解放,劳动成为人的第一需要时,劳动将会更充分地显现劳动实践的美。

2. 社会斗争的美

社会斗争在阶级社会中主要体现为阶级斗争,它是推动历史前进的重要动力。社会斗争的美在于这样的斗争与人的自由自觉本质力量的发展相一致,符合人民自己的美好理想,推动了历史的前进,所以是美的。这种斗争生活的历史成为进步艺术家赞美的对象,如陈胜、吴广、李自成等领导的农民起义和抗日战争等。

3. 科学实验的美

为了更好地进行生产劳动,从自然中摄取更丰富的生活资料、物质财富,也为了在社会斗争中占主导地位,人类在各方面进行科学研究、科学实验。科学研究是推动人类不断走向前进的重要因素。科学实验的水平是人类文明程度的一个重要标志,它不仅开拓了人们的视域,启迪人们的心智,激发人们的斗志,而且也能充分显示人们的智慧才能和精神面貌。因此可以说,科学实验既是一种美的活动,同时又是创造美的活动。例如,一个白发苍苍的老科学家孜孜不倦地进行科学研究、科学实验,这种情景本身是美的,同时其研究成果也是其本质力量

---

① 《马克思恩格斯全集》第42卷,人民出版社1972年版,第93页。

的感性显现,也必然成为人们欣赏的对象。

四、实践产品的美

实践产品有广义和狭义之分。广义的实践产品是指除纯属自然生成的事物之外的经过人力加工创造的事物,包括自然力与人力合作而成的植物、动物、生产工具、日常用品和艺术作品等。狭义的实践产品是指人工加工创造的实践物品,主要指生产工具和日常用品。

随着科学技术的发展,人类的社会生活从生活观念到生活方式都发生了巨大的变化,技术与艺术日益紧密地联系在一起。在20世纪三四十年代出现了一个新型的学科,它的研究对象是物质生产及其产品的美学问题。这个学科国际上没有一个统一的名称,苏联叫"技术美学",德、英、美等国称"工业设计",法国称"工业美学",日本称"工业艺术"。

技术发展推动人类的发展,同时它又是人类发展的必然结果。众所周知,技术发展经历了前工业技术和工业技术两个阶段。前工业技术阶段,有时人们称之为手工操作时代,在这个时代,人与自然是一种和谐状态,尽管人类有人定胜天的信心,力图用自己的聪明才智来巧夺天工,但它仍然是在利用大自然的美的形式装点自己的生活,从而满足自身的审美要求。但到了工业技术时代,一方面技术在改变着人与自然的关系,人类利用技术创造了美的事物、美的生活。另一方面,在运用技术时,也出现了人与人、人与自然的疏离,出现了非人性化、非审美化倾向。19世纪末英国设计家、空想社会主义者威廉·莫里斯敏锐地发现了机械化生产条件下的非人性化倾向,因而主张美化劳动过程,美化生活必需品。到20世纪初,工业设计师赫尔曼·穆特修斯等人按照莫里斯的想法创办了"德意志艺术工业联盟",他们力图提高产品的审美品质。20世纪20年代,德国又出现了"包豪斯",这是由萨克森造型艺术学院和魏玛市装饰艺术学院合并而成的新团体。他们的目标是培养未来社会的建设者,运用科学技术、知识和美学资源,创造一个能满足人类精神和物质双重需要的新环境,使创造的产品做到实用、经济、美观、和谐。

产品的功能是产品满足人们某种需要的潜在属性。同一件产品可以满足不同方面的需要,产品就具有不同的功能。满足人们的物质需要就是产品的实用功能,满足人们的精神需要就是产品的精神功能。精神功能包括认知功能和审美功能。

产品的实用功能是产品满足人们物质需要的属性,人的物质需要是最基本的需要。人的精神需要是在一定程度上满足了生理需要才实现的。正如墨子所说:"食必常饱,然后求美;衣必常暖,然后求丽;居必常安,然后求乐。"由此可见,实用功能是产品认知功能、审美功能的前提。

认知功能是产品向人们传达信息,使人们了解它的一种精神性功能。它包括识别功能、象征功能、展示功能。识别功能是产品的外在形式直接显示它是什么,其功能是什么,怎样实现其功能。如电视机的电源开关在哪里,如何调频,如何调声音。象征功能是指产品的外在形式具有让人联想到产品之外信息的功能。如一个人的首饰、着装和所具有的其他装备,让人联想到他的地位、职业、教养、经济状况等。产品的展示功能是通过产品直接的图像、音响或概念的符号去传播复杂多样的信息。如产品包装、广告、报刊书籍等,这类产品就是传达信息的物质载体,具有展示功能。

审美功能是产品的外观形式能激发人的审美感受,使人获得审美需要的精神功能。实用功能是审美功能的基础。认知功能是实用功能与审美功能的联结点,认知功能既显示实用,又显示美感。产品的审美功能是产品的普遍属性,只是有的产品重实用,如拖拉机等;有的产品重审美,如时装等;有的强调认知,兼顾实用与审美,如商品的包装装潢采用凹凸处理,就能既省原料,手感又好,外观也有动感,能间接传达信息,符合消费心理。

审美功能、认知功能、实用功能各自都有其价值定位,但三者又是相互渗透、相互转化的,以此充分显示合目的性和合规律性的统一。国际著名工业设计专家雷蒙·洛维提出了"丑的商品是卖不掉的"这一命题,并曾从审美眼光出发为许多企业改进设计,对各种商品的包装、商标、广告进行精心设计,为这些厂家带来巨大的经济效益。他的理论和实践得到广泛认同,1909年福特汽车公司设计并投产了T型流线型汽车,由于物美价廉,垄断了当时的美国汽车市场。1940年美国鲁基·斯特里克公司设计了新的烟盒,几年内销售量就直线上升到500亿盒。

五、社会美的特征

1. 社会美侧重于社会内容

社会美的特点是相对自然美而言的。自然美侧重于形式,社会美则侧重于内容。任何美都应该是事物的合规律性和合目的性统一而形成的自由形象。社会美一方面渗透着社会关系,体现着不以个人意志为转移的社会发展的必然性;另一方面又终究是通过具体的行为表现出来的,而具体的行为又总是受到思想意识的支配,存在着行为的动机,往往具有主动性和自觉性。因此,社会美不仅体现着社会规律的必然性,而且体现着人们认识和掌握了规律的自由意志,达到了必然与自由的统一。合规律性和合目的性是美的事物或现象的内容,而自由形象是体现这种美的内容的感性形式。可以说,事物的美都应该是内容和形式的统一,但在社会美和自然美的表现中存在差异。在自然美中,真和善的内容往往隐蔽、曲折,难以直接把握,其美主要体现在形式上。而社会美与人类社会的联系非常密切,非常直接,直接显示真和善的内容,显示人的本质力量。如三峡工程的设计和实施,抗日战争的胜利,载人航天器的发射与回收,中国"嫦娥一号"探月都符合社会发展规律,又符合人民的利益和人类进步的需要,是真和善的统一。尽管这些活动可能在外形式上导致人的肉体损伤,甚至会有牺牲,但其内容的美是显而易见的。也就是说,在社会事物和现象的内容与形式发生矛盾时,其侧重内容美的特征显现得非常鲜明。朱光潜说过,看《巴黎圣母院》是上一堂生动的美学课。《巴黎圣母院》中三个主要人物呈现出三种不同状态:艾丝梅娜达,外表美,内心也美,是内容与形式的统一,是人物美的一种理想状态;卡西莫多,外貌奇丑,内心却很美;卫队长费庇斯则相反,外貌英俊、漂亮,可内心伪善、丑恶。人们在判断卡西莫多与费庇斯的美丑时,认为前者美而后者丑,原因就在于前者美在心灵。

2. 社会美一般具有鲜明的时代性、阶级性、民族性

美是相对于人而言的一种社会价值,美的社会性在社会美上表现得尤为明显。无论是实践活动的美、实践环境的美,还是实践主体的美都具有鲜明的时代性、民族性和阶级性的特点。车尔尼雪夫斯基说:"每一代的美都是而且也应该是为那一代而存在:它毫不破坏和谐,毫不违反那一代美的要求;当美与那一代一同消逝的时候,再下一代就将会有它自己的美、新的美,谁也不会有所抱怨的。"[①]

不同的历史时期有不同的审美标准。我国先秦时期非常看重妇女的线条美,楚灵王好细腰,一定程度上体现了那个时代的审美准则,而唐代则看重的是女性形体的丰满,从唐代仕女图便可得知。

不同的民族有不同的民族实践活动和文化传统,逐渐积累了不同的审美经验,形成了不同的审美标准。如非洲本戈部族的女子在鼻子上戴上铁环,缅甸人尽可能将女孩子的脖子弄长,并以此为美,但是炎黄子孙绝不会欣赏这些。一般的中国人认为欧洲人的白脸和高鼻极为难看,而暹罗人鼻孔敞开、嘴巴大、嘴唇厚、脸庞大、颧骨突出,我们也并不欣赏,但暹罗人却认为自己的妇女比欧洲妇女美得多。黑格尔说:"一个欧洲美人不会叫一个中国人乃至非洲霍腾套特族人喜

[①] [俄]车尔尼雪夫斯基:《生活与美学》,周扬译,人民文学出版社1957年版,第48页。

爱,因为中国人的美的概念和黑人的不同,而黑人的美的概念和欧洲人的又不同。"①

不同的社会、不同的阶级有不同的利益、不同的生活,因而有不同的价值准则、不同的审美习惯,如我国封建地主以"三寸金莲"为美,旧社会西藏的农奴主用少女的头盖骨做装饰品,今天看来,这些只是他们的一种畸形的审美观。

3. 社会美具有相对的稳定性和确定性

尽管社会美因阶级、时代、民族不同而有所区别,但相对于自然美而言,它仍然呈现出稳定和明确的特征。因为自然美以自然物为基础,而自然物既受自然内部变化规律支配,又受人类社会实践的影响,观察自然美往往会受到远近、方位、阴晴、四季变化的影响,如云彩,万里晴空飘过一朵流云,显得清新优美;夕阳西下,落日照射着金浪翻滚的彩云,呈现悲壮。社会美则不同,社会美具有突出的社会性,而社会具有相对的稳定性,因而社会对真的认识和对善的判断必然有一定的稳定性,而且是非常明确的。

第三节 艺 术 美

一、艺术美的本质及其根源

艺术美是艺术作品的美,是艺术家根据一定的审美经验、审美趣味、审美观点、审美理想,对现实生活进行创造性的反映的产物。艺术美是美的重要的存在形态,西方许多美学家把美学称为艺术哲学,就把美和艺术等同起来。黑格尔说美学的"正当名称却是'艺术哲学',或者更确切一点,'美的艺术的哲学'"②。在西方现代美学中,新自然主义美学家托马斯·芒罗的《走向科学的美学》、实用主义美学家杜威的《艺术即经验》、分析美学家莫里斯·韦兹的《美学问题》,以及符号论美学家苏珊·朗格的《艺术问题》等著名的美学著作,都把艺术问题作为研究的中心,法国美学家丹纳也说"美学的第一个和主要的问题是艺术的定义"③。

所以要理解艺术美,就必须对艺术的本质有所了解。

艺术的本质是什么? 这是一个众说纷纭的话题。随着历史的发展,艺术也在不断地变化。在原始人那里,艺术与以劳动为中心的人类的生存活动相联系。

---

① [德]黑格尔:《美学》第1卷,朱光潜译,商务印书馆1979年版,第55页。
② [德]黑格尔:《美学》第1卷,朱光潜译,商务印书馆1979年版,第3~4页。
③ [法]丹纳:《艺术哲学》,傅雷译,人民文学出版社1963年版,第11页。

同时原始人特殊的思维方式与心理特征和艺术起源也密切相关。古希腊人把艺术理解为技艺、技术。中国古代也有同样的观念。中国甲骨文中的"艺"字是一个人进行种植的象形字,透露出艺术与劳动技艺相联系的信息。然而,作为一个学科的概念应力求精确,那么我们首先应该把技术与艺术分开来。正如罗宾·乔治·柯林伍德所说:"作为建立一种完善的美学理论所要采取的第一个步骤,必须把技艺的概念和真正艺术的概念区别开来。"①

艺术是人类掌握世界的特殊方式。马克思指出:"整体,当它在头脑中作为被思维的整体而出现时,是思维着的头脑的产物,这个头脑用它专有的方式掌握世界,而这种方式是不同于对世界的艺术的、宗教的方式同属于实践—精神的掌握的。"②这段话清楚地表明艺术的方式与理论的方式是不同的,而艺术的和宗教的方式同属于实践—精神的方式。理论的方式是把客观世界作为科学研究的对象,主要运用抽象的思维方式来把握世界的内在联系和本质规律。宗教的方式把客观世界作为信仰的对象,是一种幻想的意识活动,把人间的事物采取非人间的力量的崇拜的方式进行把握,它往往借助幻想创造一种可以寄托人类信仰的精神家园。而艺术的方式是把客观世界作为审美的对象,是一种情感性的意识活动。因此,艺术的、宗教的掌握世界的方式都是"实践—精神"的掌握世界的方式,不过宗教是幻象的,而艺术是现实形象的。

与其他掌握世界的方式相比,艺术的方式的特征就在于审美性。这种审美表现在艺术的存在方式上的感性的形象性、情感性和非物质功利性。艺术美的本质与艺术的本质有着必然的联系。在艺术美的本质探讨中必须把握两个问题:艺术为什么美?艺术美在何处?

1. 艺术与生活的关系

艺术根植于现实生活,艺术美必然来自于现实美,同时艺术是艺术家审美意识的物化态,是艺术家运用某种物质媒介呈现给世人的一种形象世界。艺术美是艺术家审美创造的结晶,必然带有主观性。艺术美是客观和主观的统一。

(1)艺术美来源于现实美。

现实生活是艺术家进行创造的基础,艺术美是现实美的能动反映。中国古代美学思想非常强调以自然为师,如唐朝画家张璪主张"外师造化,中得心源",刘勰也说"人禀七情,应物斯感,感物言志,莫非自然"。黑格尔在《美学》中讲道:"诗人必须从内心和外表两方面去认识人类生活,把广阔的世界及其纷

---

① 〔英〕柯林伍德:《艺术原理》,王至元等译,中国社会科学出版社1985年版,第15页。
② 《马克思恩格斯选集》第2卷,人民出版社1972年版,第104页。

纭万象吸收到他的自我里去,对它们起同情共鸣,深入体验,使它们深刻化和明朗化。为着从他这个主体个性出发(尽管这要受到一种窄狭的特殊范围的局限),去创造一种不像由外因决定的自由整体,诗人就必须摆脱这种题材的实践方式或其他方面的约束,对这种题材以巡视内心世界和外在世界的自由眼光去临高俯视。"①黑格尔看似是强调主体,其实是从主体的角度说明艺术创造的现实基础。

在艺术史中,许多艺术家的创作实践都很重视现实生活基础。这是因为,生活中的感性材料是艺术家进行艺术思维的逻辑起点。艺术思维主要是形象思维,形象思维始终不能脱离感性材料。生活中的一个场景,一个画面,一段情感都可以成为具有敏锐感受能力的艺术家进行创作的开端。

(2)生活孕育了情感。

情感是人们在社会实践中根据需要而形成的对事物的态度。没有情感就没有艺术的感染力,情感是艺术美创造的动因。《诗大序》中说:"诗者,志之所之也,在心为志,发言为诗。情动于中而行于言,言之不足故嗟叹之,嗟叹之不足故咏歌之,咏歌之不足,不知手之舞之,足之蹈之也。"刘勰则强调要"为情而造文",别林斯基也说:"感情是诗情天性的最主要的动力之一,没有感情就没有诗人,也没有诗歌。"

冼星海曾在巴黎成功地创作了一部音乐作品《风》,这部作品就是在他走投无路的时候创作出来的。他后来在一篇文章里回忆了创作过程,他说:"我伤心极了,我打着战听寒风打着墙壁,穿过门窗,猛烈嘶吼,我的心也跟着猛烈撼动,一切人生的,祖国的苦辣、辛酸、不幸,都汹涌起来。我不能自已,借风抒怀,写成了这个作品。"这部作品之所以当时能在法国成功演出,受到称赞,是因为作品中蕴含的饱满的激情具有艺术感染力。相反像唐代的一首打油诗"江山一笼统,地上黑窟窿,黄狗身上白,白狗身上肿",就没有感染力,甚至不能成为真正意义上的诗。

(3)生活是艺术家的想象得以产生的土壤。

没有想象就不可能有艺术美的创造,想象能使艺术形象更清晰,更具生命活力。想象并不是凭空臆造,而是在固有的形象的基础上创造出新的形象的心理活动过程。艺术家对感性材料掌握愈丰富,想象就愈自由。前人进行艺术创作时说的"搜尽奇峰打草稿"就是这个道理。如石鲁画毛泽东在陕北,主要是因对历史了解,同时也有对毛泽东个性及其生活经历的了解,所以能展开其想象塑造

---

① [德]黑格尔:《美学》第3卷下册,朱光潜译,商务印书馆1981年版,第54页。

毛泽东在困难险阻之中泰然自若的伟人形象。

(4)生活推动了艺术家的技巧的发展。

技巧是艺术家凭借自己的灵性,熟练地运用技术进行艺术创造时具体的表现手法,是艺术家的天分与技术的结合。生活本身有许多暗示,所以宋人陆游教育其子说,"汝果欲学诗,功夫在诗外",诗外功夫在一定程度上与生活相关。同样的道理,学画者有画外功夫,学书法者有书法外功夫,所以,黄山谷在山峡中见船工荡桨而心悟笔法,蔡邕见匠人施垩帚而创飞白。

以上四个方面说明,艺术美是以现实生活为基础的,它受制于社会生活的经济基础,同时受到其他社会意识形态的影响。它对以人为中心的社会生活进行整体反映,这是问题的一方面。另一方面,艺术美又是人的审美意识的物化形态,并以艺术形象的形式呈现给接受者。所以艺术美是客观性和主观性的统一。

2. 艺术美的表现

艺术美的表现应该是具体、感人和独创的。

(1)艺术美美在具体可感的形象。

在社会意识形态中,艺术同哲学等社会科学的区别就在于艺术通过具体可感的形象来反映生活。别林斯基说:"人们看到,艺术和科学不是同一件东西,却不知道,它们之间的差别根本不在内容,而在处理特定内容时所用的方法。哲学家用三段论法,诗人则用形象和图画说话,然而他们说的都是同一件事……一个是证明,另一个是显示,可是他们都是说服,所不同的只是一个用逻辑结论,另一个用图画而已。"[1]艺术形象是艺术家根据自己对生活的体验、认识创造出来的具体可感而又带有强烈感情色彩和审美价值的情景和画面。

科学往往是通过对事物的分析、综合推理,运用抽象的概念来表现其内容的,而艺术美的内容则是靠具体可感的感性形象呈现出来的。艺术美的形象与自然画面、社会生活的情景相比,其情景和画面有其自身特点,有其内在的规定性。它是主体与客体的统一,感性与理性的统一,一般与个别的统一。

在叙事文学中,优秀的艺术形象即为典型。艺术的典型形象既有鲜明独特的个性,又能揭示一定的社会本质和人生真谛。恩格斯说:"每个人都是典型,但同时又是一定的单个人,正如老黑格尔所说的,是一个'这个',而且应当是如此。"[2]"每个人都是典型",讲的是典型的普遍性。马克思说首先要研究人的一般本性,然后要研究在每个时代历史地发生了变化的人的本性,所以,典型的普

---

[1] 《别林斯基选集》第2卷,辛未艾译,时代出版社1952年版,第428~429页。
[2] 《马克思恩格斯选集》第4卷,人民出版社1972年版,第453页。

遍性就是"人的一般本性"和"每个时代历史地发生了变化的本性"辩证统一的审美意蕴系统。"又是一定的单个人",就是指艺术典型具有一定的鲜明独特的个性,就是整体的,灵与肉相统一的,有着多样丰富性格的活生生的个人,也就是黑格尔所说的"这个"。阿Q这个艺术形象美在何处？不仅因为他的自然素质与众不同,而且他的社会心理、行为方式、生活习惯乃至语言风格等,都是独特的,给人以十分鲜明的印象。此外,作品正是通过阿Q概括了当时那个病态社会中"国民性"的丰厚内容,深刻地揭示了辛亥革命的不彻底性。这就使阿Q形象具有了普遍的社会意义,成为一个艺术典型。

在抒情文学中,优秀的艺术形象为意境。意境与典型一样,都是对文学作品总体艺术价值的品格规范。但典型大体是从西方现实主义文学中概括出来的,而意境是从中国古代诗词的创作中概括出来的一个概念。意境是中国古代艺术理论中一个支柱性理论。佛、道、禅为其提供了生存和发展的思想文化背景。最早明确提出这个概念的是唐代的王昌龄,他在《诗格》中提出诗有三境：物境、情境、意境。意境是在抒情作品中,艺术家所描绘的自然景物和所抒发的思想感情融为一体的、富有兴发感动作用的艺术境界,是意与境结合、情景交融产生的一种空灵的境界。谢榛《四溟诗话》中举的一个例子可以说明这个问题。有三个诗人就同一题目写了三个诗句。一是"窗里人将老,门前树已秋"；一是"树初黄叶日,人欲白头时"；一是"雨中黄叶树,灯下白头人"。谢榛评曰："三诗同一机杼,司空（第三个诗句的作者）为优。"这正是司空图所说的"不着一字,尽得风流"的诗境。因为第三句没有"已秋"、"将老"这样明确的概念,而是用"雨中"、"灯下"、"黄叶树"、"白头人"等这些画面进行组接,人们可以在这组镜头之间展开想象,静心领会,产生一种欲露不露、难以明言的言外之意。接受者往往因性格、修养不同而对这种言外之意的领悟不一样,但都会在领悟意境中不断充盈、丰富人生意味。

(2)艺术美美在审美情感。

人们接受艺术,在很大程度上是因为艺术能使人感到愉快。以情动人是艺术有别于哲学等社会科学的标志之一。别林斯基说："感情是诗情天性的最主要的动力之一,没有感情,就没有诗人,也没有诗歌。"巴金谈到《家》的创作时说："我写《家》的时候,我仿佛在跟一些人一同受苦,一同在魔爪下面挣扎。我陪着那些可爱的年轻生命欢笑,也陪着他们哀哭。我一个字一个字地写下去,我好像在挖开我记忆的坟墓,我又看见了过去使我的心灵激动的一切。"[①]为什么《家》

---

① 《巴金文集》第四卷,人民文学出版社1958年版,第479页。

具有如此大的艺术魅力？就是因为那种真挚的情感使我们的生命感到了震颤。

(3)艺术美美在创新。

创新在很大程度上决定了艺术的生命。艺术的美应该是一种不可重复的、独一无二的美。首先，艺术的独创是独到的艺术发现。罗丹说："所谓大师，就是这样的人：他们用自己的眼睛去看别人见过的东西，在别人司空见惯的东西上能够发现出美来。"①真正有眼力的艺术家，善于从看似雷同的事物之中看出相异之处来，善于从平常的东西上看出不寻常来，善于透过外部的表现看出内部的信息来。其次，艺术的独创表现为精湛的艺术表现。国画大师齐白石非常重视独创，反对死板临摹，他送给他的学生胡佩衡八个字"学我者生，似我者死"。唐代大书法家颜真卿之所以在书法创作上的成就令世人瞩目，就在于他的书法创作对历史的超越能冲破当时的审美意识和点画法度的樊篱，改变初唐书法横面倾斜、中宫收敛、点画粗细变化不大的面貌，而代之以端庄雄伟、气势开张、遒劲舒和、棱角分明、对比强烈的风格。正如古人所评论的"书之美者，莫若颜鲁公。然书法之坏者，自鲁公始"，"书法之坏"是对传统的反叛，是勇气和睿智的明证。

(4)艺术美就在于内容和形式的统一。

内容和形式是一对哲学范畴的概念。内容是构成事物内在要素的总和，形式是事物内在要素的组织构造和表现形态。在艺术作品中内容与形式是无法割裂的，内容和形式是相互转化、相互渗透的，正如黑格尔所说："内容非他，即形式之转化为内容；形式非他，即内容之转化为形式。"②只有内容充实，形式完美，形式能充分表现内容，才能形成美的艺术。

二、艺术的内容美与形式美

先说艺术的内容美。艺术是对生活的反映，艺术的内容来自社会生活，但是艺术的内容与艺术对象本身却不是同等的东西。艺术的对象是客观存在的现实生活，而艺术的内容是对艺术对象选择、加工、提炼呈现在作品中的题材和思想情感，它包含艺术家对生活的认识和评价，渗透着艺术家的审美意识和情感，是主客观的统一。比方说一棵古柏，人们看到它，在头脑里留下的表象基本一样，如果用一定的艺术手段表现它，这棵古柏在艺术作品中将会因人而异。有人会欣赏它的顽强的生命力，有人会感叹它的饱经沧桑，而杜甫则在《古柏行》中写道："黛色苍天两千尺，霜皮溜雨四十围。"朱光潜先生说："物的形象是人的情趣

---

① [法]罗丹：《罗丹艺术论》，傅雷译，人民美术出版社1987年版，第4页。
② [德]黑格尔：《小逻辑》，贺麟译，商务印书馆1980年版，第278页。

的返照,物的意蕴深浅和人的性分密切相关。深人所见于物者亦深,浅人所见于物者亦浅。比如一朵含露的花,在这个人看来只是一朵平常的花,在那个人看或以为它含泪凝愁,在另一个人看或以为它能象征人生和宇宙的妙谛。一朵花如此,一切事物也是如此。"正因为如此,花表现在艺术作品中自然会千姿百态。因此,我们应该看到,艺术内容是主观与客观相互作用的结果,它应该包括着客观因素(现实生活)和主观因素(认识、情感、理想等)这样两个方面。

艺术内容的美应该从作品所表现的现实生活的具体性、感染性和独特性上表现出来。首先,艺术内容的美是具体可感的。它应该是一种情景,一种画面,而不应该是抽象的概括的概念形式。比如说讲辛亥革命失败的原因,可以用妥协性、不彻底性、没有唤醒民众等进行总结,而鲁迅先生在《阿Q正传》中则是说革命只是掀掉了宣德炉,人们把辫子盘在头顶上,但带兵的仍然是先前的老把总等,用未庄人的生活状态具体可感地呈现了辛亥革命失败的现实,这就是艺术的表现方法。其次,艺术内容的美是富有感染力的。艺术是作家、艺术家对现实生活以情感为中介的整个意识的表现,因此优秀的艺术作品的内容饱含情感,富有艺术感染力。《日》、《夜》、《晨》、《昏》一组雕像的内容渗透着米开朗基罗的愤激和苦痛;《祭侄文稿》宣泄了颜真卿的满腔愤怒和悲伤;《荷塘月色》流露了朱自清的淡淡的哀愁。凡此种种都说明艺术的内容都伴随情感因素,因为艺术家对生活的把握是一种情感的把握。因此,没有情感的艺术内容是没有冲击力的,这样的艺术绝对不可能成为美的艺术。再次,艺术内容的美必须是独创性的。艺术的内容是经过艺术家选择、集中、概括的,而且应该是艺术家独具慧眼所观察并表现出来的。优秀的艺术作品的内容必须与众不同,体现出艺术家独特的见识,不同凡响的心声。例如写母爱,孟郊的《游子吟》是写母亲的眷眷之心,一针一线说明了母爱的细腻;而冰心在《寄小读者》里则表现母亲的无私和伟大;屠格涅夫在《麻雀》中则描写老麻雀在小麻雀受到威胁时,面对猎狗,无所畏惧,用生命捍卫母爱的神圣。就其内容而言,每篇作品互不雷同,同样表现了母亲的高尚和真挚,只是作家从不同角度来赞美母爱,体现了对母爱的新的艺术发现。总之,艺术内容的美表现在它的具体性、感染性、独创性上,它要求艺术家对现实生活的把握和表现要做到具体、生动、感人,并且富有智慧和灵性。

艺术的内容美是通过艺术形象反映在艺术作品中的社会生活的审美属性及艺术家审美评价和审美理想的统一体,是主体和客体相互作用的结果。只有艺术的内容体现出真和善的统一,艺术内容才具有美的价值。首先是真,真是美的基础,艺术之真不同于科学之真,但又不能完全分开。艺术之真体现在事真、感真、情真、理真上。事真可以是实有其事,也可不是实有其事,但一定要逼真。感真是艺术家感受的真切,如卡夫卡活在受压抑的家庭之中,不幸充溢其心田,他感受的生活的异化和变形是真切的。情真是指发自内心的、自然的情感。刘安在《淮南子》中说:"喜怒哀乐有感而自然者也,故哭之出于口,涕之出于目,此皆愤于中而形于外者也。"艺术家不是无病呻吟而是真情流露,才能让其作品感染他人。理真是指艺术作品能揭示出人生真谛和历史发展规律。如吴承恩的《西游记》从人生哲理角度看其启发意义是很大的:人只有树立远大的理想,有目标有决心,人生才有意义,才有克服来自人为的、自然的千难万险的勇气和决心。其次是善,艺术作品内容的善能给人以精神的愉快、心灵的陶冶、智慧的启迪,符合人类社会进步和人的自由发展的目的,许多优秀的艺术作品都做到了这一点。

再说艺术的形式美。艺术形式是艺术作品的内容的存在方式。形式分为内形式和外形式。内形式是艺术内在要素的相对稳定的组织结构,外形式是艺术内容的外在感性形态。

艺术形式美可从三个层次理解其不同审美特质。首先,外形式所呈现的审美特质,即来自艺术作品的外在形式的感性魅力。如四川画家罗中立的油画《父亲》中那古铜色的脸、满脸的皱纹、坚毅的目光、泰然自若的神态,再如音乐中悦耳的旋律,文学作品中具有表现力的语言、生动感人的描写、引人入胜的情节安排,时装面料的材质、造型等。其次,内形式即艺术品所表现出来的有机的、动态的、类似生命运动的形式。苏珊·朗格说:"艺术形式与我们的感觉、理智和情感生活所具有的动态形式是同构的形式。"[1]如《老人与海》的内在形式是对生命节奏的模仿,老人在捕鱼时无休止地追寻,最后使大鱼上钩,一遍又一遍放索、收线,最终杀死大鱼绑在船边,在归途中又遭遇大鲨鱼的袭击,一次又一次地搏杀大鲨鱼,整个过程是不断拼搏的过程,在拼搏中体现出一种伟大的精神品格:一种永不满足、永不屈服、永远进取的崇高的自由意志。正是老人桑提亚哥与大海、大鲨鱼搏斗的循环往复,能使人体会到自己心灵深处的生命力的冲动与节奏。再次,艺术形式审美特质能激起人的形式化的情感。形式化的情感与现实生活的情感最大的区别在于形式情感能摆脱物质束缚,超越现实功利。席勒所言"只有通过形式才能获得真正的审美自由"[2],就是在这一意义上说的。

这种艺术形式美的本质是什么?艺术的形式美是从哪里来的?艺术的形式美的本质主要应该是表现的自由,或者说自由的形式就是美的形式。所谓表现

---

[1] [美]苏珊·朗格:《艺术问题》,滕守尧等译,中国社会科学出版社 1983 年版,第 24 页。

[2] [德]席勒:《美育书简》,徐恒醇译,中国文联出版公司 1984 年版,第 114 页。

的自由就是在掌握表现对象的基础上,熟练运用艺术技巧,使艺术内容得到恰当的表现。艺术形式美的最高境界就是不落痕迹,体现自然化工之妙,也就是苏轼要求的"不法之法"。《庄子》中有"庖丁解牛"的故事:庖丁解牛,游刃有余,十九年"而刀刃若新发于硎",当然庖丁似乎不是在创造艺术品,但庄子却强调指出,庖丁解牛所达到的自由境界,实质上就是一种审美的境界,所谓"砉然响然,奏刀騞然,莫不中音,合于《桑林》之舞,乃中《经首》之会"。庖丁从解牛中得到的快乐并不是为了吃到牛肉,也不是为物质奖励,而是因为获得了一种创造的自由。对于艺术形式美的问题,中国美学史上有很多理论家认为,艺术的形式美不应该突出自己,而应该否定自己,从而把艺术的整体形象突出地表现出来。如唐代的皎然在《诗式》中说"但见情性,不睹文字,盖诗道之极也",刘熙载在《艺概》中说"杜诗只'有''无'二字足以评之。'有'者但见性情气骨也,'无'者不见语言文字也",王国维也说"优美及宏壮之原质愈显则古雅之原质愈蔽"。这些都说明艺术形式美只有否定自己才能实现自己这个辩证法。当艺术的感性形式诸要素把艺术内容恰当地、充分地、完美地表现出来,从而使欣赏者为整个艺术形象的美所吸引,而不再去注意形式美本身时,这才是真正的艺术形式美[①]。

不管是内形式还是外形式,都是为内容服务的,如果没有形式,作品的内容诸要素只是不确定的素材,而不是严格意义上的内容。别林斯基说:"如果形式是内容的表现,它必然和内容紧密地联系着,你要想把它从内容分出来,那就意味消灭了内容,反过来也一样,你要想把内容从形式分出来,那就意味消灭了形式。"

艺术的内容美与形式美共同构成艺术的整体美。艺术内容美与形式美水乳交融,无雕琢的痕迹,内容就能被充分地表现出来,形式也恰到好处,不可替代。所以恩格斯提出,正是"较大的思想深度和意识到的历史内容,同莎士比亚剧作的情节的生动性和丰富性的完美地融合"。作为艺术创作的追求,孔子提出:"质胜文则野,文胜质则史。文质彬彬,然后君子。"(《论语·雍也》)只有"文"、"质"完美结合才能成就艺术的精品。

三、艺术的分类

艺术美并不是抽象的笼统的存在,而是存在于具体的艺术形式之中。在艺术创造中,艺术家使用的材料各异,表现方式多种多样,因而艺术作品呈现出绚丽多姿的外部风貌。要认识不同形态的艺术美,就要对众多的艺术作品进行分

[①] 参见叶朗:《中国美学史大纲》,上海人民出版社1985年版,第193~194页。

类研究,以确定其审美特征。

在西方,较早将艺术进行分类研究的是亚里士多德,他从"摹仿"理论出发对艺术进行分类,根据所用的媒介不同,所取的对象不同,所采用的方式不同,将艺术分为史诗、悲剧、喜剧和酒神颂以及大部分的双管箫乐和竖琴乐。康德在《判断力批判》中把艺术分为三类,即语言的艺术,包括雄辩术和诗的艺术;造型的艺术,包括建筑和雕刻;感觉游戏的艺术,主要指音乐。黑格尔在《美学》中根据绝对理念与诉诸感觉的形式之间的关系,把艺术在不同历史阶段的具体形态分为象征型艺术、古典型艺术和浪漫型艺术。中国古代早就关注艺术的分类,但因对艺术的理解比较狭隘,分类也不够清晰,直到唐代,艺术分类才逐渐明晰化。

艺术作品是艺术家审美意识的结晶,是艺术家塑造艺术形象反映社会生活、表达思想感情的审美的社会意识形态。所以,艺术分类的标准可以依据塑造艺术形象的物质材料的不同和使用方法不同来确定。我们据此将艺术分类为四大类,即造型艺术、表演艺术、语言艺术、综合艺术。

1. 造型艺术

造型艺术是采用线条、色彩、实物等为材料塑造艺术形象来反映社会生活、表达思想感情的审美社会意识形态,包括建筑、工艺品、绘画、雕塑、摄影、书法等。它们都具有可视性、固定性的特点。

(1)建筑艺术。

建筑艺术是以建筑的工程技术为基础的一种造型艺术。一般的建筑艺术兼有实用和审美的特点。它是通过体型、比例、质感、色调、韵律等空间组合形式或某些象征手法构成乐曲般的形体结构,反映一定时代、一定社会的精神面貌、情趣、理想的一种造型艺术。建筑艺术具有如下审美特征:

第一,技术与艺术结合的外在形式给人们的感官快适感。建筑艺术一方面受到物质技术水平的制约,同时受到实用水平的制约;另一方面,受到社会审美意识的影响。所以一般称之为艺术的建筑应该是合目的性和合规律性的统一体,既符合建筑学、人体工程学等方面的规律,又能满足人们的物质功利和精神愉悦。如上海的东方明珠电视塔,从建筑规律角度来看闪耀着人类智慧的光芒,体现了设计者、建造者的本质力量。它那468米的高度,以其磅礴的气势表现出一种崇高之美,成为浦东新区的一道亮丽的风景,同时还具有有效发射电视信号的功能。

第二,建筑艺术的形式美特征,一是表现为建筑外在体和质地的审美效果,如美国现代建筑艺术大师莱特1936年设计建筑的流水别墅,坐落在风景秀丽的溪流瀑布之上,外形呈水平伸展,又纵横交错,黄褐相间装饰其表,有的部位安装大片的玻璃门窗,室外的自然与室内的景致融为一体。二是表现为建筑各部分的组合规律的审美特征,如北京故宫,严整的中轴线布局,十几个院落和众多的殿宇纵横交错,加上强烈的对比色调,给人一种强烈的节奏感,仿佛就是"凝固的音乐"。

第三,建筑艺术的象征意味。建筑不仅是一种物质的存在,而且是一种人类心灵文化的见证,它随着历史的延伸沉积人类的审美意识、审美经验,甚至聚积民族的灵魂。古埃及的胡夫金字塔,呈棱锥体形状,底部呈方形,边长约230米,高约146米,用约230万块石头垒成,整个建筑气势宏伟、形体完整,除了体现古埃及人巨大的创造力之外,还寓示着奴隶制专制的坚如磐石、牢不可破。中国古建筑从故宫、颐和园到苏州的庭院园林都具有一种象征寓意,甚至镌刻着的各种动植物图案造型也有一定的象征意蕴,如龙象征权威和力量,凤象征吉祥和幸福,龟鹤象征长寿,牡丹象征富贵等等。

(2)工艺品。

工艺品是使用价值和审美价值相结合的日常生活用品,有的以实用为主,如别致的服饰、茶具、烟具、灯具、瓷器、漆器、家具等日常用品;有的以审美为主,如金银制品、玉器、象牙雕刻等小摆设。工艺品具有如下审美特征:

第一,外在形式的审美特征。工艺品的质料和造型显示出来的审美特征,如色彩的冷暖、线条的流动或固定、形体的均衡、布局的舒展和稠密都会造成工艺品节奏重心的变化,并带来相应的紧张或恬静感。

第二,朦胧、宽泛的情感色彩。工艺品能体现一定的趣味,显示一定的情调和烘托一定的气氛。工艺品的制作受到物质材料、技术和人民生活水平的影响;技术的发展,材料的不断更新,人民生活质量的提高,都会促使工艺品的繁荣与发展,使其蕴涵的普遍观念得到越来越多的认同,其个性化与表现力也越来越多地得到展现。

(3)绘画。

绘画是运用线条、色彩等材料在二度空间(即平面)塑造视觉形象来反映社会生活、表达思想感情的艺术。它的主要审美特征在于:

第一,形象的平面性。绘画的艺术形象展现在二度空间之中,而不像雕塑那样展现于三度空间之中。然而,绘画可以通过透视光影、色彩、比例等方法造成视角的立体感。现代西方这种空间意识尤为突出。所以英国美学家柯林伍德说:"塞尚笔下的物体形体根本不是二维空间的,也根本没有留痕迹于画布之上,它们是立体的东西,而且我们是透过画布去了解它们的。"

第二,题材的广泛性。雕塑对外光有很大的依赖性,摄影只能表现具形的事物,所以选材范围受到限制。绘画则选材范围广泛,一切具形的人、事、景、物都可作为绘画题材,那些不具形的事物如感受、情思,也可化作视觉形象,用线条、色彩来表现。

第三,强调形式美。绘画运用线条、色彩的变化进行造型来完成审美感受、心灵情愫、生命意志的物化,所以绘画中特别强调"有意味的形式"的创造。如印象派"三杰"之一的凡·高,就擅长用弯曲、变形的线条及色彩的强烈对比来表现现代社会的压抑带来的急躁与冲动。

在我国,诗画结合的传统往往用浓淡、枯湿的线条以形传神,营造诗的意境。在西方,传统的绘画要求线条准确、精细,尽显写实艺术的魅力。当今西方,现代的绘画一反传统做派,极度张扬绘画的表现功能,多用抽象的点、线、面及色块,追求新奇与怪诞,以传达内心世界的真切感受。

绘画是人类历史上最早出现的艺术形式之一,在漫长的历史中形成许多的绘画种类。按照使用材料工具的不同,绘画可分为水墨画、水彩画、水粉画、油画、版画、帛画、壁画、镶嵌画等;按表现对象的不同,绘画可分为肖像画、风俗画、历史画、风景画、山水画、花鸟画、静物画等。

(4)雕塑。

雕塑是运用实物塑造一种可视可触的形象反映社会生活、表达思想感情的艺术。它的主要的审美特征是:

第一,三维空间的实体性。由于这种实体性在外光的作用下可显示出丰富的变化,观赏者可以结合雕塑作品所处的环境,从不同的距离和角度进行欣赏,并能获得不同的艺术感受。如米洛的维纳斯,从正面看,她那美丽的面容、椭圆形的脸庞、挺直的鼻梁、圆润的下巴,加上波浪式的发型,显示出她的安详、纯洁、庄严和神圣,从而可净化欣赏者的心灵。从侧面看,她典雅的身姿、动态而自然的曲线,使人陶醉于神奇的创造之中。

第二,形象的可触性。雕塑往往采用坚实耐磨的大理石、花岗岩、青铜、黏土、不锈钢等物质材料,不仅可以诉诸人的视觉,而且可以让欣赏者借助触觉去感受作品的质感,如丰满、精细或粗犷等,从而产生其他艺术形象不可替代的感受效果。

第三,形体寓意性。雕塑是三维空间艺术,非常重视形体的创造。它抓住形体中最突出的部位,造成强烈的冲击力。在雕塑的历史中,许多杰出的艺术家运用人体所特有的肌肉语言、运动规律、体型转折变化,来表现形体的审美追求以及审美情绪和时代精神。如米开朗基罗的《大卫》、《奴隶》,罗丹的《加莱义民》、《思想者》等,这些作品都特别注意选择有概括意义的形体,来表现青春、智慧和力量,并富有深刻而丰富的寓意。

雕塑的种类很多。从存在形态上,雕塑可分为圆雕和浮雕。圆雕以其独立的实体存在,可以从四周任何角度来欣赏它。浮雕则附属在某种材料背景上,是在材料的平面上雕出或深或浅的凸起的图像。从制作手法差异上,雕塑又可分为"雕"和"塑"两类。在原型实物上将无用的部分去掉进行造型的叫"雕";用手或模具将软材料或经软化的硬材料进行加工造型的叫"塑"。从造型目的和取材内容的不同上,雕塑则分为纪念性雕塑、装饰性雕塑、风俗性雕塑、园林雕塑等。

(5)摄影艺术。

摄影艺术是通过画面构图、光线、色调等来塑造形象,反映社会生活、表达思想感情的艺术。它是随着科学技术进步而出现的一种新的艺术种类。与绘画、雕塑相比,摄影艺术具有两大特点:

第一,对技术有更大的依赖性。首先,摄影是科学技术进步的产物,没有光学、化学的技术就没有这种艺术的存在。其次,要求摄影技术和暗室操作技术,没有这些技术都很难创造理想的构图,也不能表现影和光的魅力。

第二,突出再现性。不管哪种艺术都不可能是纯粹的自然的再现,在一定程度上都是再现和表现的统一。相对而言,摄影艺术更强调再现性、纪实性。它所表现的对象必须是客观现实的,所表现的人、事、景、物都是实际存在的。摄影艺术根据摄影目的和取材内容可分为新闻摄影、人像摄影、风景摄影、动静物摄影等。

(6)书法艺术。

书法艺术是中国所特有的艺术之一,是运用毛笔为主要表现工具,以汉字为表现材料来塑造形象以表现情感的一种艺术。中国人写的字之所以能成为艺术品"有两个主要因素:一是由于中国字的起始是象形的,二是中国人用的笔是毛笔"[①]。汉代书法家蔡邕在论书法之美时有一句至理名言:"唯笔软则奇怪生焉",他认为中国毛笔的柔软性能是中国书法线条得以充分展示的根本,有利于情感的自由抒发。元人陈绎在《翰林要诀·变法》里说:"情之喜怒哀乐,各有分数。喜则气和而字舒,怒则气粗而字险,哀则气郁而字敛,乐则气平而字丽。情有重轻,则字之敛舒险丽亦有深浅,变化无穷。"对于书法,我们可以从力遒、理通、形美、韵胜几方面去欣赏。与其他造型艺术相比,其审美特征是:

第一,表情的抽象性。书法依据汉字的点与线的变化,字型结构的处理来表现书家情感。如颜真卿《祭侄文稿》,其表情性是非常突出的,他得知其侄战死,情不能自已,奋笔直书,排倾自己的义愤。若将书法作品的点画与情感表达一一

[①] 宗白华:《美学散步》,上海人民出版社1981年版,第162页。

对应则是徒劳的。

第二,变形之美。书法与国画同源,而且也同质。齐白石说作画"妙在似与不似之间,太似为媚俗,不似为欺世",书法之美也是如此,妙在字形的变化。分布点画,要照顾到笔画线条的大小疏密关系,行笔落墨要注意空白部分的安排,还要关注字境。正如孙过庭《书谱》中所说:"一点成一字之规,一字乃终篇之准。违而不犯,和而不同,留不常迟,遣不恒疾,带燥方润,将浓遂枯,泯规矩于方圆,循钩绳之曲直。"

书法的分类,按书写形式不同可以分为真书、行书、草书,介于真书与行书之间的为行楷,介于行书与草书之间的为行草。按书写风格的不同,人们把唐代的颜真卿、柳公权、欧阳询和元代的赵孟頫的楷书说成是颜体、柳体、欧体、赵体。

2. 表演艺术

表演艺术是运用节奏、旋律、音响、人体动作创造艺术形象,反映社会生活、表达思想感情的艺术,包括音乐和舞蹈。

(1)音乐。

音乐是运用旋律、和声、复调、配器等塑造听觉形象,反映社会生活、表达思想感情的艺术。它的审美特征是:

第一,形象的抒情性。黑格尔在《美学》中说:"音乐来打动的就是最深刻的主体内心生活。音乐是心情的艺术,它直接针对着心情。"[①]这说明音乐与人的情感紧密相连。音乐不能直接表现人的思绪,但在表现人的情感起伏、心理活动和精神境界方面,却有着其他艺术门类难以达到的特殊境界。如阿炳《二泉映月》以哀伤低回、如泣如诉的曲调,流露作者的不幸和凄凉境遇,从而可以打动听众。

第二,表情的宽泛性。音乐形象与现实生活的联系是朦胧的,具有不确定性。人类的情感非常丰富,音乐变化无穷无尽,但在情感与音乐之间并没有一种稳定的明确的对应关系。这种表情的宽泛性给欣赏者提供了广阔的想象空间,可使欣赏者得到丰富而微妙的审美享受。

音乐按表演的手段不同分为声乐和器乐两大类。声乐主要是用人声来表演,根据人声不同分为男声、女声和童声或者高音、中音和低音。器乐主要是用乐器来表演,根据乐器的性质不同可分为弦乐、管乐和打击乐等。

(2)舞蹈。

舞蹈是运用节奏、旋律、人体动作等塑造可作用于人的视觉、听觉的艺术形象,间接反映生活、表现情感的一种艺术。舞蹈是人类历史上起源最早的艺术种

---

① [德]黑格尔:《美学》第3卷上册,朱光潜译,商务印书馆1979年版,第332页。

类之一,在古代常常与劳动实践、宗教巫术等活动结合在一起。我国先秦时期,诗、乐、舞就是三位一体的。舞蹈的审美特征是:

第一,形象的抒情性。舞蹈往往被看做是长于抒情的一种形式。《诗大序》中说:"诗者,志之所之也,在心为志,发言为诗。情动于中而形于言,言之不足故嗟叹之,嗟叹之不足故咏歌之,咏歌之不足,不知手之舞之,足之蹈之也。"这说明诗歌是志向、抱负、情感的表达,在诗不能尽情表达时则运用长歌的形式,如果用长歌还不足以表达则用手舞足蹈了。舞蹈动作来源于生理动作、生活动作、生产动作,但经过了提炼和净化,摆脱了实用价值,变成具有审美意义的程式化动作。为了强化动作的表情作用,舞蹈对动作要进行夸张和变形。

第二,视听形象的综合性。舞蹈既有灵动的人体技巧激发欣赏者生命的激情,又有起伏的节奏韵律使欣赏者陶醉愉悦,既诉诸人的听觉,又作用于人的视觉,使人赏心悦目,达到一种完美的审美的效果。

舞蹈的种类按流行的时代和地区可分为民族舞、民间舞、古典舞、芭蕾舞和现代舞,按表演人数可分为单人舞、双人舞和群舞等。

3. 语言艺术

文学是语言的艺术,它是用语言塑造形象,反映社会生活、表达思想感情的一种艺术。文学的审美特征是:

第一,文学形象的间接性。塑造文学形象的材料——语言,只是引起人想象的符号,它塑造的形象不能直接作用于人的感官,是借语言文字的符号在欣赏者的想象中间接形成的。正是如此,文学对欣赏者提供了广阔的想象空间,但对不识字的或不懂语言意义的人群则是一种限制。

第二,反映现实的广泛性,思想的深刻性。语言艺术不受时间、空间的限制,既可再现此生此世的现实生活,又可描述梦境般的诗意人生,既能抒发情感、表达人类思想感情的任何微妙变化,又可以运用概念直接阐明自己的思想观点。人的物质生活、精神生活,现实的、虚幻的场景、人物都可进入文学视域。所以黑格尔说:"语言的艺术在内容上和在表现形式上比起其他艺术都较广阔,每一种内容,一切精神事物和自然事物,事件、行动、情节、内在的和外在的情况都可以纳入诗,由诗加以形象化。"[1]

西方将文学分为三类:抒情类、叙事类和戏剧类。中国先秦时期文学是指一切文化学术的总称。汉代有文章与文学之分,其含义与现在的相反。魏晋南北朝把文学分为"文"和"笔",刘勰《文心雕龙·总术》说:"今之常言,有文有笔,以为有

---

[1] [德]黑格尔:《美学》第3卷下册,朱光潜译,商务印书馆1981年版,第10~11页。

韵者文也,无韵者笔也。"一般而言,文学按体裁分为诗歌、散文、小说和戏剧文学。

4. 综合艺术

综合艺术是综合文学、表演、造型等几种艺术形式的因素来塑造艺术形象,反映社会生活、表达思想感情的艺术,包括戏剧、影视艺术等。

(1)戏剧。

戏剧是综合文学、音乐、美术、舞蹈等艺术的表现手段,由演员表演塑造舞台形象,反映社会生活、表现思想感情的艺术。它主要由戏剧文学和舞台表演两部分组成。剧作家在戏剧文学(剧本)中创造了文学形象,经过导演艺术构思、演员表演才能完成舞台形象的创造。演员表演是在剧本基础上进行的再创造,它是戏剧形象的核心和落脚点。戏剧的审美特征是:

第一,戏剧艺术的舞台性。从剧本创作到舞台形象的完成都要充分考虑演出的特点,应同时受到时空的限制,所以要求人物、事件、时间、场景高度集中。文艺复兴以来有些文艺理论家提出,戏剧的内容应当遵守"三一律"。所谓"三一律"就是指戏剧动作一致,时间一致,地点一致,即在一天之内一个地点完成一个单一的故事。尽管这种提法有许多理论家反对,但为了戏剧的有机统一,增强审美效果,提出这一要求并不是毫无道理的。由于是在舞台上构筑艺术世界,那么现实中的种种矛盾也要被强化和突出。所以法国的布伦退尔说:"没有冲突就没有戏剧。"

第二,表演的假定性。要把丰富的剧情用动作和语言表现出来,又要受到舞台的限制,只能借助特定的方式。戏剧时间、空间、人物、环境等都是虚拟设定的。

第三,舞台形象的直接性。剧本中的文学形象,不能直接作用于欣赏者的感官,但通过演员表演创造出的舞台形象,往往能让受众通过视听直接把握,正因为如此,戏剧才有了更大的欣赏群体。

第四,审美的综合性。因为戏剧综合了文学、音乐、美术、舞蹈等艺术因素,它就能给观众多方面的审美享受。

戏剧的种类很多。按表现手段不同可分为话剧、歌剧、诗剧、舞剧、哑剧和中国的戏曲等;按矛盾冲突的性质不同可分为悲剧、喜剧和正剧;按题材不同可分为历史剧、儿童剧等;根据结构和容量不同可分为多幕剧、独幕剧等。

(2)影视艺术。

影视艺术包括电影艺术和电视艺术。电影是现代技术的产物,是综合了文学、美术、音乐、表演等多种艺术因素构成逼真的视觉形象,反映社会生活、表达思想感情的艺术。它由电影文学剧本、导演分镜头剧本、演员表演、拍摄和制作影片、银幕放映等部分组成。其审美特征是:

第一,视觉画面的流动性。电影与绘画、摄影的最大区别就在于画面的运动。运动是使电影具有逼真幻觉和特殊表现力的核心要素。运动包括拍摄物的运动和摄影机的运动。

第二,蒙太奇组接性。流动的画面按照一定要求运用蒙太奇手法进行结构,组成一个整体,既能真实地再现生活,又能鲜明地表现艺术家的思想感情,表达单个镜头没有或不够清晰表现的情绪和观念。

电视艺术与电影艺术是"姊妹艺术"。它们之间有许多相似之处,如都以现代技术作基础,都有动态的画面,都运用蒙太奇手法等,但电视也有其独特之处:①题材的现实感和广泛性。②结构的开放性。开放性,一是指画面可以通过运动和蒙太奇手法加强各画面的联系,突破狭小荧幕限制。二是指可以与观众进行交流,使荧屏内外产生联系。电视艺术一般分为电视剧、电视连续剧、电视系列剧、电视新闻、电视专题等。

四、艺术美的特征

艺术美来源于现实美,是艺术家对现实美进行审美创造,熔铸艺术家审美经验、审美情趣、审美理想,进行选择、提炼、加工、改造的结晶。所以毛泽东说艺术美比现实美更高、更强烈、更有集中性、更典型、更理想,因此就更带普遍性。与现实美相比,艺术美具有如下特征:

1. 艺术美具有概括性、集中性

自然界和社会生活中的美尽管丰富多彩,但都孤立地、分散地存在于自然和社会现象之中。而艺术美则是艺术家通过对事物的分散的现实美进行整合,使其在艺术生命整体中集中起来,形成既有鲜明独特的个性又有深刻普遍的共性的典型形象,或者形成情景交融具有兴发感动作用的艺术境界。

2. 艺术美是主客观的统一

艺术美是艺术家审美意识的物化形态,是对现实美的能动反映。一方面它来源于现实美,具有客观性。另一方面它渗透着艺术家的审美趣味、审美理想、审美评价,具有明显的主观性。在艺术作品中既有客观生活的真实情景,又有艺术家个人的感情和心智。现实本身并不自动投射到作品之中,艺术是艺术家经过对现实美的选择、集中、概括从而打造出来的。不同个性的艺术家,对现实美的反映就不一样。同样是梅花,在陆游笔下是"驿外断桥边,寂寞开无主。已是黄昏独自愁,更著风和雨。 无意苦争春,一任群芳妒。零落成泥碾作尘,只有香如故。"这里能看到梅花既具有自然个体的生命习性,又具有孤独的清高的封建文人的品格。而毛泽东勾画的则是另一种梅花形象:"风雨送春归,飞雪迎春到。已是悬崖百丈冰,犹有花枝俏。 俏也不争春,只把春来报,待到山花烂漫时,她在丛中笑。"这里既有风雨中俏丽的自然之景,又有不畏艰险、积极乐观的崇高情怀,强烈的主体意识蕴藏于字里行间,又浮现出言意之外。

3. 艺术美呈现纯粹美的理想状态

艺术美经过艺术的去粗取精的改造,不会像在现实中一样,美与不美芜杂共处,其内容更完善,其形式更精美。艺术美是通过净化之后突现出来的纯粹的、理想的状态。别林斯基说:"绘画优于现实吗?是的,有才能的画家在画布上所作的风景,必优于自然中任何美妙的景色。为什么呢?因为在画幅中,没有偶然和多余的东西,所有的部分都从属于一个整体,一切趋向一个目的,一切都有助于形成一个美丽的、完整的、独特的东西。现实本身是美的,不过它是美在本质、成分或内容上,不是美在形式上。就这一点而论,现实好似地下矿苗中未经洗炼的纯金;科学和艺术则把现实这黄金洗炼出来,熔化在优美的形式里。"[①]

4. 艺术美能"化丑为美"

艺术美不仅限于反映现实美,还可以使现实自然的丑转化为艺术的美。艺术美的创造有两种形式:一是反映对象的美。现实生活中美的事物都可以作为艺术的反映对象。这样构成的艺术美是反映对象的美。二是表现目的的美。现实生活中丑的事物也可以作为艺术反映的对象。但艺术家在反映这种对象时,对它进行贬斥和否定,熔铸自己正确的审美意识,并用完美的艺术形式表现出来,就形成美的艺术形象。"化丑为美"就是表现目的的美。

5. 艺术美的超越性

现实美一般处于一种运动状态之中,往往对时间和空间具有一定的依赖性,随着时间的流逝和空间的变化,现实美则表现出了它的不稳定性。即使是现实美的最高表现形态——人的美,也会随年龄的变化、地域的不同带来巨大的变化。然而艺术美则可以超越这种限制,如达·芬奇的《蒙娜丽莎的微笑》,几个世纪以来让不同国家的人们迷恋、神往,受到了普遍的欢迎。

第四节 形 式 美

一、形式美的涵义

形式美是指构成事物外形的物质材料的自然属性以及它们的组合规律所呈

[①] 北京大学哲学系美学教研室编:《西方美学家论美和美感》,商务印书馆1980年版,第220页。

现出的审美特性。形式美与美的形式既有区别又有联系。形式美不直接显示具体的内容,具有相对独立的审美意义。而美的形式与美的内容密切联系在一起。形式美是美的形式的某些共同特征,它是人们在审美活动中对现实中许多美的形式的概括反映。在人们的社会实践活动中,事物的外在形式特征与一定生活现象建立起普遍必然的联系,即表现出生活现象的社会内容。但是人们在长期的审美活动中反复直接接触这些美的形式,就可直接由形式产生美感,仿佛美就在于形式本身,而忽视了与之相联系的社会内容。事实并非如此。例如,北美洲西部原始部落的红种人特别喜爱用当地最凶猛的野兽——灰熊的皮、爪、牙做的装饰品,普列汉诺夫认为:"在这种场合下,当然不能认为野兽的皮、爪和牙齿最初之为红种人所喜欢,单单是由于这些东西所特有的色彩和线条的组合。不,更可能得多的倒是相反的假设,即是,这些东西最初只是作为勇敢、灵巧和有力的标记而佩戴的,只是到了后来,也正是由于它们是勇敢、灵巧和有力的标记,所以开始引起审美的感觉,归入装饰品的范围。"①由此看来,灰熊的皮、爪、牙作为饰品,并非由于它具有的纯粹的自然属性的审美特征,还在于它具有显示勇敢、灵巧和有力的社会价值的功能。金银能使人们感到愉快和激动,是否只是因为作为自然矿物的"天然的光芒"呢?如果不能成为贵金属,不能满足人们奢侈、装饰、华丽、炫耀等需要,就如同镀金制品一样,人们仍然会一样看重吗?由此可以推知,形式美根源于一定的社会内容,它必将随着社会条件的变化而变化。但是有些形式美毕竟很难看出它有什么具体明确的社会内容。英国美学家克莱夫·贝尔说:"在各个不同的作品中,线条、色彩以某种特殊方式组成某种形式或形式间的关系,激起我们的审美感情。这种线、色的关系和组合,这些审美的感人的形式,我称之为有意味的形式。"②

二、形式美的审美特征

1. 物质自然属性的审美特征

西方学者认为,视觉和听觉是两种主要的审美感觉。视觉接受的是事物的形体和色彩,听觉接受的是事物的声音。客观事物的三种自然属性——色彩、形体和声音,是具有审美意义的属性,因为它们具有激发人们情感的力量。费尔巴哈说,当人"看到宝石的光辉,如镜的水面,花朵和蝴蝶的色彩时,沉醉于单纯视

---

① [俄]普列汉诺夫:《没有地址的信 艺术与社会生活》,曹葆华译,人民文学出版社1962年版,第36页。

② [英]克莱夫·贝尔:《艺术》,周金环等译,中国文联出版公司1984年版,第4页。

觉的欢乐,只有人的耳朵听到鸟儿的鸣啭声,金属的铿锵声,溪流的潺潺声,风的飒飒声时,才感到狂喜"①。

形,概括地说就是点、线、面、体。线是点移动的轨迹,两点确定一条直线,线条可以分为直线、曲线。直线表示刚劲、力量,曲线表示优美、柔和、流畅。英国画家和美学家威廉·荷迦兹说,曲线(蛇形线)是"富于吸引力的线条","灵活生动,同时朝着不同的方向旋绕,能使眼睛得到满足,引导眼睛追逐其无限的多样性"。直线平列表现安稳,直线交叉成折线表示突然和激荡。事物可以根据其线条的不同变化表达不同的审美需求。朱光潜说:"建筑风格的变化就是以线为中心。希腊式建筑多用直线,罗马式建筑多用弧线,哥特式建筑多用相交成直角的斜线,这是最显著的例子。"②

马克思说:"色彩的感觉是一般美感中最大众化的形式。"③色彩的表情作用,是在人们的长期实践过程中形成的。一般人认为,红色是热烈而兴奋的色彩,黄色是明朗而欢乐的色彩,蓝色是清秀而朴实的色彩,绿色是自然而平静的色彩……每种颜色都有明显的感情指向,但这种感情指向并不是僵死的,有时因时代、民族、环境的不同而有所不同。所以我们认为色彩的表情作用是明显的,同时又是丰富的。阿恩海姆说:"那落日的余晖以及地中海的碧蓝色彩所传达的表情,恐怕是任何确定的形状也望尘莫及的。"④绘画艺术主要靠线条和色彩表达感情,其中色彩的表情功能更加突出,罗丹认为:"一幅素描或色彩的总体,要表明一种意义,没有这种意义,便无一美处。"⑤

声是形式美的重要因素之一,这与人类的情感有微妙的联系。特别是有组织的乐音,它能集中而强烈地表达人们的情感的运动与变化。乐音的强弱、大小,以及在时间中的延伸与变化和人的情绪、情感有某种相对固定的对应关系,这种对应关系是在长期的生活实践中形成的。乐音与作曲家、歌唱者、欣赏者有一定审美情感关系,间接地表现一定的社会内容。尽管乐音的表情有相对稳定性,但同时有宽泛而模糊的一面。奥地利音乐美学家爱杜阿德·汉斯立克说"音

---

① 北京大学哲学系外国哲学史教研室编:《十八世纪末—十九世纪初德国哲学》,商务印书馆 1975 年版,第 571 页。

② 朱光潜:《近代实验美学》,《朱光潜美学文集》第 1 卷,上海文艺出版社 1982 年版,第 297 页。

③ 《马克思恩格斯论文学与艺术》(一),陆梅林辑注,人民文学出版社 1982 年版,第 188 页。

④ [美]鲁道夫·阿恩海姆:《艺术与视知觉》,滕守尧等译,中国社会科学出版社 1984 年版,第 455 页。

⑤ [法]罗丹:《罗丹艺术论》,傅雷译,人民美术出版社 1987 年版,第 48 页。

乐美是一种独特的只为音乐所特有的美。这是一种不依附、不需要外来内容的美,它存在于乐音以及乐音的艺术组合中。优美悦耳的音响之间的巧妙关系,它们之间的协调和对抗,追逐和遇合,飞跃和消陨——这些东西的自由的形式呈现在我们直观的心灵面前,并且使我们感到美的愉快"[1]。

2. 物质材料组合规律的审美特征

物质材料组合规律的审美特征是指构成事物的物质材料按一定的规律组织起来所呈现出来的审美特性。具有审美意义的组合形式是人们在长期的审美实践活动中发现和总结出来的,一般可以从各部分之间组合规律和总体的组合规律来考察其审美特性。属于各部分之间的组合规律主要有反复与节奏,对称与均衡,比例与匀称等;属于总体组合规律主要有对比和调和。

(1)对称与均衡。

对称是指以一条线为中轴线的左右(或上下)两部分等量又等形的平衡形式。它是生物体生理结构的一种存在方式,如人体中眼、耳、手、足都是对称分布的。动物的生理构造,植物的叶脉形态也都符合对称规律。人类早在狩猎时代,就已发现甚至开始运用这种对称的形式,作为审美意识雏形的对称感,已经逐渐融入人类的自意识之中。普列汉诺夫指出:"野蛮人(而且不仅野蛮人)在自己的装饰艺术中重视横的对称甚至直的对称。"[2]这说明人所固有的对称感觉正是由人和动物的身体构型以及许多事物的对称样式养成的对称感觉的习惯。对称的审美特征主要表现在两个方面:一是安静、平稳、庄严;二是突出主体,衬托中心。

均衡是指以一条线为中轴线的左右(或上下)两部分等量不等形的平衡形式。对称与均衡都给人平衡的感觉,但均衡自然又有变化,可以看作是一种变化的对称。这个形式原则在艺术创作中运用得非常普遍。绘画、雕塑、建筑、书法等造型艺术,往往是有形的均衡布局,大而轻,小而重,长而细,短而粗,产生一种安稳而又灵活,自然朴素而又严肃庄重的艺术效果。在音乐、文学等艺术中,艺术家在结构其艺术作品时往往隐藏着一种无形的均衡。

(2)反复与节奏。

反复是指各种事物按照同一方式排列而形成的一种形式。它是一种自然规律,春、夏、秋、冬的周而复始,正常人体的心跳和呼吸,植物的花开花落,这些都形成了一种反复,在人类的空间和时间观念形成之后就进入了人类初民的意识

---

[1] [奥]汉斯立克:《论音乐的美》,杨业治译,人民音乐出版社1980年版,第38页。
[2] [俄]普列汉诺夫:《没有地址的信 艺术与社会生活》,曹葆华译,人民文学出版社1962年版,第42~43页。

领域,经过漫长的岁月积淀成为人们的审美经验。田野的秧苗,游行方阵中的人群,林荫道上的白杨,古典律诗中的音节,排列整齐一律,是典型的反复的方式,其审美特征是秩序和气势。

节奏是运动过程中力的强弱和量的大小有规律地连续在一起的一种形式。它可以看成是一种有变化的反复。原始人因为劳动的需要,创造了许多劳动号子,劳动号子的最大特点就是强烈的节奏感。普列汉诺夫在分析原始生活时指出:"在原始部落那里,每种劳动有自己的歌,歌的拍子总十分精确地适应于这种劳动所特有的生产动作的节奏。"①节奏是事物正常发展规律的体现,符合人类生理运动特点和心理需求。昼夜的交替,工作的张弛,自然事物的新陈代谢,社会现象的更迭出现,许许多多的生活现象,都有一种或隐或显的节奏。音乐节拍的强弱的交替出现,舞蹈动作的更迭重复,绘画色彩的冷暖调和,建筑群落的疏密组合,文学情感的抑扬变化,书法笔画的浓淡枯湿的分布等等都形成一种鲜明的节奏。艺术家往往在节奏基础上,注入一种灵性,赋予一种情调,创造一种艺术的韵律美,给人强烈的艺术冲击力。

(3)比例与匀称。

比例指事物与事物之间,事物的整体与局部之间,局部与局部之间在度量上的比例关系。人体生理结构包含着许多整数的比例关系,达·芬奇称之为"神圣的比例"。人的整体与五官四肢之间以及人与他物之间都有一定比例。比例关系自然影响着人们的审美定势。古希腊时期,毕达哥拉斯学派提出了"黄金分割率",这种比例是令人看起来最满意的比例关系。我国木工祖传"周三经一,方五斜七"的口诀,把它作为制作圆形或方形物体的大致比例。古代山水画论中所说"丈山、尺树、寸马、分人",是对绘画中各种事物之间比例的经验总结。恰当的比例就构成了匀称。

(4)调和和对比。

调和是多样统一的一种形式,指在事物的整体结构中,差异不大的因素相互联系,使之在变化中形成大体一致的状态。它是形式美中最基本最普遍的也是中国人最喜爱的一种。如绘画中近似色的搭配产生可谐和色彩,如同杜甫诗中的"桃花一簇开无主,可爱深红爱浅红"。在音乐中让两个以上的音有规律地同时发响而形成合声,这就是声音的调和。调和使人感到融合、协调,变化而不强烈,是优美对象的主要特征。

---

① [俄]普列汉诺夫:《没有地址的信 艺术与社会生活》,曹葆华译,人民文学出版社1962年版,第43页。

对比是多样统一的一种形式,指在事物的整体结构中,把相互对立因素结合在一起,在强烈的反差中形成对照的状态。西方人非常推崇这种对比之美,古希腊哲学家赫拉克利特就认为,"互相排斥的东西结合在一起,不同的音调造成最美的和谐"①。"接天莲叶无穷碧,映日荷花别样红"是红与绿的对比;"蝉噪林愈静,鸟鸣山更幽"是闹与静的对比;"朱门酒肉臭,路有冻死骨"是社会现象的对比。在书法艺术中特别强调这种对比变化,"若平直相似,状如算子,上下方整,前后齐平,此不是书"②。用笔快与慢、燥与润、浓与枯、方与圆、曲与直都是一种对比。上述事物材料的组合规律及其审美特征说明,人类在长期生活实践中发现了事物的形式特征,并影响审美思维的走向。在人类的审美经验中,这些形式美成为一种相对稳定的审美意识,对艺术美的创造有着广泛的影响。当然,这些组合规律及其审美特征不是固定不变的,它也会随着社会实践的不断深入而不断发展。

关键词释义

[自然美]　是指自然事物和自然现象表现出来的美。自然美分为两类:一类是经过人类加工改造的自然美,如沙漠变绿洲、沧海成良田等;另一类是未经人类加工改造的自然美,如江上明月、山间清风、浩瀚大海、茫茫草原等。

[社会美]　是指社会事物和社会现象表现出来的美。社会美包括实践主体的美、实践过程的美、实践环境的美和实践产品的美。

[艺术美]　即艺术作品的美,是艺术家根据一定的审美经验、审美趣味、审美观点、审美理想,对现实生活进行创造性的反映的产物。

[造型艺术]　是采用线条、色彩、实物等为材料塑造艺术形象,反映社会生活、表达思想感情的艺术,包括建筑、工艺品、绘画、雕塑、摄影、书法等。

[表演艺术]　是运用节奏、旋律、音响、人体动作创造艺术形象,反映社会生活、表达思想感情的艺术,包括音乐和舞蹈。

[综合艺术]　是综合文学、表演、造型等几种艺术形式的因素来塑造艺术形象,反映社会生活、表达思想感情的艺术,包括戏剧、影视艺术等。

[语言艺术]　是用语言塑造形象,反映社会生活、表达思想感情的一种

---

①　北京大学哲学系美学教研室编:《西方美学家论美和美感》,商务印书馆1980年版,第15页。

②　北京大学哲学系美学教研室编:《中国美学史资料选编》上,中华书局1980年版,第173页。

艺术。

[形式美] 是指构成事物外形的物质材料的自然属性以及它们的组合规律所呈现出的审美特性。

思考题

1. 如何理解自然美产生的根源?
2. 如何理解社会美及其特征?
3. 如何看待技术美学在当今生活中的影响?
4. 简述艺术分类的依据,分别说明各种艺术的审美特征。
5. 怎样理解艺术美与现实美的关系?
6. 如何理解艺术的内容美与形式美的关系?
7. 什么是形式美?它的组合法则和基本规律是什么?

进一步阅读文献

1. 徐恒醇:《技术美学》,上海人民出版社,1989年版。
2. 宗白华:《美学散步》,上海人民出版社,1981年版。
3. [俄]普列汉诺夫:《没有地址的信 艺术与社会生活》,曹葆华译,人民文学出版社,1962年版。
4. [英]克莱夫·贝尔:《艺术》,周金环等译,中国文联出版公司,1984年版。
5. [法]丹纳:《艺术哲学》,傅雷译,人民文学出版社,1963年版。
6. [英]柯林伍德:《艺术原理》,王至元等译,中国社会科学出版社,1985年版。

第七章 美学范畴

所谓范畴,就是一门学科的最基本概念,如数学的自然数、实数、虚数,物理学中的力、作用力、反作用力、功、能,政治经济学中的商品、价值、价格、资本等。美学范畴就是美学中的最基本概念。它相对应于美学的三个部分(客体研究、审美主体研究、审美创造研究)就应该也有三大部分。这一章主要研究审美客体的基本概念,那就是美与丑、幽默与滑稽、优美与崇高、悲剧性与喜剧性等。

第一节 美 与 丑

美与丑是相比较、相对立而并列存在的一对美学范畴。如果说美是人的本质力量的对象化,那么丑就是被异化、被扭曲的人的本质力量在对象世界中的具体、形象的显现。如果说美对人而言是一种肯定性的价值,它在情感上使人振奋、愉悦、欢快、幸福,那么丑对人而言就是一种否定性的价值,它在情感上使人厌恶、鄙弃、反感、痛苦。如果说美是形式上的和谐、成比例、匀称、有秩序,那么丑就是形式上的不和谐、失比例、不匀称、无秩序。如果说美是善的形象显现,那么丑就是恶的形象显现。总之,丑就是美的反面和对立面,是美的倒错。我们要真正认识事物,不仅要把握、研究美,还必须把握、研究丑。

一、美学史上对丑的探讨

西方美学史上对丑的探讨可以分为前后两个时期。

1. 前期

前期从古希腊开始一直延续到19世纪中叶。在这个漫长的历史阶段,丑虽然经常与美相提并论,但美学研究的中心话语是美而不是丑,丑只是人们为了更好地论述和研究美的本质和特征才附带提及的话题,其作用和价值在于用来增强美的光辉。也就是说,人们对丑的研究服务和从属于对美的研究。因此,这个时期对丑的研究远远不及研究美所达到的深度和广度,有关丑的理论相对大量有关美的理论而言也不是太多。

在古希腊时代,较早谈到丑的学者是赫拉克利特。他将辩证法运用于美学研究,从揭示美的相对性出发,认为"最美的猴子比起人来还是丑"①,而"最智慧的人和神比起来,无论在智慧、美丽和其他方面,都像一只猴子"②。智者学派和苏格拉底等人也有类似的看法。在智者学派看来,"没有任何东西或是完全美的,或是完全丑的",这一方面是因为对美丑的看法因人而异,"如果让所有的人在一块地毯上扔下他们认为是丑的东西,并让他们取走他们认为是美的东西,我相信地毯上不会剩下任何东西"。另一方面是因为美丑随客观条件的变化而转化:"用香脂水粉浓妆美化自己而装饰得珠光宝气的男人是丑的,但在女人则是美的。对朋友乐善好施是美的,对敌人则是丑的。在敌人面前跑是丑的,而在运动场上,在竞争对手前面跑则是美的。杀害朋友和公民是丑的,击毙敌人则是美的。"③苏格拉底认为"同一事物同时既是美的又是丑的"④,如对赛跑来说美的东西,对角斗来说往往是丑的,反过来也是如此。因为美是适用,同一事物对某些人可能适用,而对另一些人却不适用,所以同一事物才会具有这种既美又丑的现象。

到了古罗马时代,普鲁塔克在《青年人应当怎样学习做诗》一文中,提出了一个真正的美学问题:现实中丑的东西在艺术中能否变美?他的回答是否定的,丑无论在现实中还是在艺术中仍然是丑,不可能变成美。正如现实中的蜥蜴进入绘画仍是蜥蜴,不可能变成美女一样。他的原话是这样讲的:"从本质上来说,丑不可能变得美……丑的东西的影像不可能是美的影像;如果它是美的影像的话,它就不可能适合于或符合于它的原型。"⑤但是他又认为,艺术作为模仿品如果是酷肖原型的话,则不论其模仿对象是美还是丑,都可以引起快感,受到人们的赞赏。艺术模仿对象要酷肖原型,关键在于"艺术家的技巧",普鲁塔克已经认识到"临摹丑的东西的技巧能理所当然地给人以快感"⑥。比普鲁塔克晚一个半世纪的著名哲学家和美学家普洛丁,认为世间的事物之所以美,并非事物本身具有

---

① [古希腊]柏拉图:《文艺对话集》,朱光潜译,人民文学出版社1983年版,第183页。
② 北京大学哲学系美学教研室编:《西方美学家论美和美感》,商务印书馆1980年版,第16页。
③ 引自方珊:《美学的开端——走进古希腊罗马美学》,上海人民出版社2001年版,第100页。
④ 北京大学哲学系美学教研室编:《西方美学家论美和美感》,商务印书馆1980年版,第19页。
⑤ [英]鲍桑葵:《美学史》,张今译,商务印书馆1985年版,第142页。
⑥ [英]鲍桑葵:《美学史》,张今译,商务印书馆1985年版,第144页。

美的属性，而是"由于分享了来自神那里的理性"，只有神才是美的根源。对于一件没有形式的事物来说，由于它"缺乏理性和理型，它就是丑的，并被排斥在神和理性之外，它是绝对地丑的了"①。普洛丁以是否分享了神的理性来判定一件事物是美还是丑，这就很自然地把美学研究导向了神学。

中世纪早期最重要的美学家奥古斯丁，认为在上帝所创造的感性世界里，丑是一种较低级的美，是构成美的一个条件，是整体美的一个部分，它在整体美中起反衬和烘托作用，因此丑不是一个消极的范畴而是一个积极的范畴。如在一幅画中，阴影如果布置得正确，并不会使画显得丑。美有绝对美，而丑却是相对的。例如人的形体美高于猿猴的美，于是人们便称猿猴的形体为丑，其实猿猴的形体也包含和谐、对称等美的要素。

18世纪的英国经验主义美学家休谟，从人的主观情感出发，用快乐和痛苦的情感来区分美与丑。他说："美是一些部分的那样一个秩序和结构，它们由于我们天性的原始组织，或是由于习惯，或是由于爱好，适于使灵魂发生快乐和满意。这就是美的特征，并构成美与丑的全部差异，丑的自然倾向乃是产生不快。因此，快乐和痛苦不但是美和丑的必然伴随物，而且还构成它们的本质。"②这就是说，快乐这种情感是美的真正本质，而痛苦这种情感则是丑的真正本质。这一方面混淆了美、美感和快感及丑、丑感和痛感的区别，另一方面也否认了美与丑的客观性。在休谟看来，事物本身是无所谓美丑的，一个对象，你认为美，我可以认为丑，美丑是由个人的主观感受决定的，想在事物本身发现真正的美或丑，纯粹是徒劳无功的探讨。与休谟同时代的英国著名画家和艺术理论家荷迦兹，认为丑是自然的一种属性，适宜可以产生美，不适宜则会变成丑。他用赛马和战马的不同性质、体形来说明："赛马的马的周身上下的尺寸，都最适宜于跑得快，因此也获得了一种美的一贯的特点。为了证明这一点，让我们设想把战马的美丽的头和秀美的弯曲的颈放在赛马的马的肩上，用来代替它自己的笨拙的直脖子，看起来一定不好看，不但不能增加美，反而变得更丑了。因为，大家的论断一定会说这是不适宜的。"③他还认为有组织的变化可以产生美，而"没有组织的变化，没有设计的变化，就是混乱，就是丑陋"④。

---

① 伍蠡甫主编：《西方文论选》上，上海译文出版社1979年版，第138页。
② ［英］休谟：《人性论》，关文运译，商务印书馆1985年版，第334页。
③ 北京大学哲学系美学教研室编：《西方美学家论美和美感》，商务印书馆1980年版，第102页。
④ 北京大学哲学系美学教研室编：《西方美学家论美和美感》，商务印书馆1980年版，第103页。

18世纪德国启蒙运动美学的真正创立者鲍姆加登,从"美学是研究人类感性认识的科学"这一总前提出发,认为"美学的目的是感性认识本身的完善(完善感性认识)。而这完善也就是美。据此,感性认识的不完善就是丑,这是应当避免的"①。他还进一步指出:"感性认识也有同样多的丑、错误和令人讨厌的瑕疵,这些必须加以杜绝,(它们)或者在思想和事物之中,或者在各种思想的相互联系中,或者在表述中。"②鲍姆加登的这种观点很容易让人以为他把丑完全排除在了美学之外,其实他排除的是认识论意义上的丑,即感性认识中的丑,因为在他看来,这种丑是与感性认识的完善相对立的。但他并不否认丑的事物可以成为审美对象,他认为在现实生活中丑的事物本身可以被想象为美的,而美的事物也可以被想象为丑的。鲍姆加登把认识论意义上的美丑与审美活动中对象的美丑进行了区别,对审美活动中丑的价值给予了肯定。

进入19世纪,丑日益被美学或审美实践所重视,但在19世纪初期,人们虽然发现了"丑就在美的旁边",并提出了对于丑的呼唤,但丑依然没有从审美中独立出来,进而转变为审丑。也就是说,丑的意义和价值还在于它可以转变为美或者衬托和强化美。法国浪漫主义作家雨果在《〈克伦威尔〉序言》中的观点具有代表性。他说:"滑稽丑怪作为崇高优美的配角和对照,要算是大自然所给予艺术的最丰富的源泉。毫无疑问,鲁本斯是了解这点的,因为他得意地在皇家仪典的进行中,在加冕典礼里,在荣耀的仪式里也掺杂进去几个宫廷小丑的丑陋形象。古代庄严地散布在一切之上的普遍的美,不无单调之感;同样的印象老是重复,时间一久也会使人厌倦。崇高与崇高很难产生对照,于是人们就需要对一切都休息一下,甚至对美也是如此。相反,滑稽丑怪却似乎是一段稍息的时间,一种比较的对象,一个出发点,从这里我们带着一种更新鲜更敏锐的感觉朝着美而上升。鲵鱼衬托出水仙;地底的小神使天仙显得更美。"③除此之外,德国美学家里普斯认为:"凡是我们投进了对生命无价值或否定的东西,投进了冲突、缺陷或匮乏的东西,这就是丑。它的主要功能,是作为美的陪衬。"④德苏瓦尔也承认"丑是一种背景,用来增强美的光辉"⑤。

---

① 引自朱立元:《美学》,高等教育出版社2001年版,第182页。
② [德]鲍姆加登:《美学》,简明、王旭晓译,文化艺术出版社1987年版,第20页。
③ 伍蠡甫主编:《西方文论选》下,上海译文出版社1979年版,第185页。
④ [英]李斯托威尔:《近代美学史评述》,蒋孔阳译,上海译文出版社1980年版,第232页。
⑤ [英]李斯托威尔:《近代美学史评述》,蒋孔阳译,上海译文出版社1980年版,第232页。

1853年，西方美学史上对丑的探讨发生了一件划时代的大事，即德国美学家罗森克兰兹出版了《丑的美学》一书。该书对于丑的研究有如下几个方面的贡献：其一，把丑明确地与美对立且并列起来，指出丑"不在美的范围以内"，但与美一样，同"属于美学理论的范围"，并提出"丑的美学"的概念与"美的美学"相对应，认为"丑的美学所遵循的方针和美的美学很相似"。其二，丑不是作为提高美的衬托物而被接纳到艺术中来的，因为"美是一种明确的、积极的和独立的东西"，"并不需要任何衬托物或黑暗的背景"。其三，艺术表现不能抛开丑，艺术不能忽略对于丑的描绘，但当丑在艺术中出现的时候不能加以美化。"因为这样做无异于在反叛之上再加上欺骗，十足使它更加可厌"，然而在表现丑时，"又必须使之服从美的一般法则，如对称、和谐、比例和富于个性的表现的力量等等法则，以便使之'理想化'。这样的理想化的结果并不是和缓或盖住它的丑，恰恰相反，而是突出了它的富于特征的和本质的轮廓"。这是"理想化"，并非"美化"，而是用"美的一般法则"突出丑的一般特征。这是艺术表现丑的基本原则。其四，顾及了艺术表现丑的效果，即有可能削弱、消除丑的令人不快之感。"在这样做的时候，必然要产生某种不良的后果。令人不快或令人讨厌的细节中的非本质的东西被消除了，正像在平凡的美的再现中，非本质的迷人的东西被消除了一样。"①我们认为，罗森克兰兹的《丑的美学》不仅是美学史上第一部专门研究丑的美学专著，而且也标志着丑从美的阴影和依附状态中走出来，真正成为了一个独立的美学范畴。从此，西方美学史上对丑的探讨进入了一个新的时期，即我们所说的后期。

2. 后期

后期从罗森克兰兹所著《丑的美学》一书出版到 20 世纪中晚期。这短短的一百多年，是丑作为一个独立的美学范畴受到推崇、偏爱直至歌颂而大行其道的时期。从审美实践的角度来考察，如陀思妥耶夫斯基在长篇小说《地下室手记》中，开头就说，"我是个有病的人……我是个凶狠的人"；在《罪与罚》中，他描写人的犯罪和犯罪意识，并将其美化；在《白痴》中，"白痴"成了绝对美好的人物，成了"正面的优秀人物"。法国象征主义诗人波德莱尔的诗集《恶之花》，书名就告诉我们，他所要歌颂的，是恶，是丑，他所献出的是"病态的花"。如其中的《腐尸》一诗，作者对一具又脏又臭、布满蛆虫、已经溃烂的腐尸作了淋漓尽致的描写，并称之为"壮丽的尸体"、"一朵开放的花苞"。在音乐领域，20 世纪初出现在欧洲乐坛上的表现主义音乐，追求感官的刺激和对于直觉的夸张，强调表现非理性的潜意识冲动，所以在形式上反对和谐，创造非逻辑、非均衡的音乐结构，形成的音乐

---

① ［英］鲍桑葵：《美学史》，张今译，商务印书馆 1985 年版，第 519 页。

风格是尖锐、剧烈和刺激,这种风格当然不是优美,也绝非崇高,隐于其后的正是现代意义上的丑。在绘画领域,法国画家马奈的作品《奥林比亚》在展出时被称为色情"母猩猩"和"丑八怪的艺术";同为法国画家的杜尚画出了长着胡须的蒙娜丽莎;惊世骇俗的西班牙画家毕加索,无论是他的"蓝色时期"所描绘的贫困潦倒的穷人还是"粉红色时期"描绘的马戏团演员,或者"分析立体主义时期"创作的形象支离破碎的作品,都已经不是表现传统意义的美,而是一定程度上对于丑进行审视的结果。

丑在这一百多年间之所以由"边缘"走向"中心",获得了从未有过的显赫地位,与西方现代社会的扭曲和异化是紧密相关的,后者为前者奠定了深厚的现实根基。西方现代资本主义社会的扭曲和异化特征主要表现在如下三个方面:其一,资本主义的形成与发展是建立在对工人阶级的残酷剥削、压迫基础上的,进入帝国主义时期,实行殖民主义,种族灭绝,在全球划分势力范围,最残酷与反人道的当然是两次世界大战。在某种意义上可以说,在奥斯维辛之后再谈竖琴和诗歌意味着一种残酷无情。其二,大工业流水线的生产方式以及科学技术的进步虽然带来物质生产水平的极大提高,解放了生产力,但与此同时也助长了两极分化,使得生产的社会化与生产资料私人所有的矛盾日益尖锐,个人在社会之中的地位以对于财富的占有数量作为唯一衡量尺度,人的生命变得微不足道。人与人之间最重要的关系是物的关系,即相互利用和相互欺诈。如马克思所说,资产阶级"使人和人之间除了赤裸裸的利害关系,除了冷酷无情的'现金交易',就再也没有任何别的联系了"[①]。个人的价值也开始以金钱来衡量,当一个人在公众场合露面时,首先要说明的就是身价多少,而不是他的信仰、道德状况和审美趣味。其三,随着垄断时代的到来,资产阶级在上升时期所提倡的自由、平等、博爱成为赤裸裸的欺骗,代表着大资本家利益的所谓"国家利益"、"国家安全高于一切",海外扩张、军备竞赛迎来了核冬天,人类第一次掌握了可以毁灭自身的力量,而这种力量等于把人类自己放在了任凭宰割的砧板上,经历了两次世界大战洗劫的西方,又布上了核恐惧的阴云。极度的异化导致了极度的绝望,在这种令人厌倦和失望的生活中,丑被人们看成是代表人类本质的东西,审丑成为清醒的表现,而审美传统反倒被认为是一种麻木或欺骗。

二、美与丑的关系

美学史上很早就对美与丑之间的关系进行了认真的思考和探讨。古希腊时

[①] 《马克思恩格斯选集》第1卷,人民出版社1972年版,第253页。

代,以赫拉克利特、智者学派及苏格拉底等为代表,他们在讨论"什么是美"或者"什么是丑"的同时,对二者的关系发表了一系列的看法。中国先秦时代以老子、庄子为代表的道家美学,对美丑间的关系同样给予了相当的关注。中西美学家的思考和探讨给我们留下了许多非常有价值的观点。

美与丑之间是一种既对立又统一的辩证关系。首先,美与丑之间是对立的、有本质区别的,美是美,丑是丑,两者泾渭分明,不能混淆。古希腊时代的哲学家对此已有清醒的认识,他们认为:"美是一种东西,丑是另一种东西,它们有区别就像它们的名称所要求的那样。"[①]中国汉代的《淮南子》也毫不含糊地肯定美丑之间的区别是客观的存在,任何人也抹杀不了。《淮南子·说山训》中说:"琬琰之玉,在洿泥之中,虽廉者弗释。弊箄甑瓾,在袡茵之上,虽贪者不搏。美之所在,虽污辱,世不能贱。恶之所在,虽高隆,世不能贵。"这段话的意思是说,美玉掉在污泥之中,即使是廉洁的人也要把它拾起来;破旧的竹席陶器放在毡席之上,即使是贪心的人也不会把它拿走。美的东西虽被污辱,人们不会贱视它;丑的东西虽被显荣,人们也不会珍爱它。这说明美的事物究竟是美的,丑的事物究竟是丑的,两者不能混为一谈。其次,美丑之间又是统一的关系。美和丑的统一性或者说同一性表现在如下两个方面:

1. 美和丑相互联系、相互依存

先秦道家学派的创始人老子在讲到美与丑的关系时说:"天下皆知美之为美,斯恶已;皆知善之为善,斯不善已。故有无相生,难易相成,长短相形,高下相盈,音声相和,前后相随。"这段话的意思是:天下都知道美之所以为美,丑的概念就相应地产生了。这说明老子已经朴素地认识到了这样一个事实:美与丑是相互联系的,是相互比较而存在的,没有美,就无所谓丑,同样,没有丑,也就无所谓美。善于从宇宙万物的普遍联系出发来观察美丑关系,这是老子美学的一个鲜明特点。晋代的著名思想家葛洪在《抱朴子》一书中曾说:"不睹琼琨之熠烁,则不觉瓦砾之可贱;不觌虎豹之或蔚,则不知犬羊之质漫。"看不见美玉的光泽闪烁,则不知道瓦砾之低贱;看不见虎豹的文采斑斓,则不知犬羊之"质漫"。"质漫"是不好、丑的意思。葛洪这段话也揭示出美与丑是相联系、相比较而存在的。古希腊的赫拉克利特、智者学派及苏格拉底等对美丑关系的探讨,其共同之处在于把美与丑联系起来进行观照。如智者学派认为:成熟的男子爱抚所爱的人是美的,爱抚不爱的人是丑的。女子在室内洗澡是美的,在体育学校洗澡是丑的(而男子在体育学校和其他学校洗澡是美的)。可见,美与丑之间是相比较而存

[①] 凌继尧、徐恒醇:《西方美学史》第一卷,中国社会科学出版社2005年版,第71页。

在的,这是一个引起中西美学家普遍共鸣的观点。法国作家左拉写过一篇短篇小说,叫《陪衬人》,讽刺资本主义社会把"丑"当作商品。他说在法国巴黎"这个商业的国度,美,是一种商品,可以拿来做骇人听闻的交易。大眼睛和小嘴儿可以买卖;鼻子和脸蛋儿都标有再精确不过的市价。某种酒窝、某种痣点,代表着一定的收入"。但工业家老杜郎多却起了一个奇妙而惊人的念头,要拿"丑"来做买卖,这就是以丑女作为"陪衬人"。他登了一则广告,声称他新创一所商号,"旨在永葆夫人之美貌……无需一条丝带,无需一点脂粉,只消为夫人觅得一种手段,引人注目,而又不露蛛丝马迹"。这就是"租一陪衬人,与之携手同行,是使夫人陡增姿色……价格:每小时五法郎,全天五十法郎"。这篇小说对美丑之间相互联系、相互比较而存在的关系作了生动形象的说明。

2. 美丑在一定的条件下可以相互转化

以孔子为代表的儒家美学认为,美丑之间是绝对不能相容的,美丑的对立是绝对的。这是一种片面的观点。实际上,美与丑之间并没有一道不可逾越的鸿沟,在一定的条件下,美丑之间正如庄子所言是"应时而变"的,美可以变成丑,丑也可以变成美。清代叶燮在《原诗》中说:"幽兰得粪而肥,臭以成美;海木生香则萎,香反为恶。富贵有时而可恶,贫贱有时而见美。"这里面就包含了美丑的相互转化。在社会生活中,美丑相互转化的例子可以说俯拾皆是,不胜枚举。如河流湖泊受到工业废水和生活污水的污染后,经过有效的治理,水质得到改善,变得清澈明净,这是丑向美的转化。又如有些"失足青年"经过耐心教育后,痛改前非,重新做人,有的在工作中成绩突出,被评为新长征突击手,跨入了先进青年的行列,这也是由丑向美的转化。再如个别领导干部由于放松思想改造,物欲恶性膨胀,终于由一名清官堕落为人人唾骂的贪官,这是美在一定的条件下滑向了它的反面——丑。

三、生活丑与艺术美

生活丑是指现实生活中客观存在的丑。生活丑能否进入艺术的殿堂而成为艺术描写的对象,我们的回答是肯定的,因为作为观念形态的文艺作品都是一定时期社会生活的反映,社会生活本身是真善美与假恶丑的有机统一。文艺在反映美的同时,理所当然也应该反映丑。但是在东西方美学史上,却曾有过不同的看法。在中国美学史上,清代学者刘熙载在《艺概》中评韩愈诗说:"昌黎诗往往以丑为美,然此但宜施之古体,若用之近体,则不受矣。是以言各有当也。"在刘熙载看来,不受声律限制的古体诗,适宜于"以丑为美",而必须遵守既定格律的近体诗,则不宜将生活丑作为审美对象。在西方美学史上,柏拉图是最早就"摹仿题材的美丑"问题进行探讨的美学家,他反对艺术摹仿生活丑。他认为诗歌和戏剧只能"摹仿适合保卫者事业的一些性格,摹仿勇敢、有节制、虔敬、宽宏之类品德……不能摹仿坏人、懦夫,或是行为与我们所规定的相反的那些人们"①。对那些摹仿生活丑的作品,柏拉图总是投以十分鄙弃的目光,并且禁止它们闯入"理想国"。亚里士多德则充分肯定艺术对生活丑的摹仿。在《诗学》中,他结合喜剧来谈生活丑,认为喜剧所摹仿的对象就是现实生活中的丑。德国美学家莱辛在《拉奥孔》这部名著中,认为生活丑"可以成为诗人所利用的题材",但坚持生活丑不能进入造型艺术。因为"在诗里形体的丑由于把在空间中并列的部分转化为在时间中承续的部分,就几乎完全失去它的不愉快的效果,因此仿佛也就失其为丑了"②。而造型艺术,如绘画、雕刻则不然,它所表现的对象不像在诗歌、戏剧中那样会稍纵即逝,而是在空间上展示出来,通过一定的物化形式长久地固定下来,致使丑的形象以直观的方式久久地留在人们的印象中,从而造成不好的审美效果。所以造型艺术作为美的艺术,在摹仿对象上只能把"自己局限于能引起快感的那一类可以眼见的事物"③。法国浪漫主义作家雨果在 1827 年发表的《〈克伦威尔〉序言》中说,原始时期的人面对着使他眼花缭乱、使他陶醉的大自然,最先的话语只是一种赞美歌。但到了近代,近代人接近现实的真实,即发现"丑就在美的旁边,畸形靠近着优美,粗俗藏在崇高的背后,恶与善并存,黑暗与光明相共"④。因此对艺术来说,现实生活中与美并存的丑是"大自然所给予艺术的最丰富的源泉"⑤。与雨果同时代的法国雕塑家罗丹,认为现实中的丑,无论是外在的丑还是内在灵魂的丑,都是"艺术的材料",平常的人"想禁止我们表现自然中使他们感到不愉快的和触犯他们的东西,这是他们的大错误"⑥。此外,还有司汤达、梅里美、巴尔扎克、福楼拜、左拉、契诃夫等一系列作家,他们从文学应该按照生活的本来面目描写生活的创作理念出发,也都把生活丑作为他们描写的重要题材。那么,生活中的丑作为审美对象进入艺术领域,是如何变成艺术中的美的呢?法国雕塑家罗丹曾对这个问题给予了回答。罗丹首先充分肯定"在自然中一般人所谓'丑',在艺术中能变成非常的美"⑦。然后他认为:"一

---

① [古希腊]柏拉图:《文艺对话集》,朱光潜译,人民文学出版社 1963 年版,第 52~53 页。
② [德]莱辛:《拉奥孔》,朱光潜译,人民文学出版社 1979 年版,第 137 页。
③ [德]莱辛:《拉奥孔》,朱光潜译,人民文学出版社 1979 年版,第 135 页。
④ 伍蠡甫主编:《西方文论选》下,上海译文出版社 1979 年版,第 183 页。
⑤ 伍蠡甫主编:《西方文论选》下,上海译文出版社 1979 年版,第 185 页。
⑥ [法]罗丹:《罗丹艺术论》,沈琪译,人民美术出版社 1978 年版,第 21 页。
⑦ [法]罗丹:《罗丹艺术论》,沈琪译,人民美术出版社 1978 年版,第 21 页。

位伟大的艺术家或作家,取得了这个'丑'或那个'丑',能当时使它变形……只要用魔杖触一下,'丑'便化成美了——这是点金术,这是仙法!"①所谓"点金术"、"仙法",即艺术的典型化,这是生活丑转化成艺术美的关键之所在。一位艺术家在反映生活丑的时候,只有遵循典型化的原则,把对象的丑之为丑的本质深刻地揭示出来,使对象在艺术中丑上加丑,丑上更丑,如此这般表现生活丑,生活丑才能变成艺术美。由此可见,生活中的丑成为艺术中的美,并不是丑本身摇身一变成了美,而是生活中的丑经过艺术的美妙高超的表现,经过艺术的典型化,才变成了艺术美。也就是说,变美的不是丑本身,而是艺术。美学界一般喜欢用罗丹雕刻的《老妓》作为例子来说明这种变化。老妓名叫欧米哀尔,年轻时非常美丽,有着圆润的额,金黄的发,玲珑可爱的双肩,小小的双乳,丰满的臀部,因此博得法国诗人维庸的歌颂,称之为"美丽的欧米哀尔"。但这个妓女,随着年华的流逝,已经衰老得不堪入目:两乳干瘪的胸膛,布满可怕皱纹的肚子,臂上和腿上的筋节犹如枯干的葡萄藤。罗丹在雕刻中深刻地揭露了欧米哀尔老年的这种丑,使之升华成为"稀有的丑陋的型范",以至罗丹的朋友葛赛尔看了这座雕像禁不住惊呼:"丑得如此精美!"这句话是对罗丹高超的艺术表现力的赞叹,也是对《老妓》的艺术美的赞叹。

四、艺术丑

艺术丑是指艺术作品的丑,它与艺术美是相对应的,是艺术美的倒错。艺术美是对艺术家的创造、智慧、力量的肯定,而艺术丑是对艺术家的创造性劳动的否定。衡量艺术作品美丑的标准不是看作品所反映的对象的美丑性质,对象是美或丑与艺术作品的美丑之间并没有必然的内在联系,而是看艺术家怎样去表现对象。一位艺术家反映美的事物,如果他用一种丑的方式去表现,可使作品成为丑;相反,如果他在反映丑的事物时,用一种美的方式去表现,则可以使作品成为美。

讨论艺术丑的前提,是必须明白艺术作品反映丑的对象不等于艺术丑。艺术家表现丑的对象时,由于所塑造的形象中体现了艺术家的创造性劳动,作品本身可以是美的。在某种情况下很容易把作品的美与形象本身的丑混淆在一起,实际上这是两回事,因为作品的美是由艺术家的创造性劳动决定的,而形象的丑是体现客观对象的性质。例如17世纪西班牙伟大的现实主义画家委拉斯开兹所画的《教皇英诺森十世像》,这是丑的形象:教皇那斜视的三角眼,紧缩而微竖

---

① [法]罗丹:《罗丹艺术论》,沈琪译,人民美术出版社1978年版,第21页。

的眉头,鹰钩形的鼻子,表现出教皇的阴险、狠毒和威严;正襟危坐,双手扶着椅子,左手拿着一张签署的纸条,表现出教皇的权势;他那坐椅上镶嵌的宝石,手指上闪光的戒指,红色缎子的僧帽、法衣,象征着教皇拥有的财富。这一切构成了人物形象的丑,揭露了客观对象的丑的本质。但是它作为一件成功的艺术作品却是美的。因为这件作品不仅体现了画家对现实丑的深刻的观察、理解,而且表现了艺术家在运用色彩、形体、构图等方面的精湛技巧。对作品中丑的形象的欣赏,实际上是对画家精湛技巧的欣赏。

明白了这个"前提",我们就能理解艺术丑的本质:艺术丑是指艺术作品的内容虚假、腐朽、技巧拙劣。罗丹曾说:"在艺术中所谓丑的,就是那些虚假的、做作的东西,不重表现,但求浮华、纤柔的矫饰,无故的笑脸,装模作样,傲慢自负——一切没有灵魂、没有道理,只是为了炫耀的说谎的东西。"[1]刘勰在《文心雕龙·情采》篇中也涉及艺术丑。在他看来,文学史上那些"为文造情"、"言与志反"的作品,无病呻吟,没有真情实感,是内容虚假的艺术丑的具体体现。另一种情况的艺术丑是指技巧上的失败。如有些作家为了追求新奇,故意颠倒字句,如应该说"想彼君子",却说成"君子彼想",应该说"坠泪"、"危心",却说成"危泪"、"坠心"。刘勰在《文心雕龙·定势》篇中对这种"穿凿取新"的"效奇之法"进行了批判。又如中国书法对字的形势的疏、密、长、短的处理不当,便会产生艺术丑。所谓"不宜伤密,密则似疴瘵缠身(不舒展也);复不宜伤疏,疏则似溺水之禽(诸处伤慢);不宜伤长,长则似死蛇挂树(腰肢无力);不宜伤短,短则似踏死虾蟆(形丑而阔也)"[2]。此外,艺术丑还指一种特殊的形式美。如中国园林艺术中的假山叠石以"丑"为美。清代刘熙载在《艺概》中写道:"怪石以丑为美,丑到极处,便是美到极处。"这里所说的"丑",实际上是指一种不规则的变化,也可以说是一种险怪突兀的美。对这种美的感性特征,清代李渔在《闲情偶寄》中曾有过精辟的论述:"言山石之美者,俱在透、漏、瘦三字。此通于彼,彼通于此,若有道路可行,所谓透也;石上有眼,四面玲珑,所谓漏也;壁立当空,孤峙无倚,所谓瘦也。"除了透、漏、瘦,还有人加上皱,指山石表面凸凹不平。如杭州花圃掇景园内的"皱云峰",石峰高2.6米,狭腰处仅0.4米,石身褶皱,"形同云立,纹比波摇",体态秀润,天趣宛然,堪称假山石中的极品。上海豫园的"玉玲珑",石高4米许,重5吨多,其上有72个孔穴,据说有人曾在石下点燃香火,青烟萦绕穿孔,一孔不少,可

---

[1] [法]罗丹:《罗丹艺术论》,沈琪译,人民美术出版社1978年版,第24页。
[2] 《王右军笔势论》,转引自杨辛、甘霖:《美学原理》,北京大学出版社1993年版,第83页。

谓漏、透矣。而苏州留园内的"冠云峰",一峰就兼备"透、漏、瘦、皱"四大特点。这四大特点与一般所说的形式美,如整齐一律、对称均衡、光滑细腻等是对立的,所以有人称它为"丑"。实际上这里所说的"丑",是指山石的错综变化的美,故能给人以审美快感。

第二节　崇高与优美

一、关于崇高与优美的不同术语

崇高与优美本是西方美学的基本范畴,崇高,英文为 sublime,优美,英文为 grace。这两个西方美学范畴自 20 世纪初随着"西学东渐"之潮引入我国以后,在为我国学者接受的过程中,分别出现了一些不同的名词术语。晚清的王国维是我国近现代美学史上最早译介并运用这一对范畴的学者。他说:"美学上之区别美也,大率分为二种:曰优美,曰宏壮。自巴克(今译博克)及汗德(今译康德)之书出,学者殆视此为精密之分类也。"①又说:"美之为物有两种:一曰优美,一曰壮美。"②王国维所说的"宏壮"、"壮美",即我们今天所说的"崇高"。王国维以后,蔡元培在《以美育代宗教说》一文中,称崇高为"崇宏之美",称优美为"都丽之美"。而"崇宏之美"又可以分为"至大"和"至刚"两种。李大钊曾在早年写过一篇论文,题目叫《美与高》。在这篇文章中,他称崇高为"壮伟之美",称优美为"秀丽之美"。他说:"美非一类,有秀丽之美,有壮伟之美。前者即所谓美,后者即所谓高也。"③朱光潜认为,grace 翻译成中文除可译为"秀美"之外,还可译为"清秀"或者"幽美",而 sublime 则可译为"雄伟"④。此外,在我国当代美学著作中,崇高还被称为"刚性美"或者"刚美",优美还被称为"柔性美"或者"柔美"。

在我国古代美学自具个性的概念系统中,与崇高和优美大致相当的概念首推"阳刚(之美)"和"阴柔(之美)"。"阳刚"与"阴柔"的观念在中国美学史上起源很早,可以追溯到先秦的《周易》。《周易》中对"乾"卦和"坤"卦及相关

---

① 北京大学哲学系美学教研室编:《中国美学史资料选编》下,中华书局 1981 年版,第 435 页。
② 北京大学哲学系美学教研室编:《中国美学史资料选编》下,中华书局 1981 年版,第 433 页。
③ 引自杨辛、甘霖:《美学原理》,北京大学出版社 1993 年版,第 250 页。
④ 朱光潜:《朱光潜美学文集》第一卷,上海文艺出版社 1982 年版,第 231 页。

的其他一些卦的论述,鲜明地显示出阳刚美和阴柔美的观念。到18世纪,清代桐城派文论家姚鼐在继承《周易》的基础上,正式明确地提出"阳刚之美"和"阴柔之美"的说法。他说:"其得于阳与刚之美者,则其文如霆,如电,如长风之出谷,如崇山峻崖,如决大川,如奔骐骥;其光也,如杲日,如火,如金镠铁;其于人也,如凭高视远,如君而朝万众,如鼓万勇士而战之。其得于阴与柔之美者,则其文如升初日,如清风,如云,如霞,如烟,如幽林曲涧,如沦,如漾,如珠玉之辉,如鸿鹄之鸣而入廖廓;其于人也,愀乎其如叹,邈乎其如有思,暖乎其如喜,滲乎其如悲。"①除此之外,与崇高相似的概念还有"大"。孔子《论语·泰伯》说:"大哉!尧之为君也,巍巍乎,唯天为大,唯尧则之。"《孟子·尽心下》说:"充实之谓美,充实而有光辉之谓大。"《庄子·天道》也说:"夫天地者,古之所大也,而黄帝、尧、舜之所共美也。""大"是伟大的意思,在内涵上大致相当于西方的崇高范畴。

二、西方美学史上对崇高与优美的探讨

1. 西方美学史上对崇高的探讨

在西方美学史上,最早涉及崇高内容的是古希腊"潜心于研究数学和数"的著名人物毕达哥拉斯。他把音乐的审美风格划分为两类:一种是具有男性阳刚之气、粗犷尚武、振奋人心的作品;另一种是轻婉甜蜜、具有女性阴柔之美的作品。随后,柏拉图在《文艺对话集》中谈到了"崇高"这个名词,并且把"崇高"与"优美"并举。他说:"凭临美的汪洋大海,凝神观照,心中起无限欢喜,于是孕育无量数的优美崇高的道理,得到丰富的哲学收获。"②一般认为,古罗马的朗吉弩斯在《论崇高》一文中首次把崇高作为一个审美范畴提出,并作了较为系统的论述。在这篇长文的开头,作者说到自己曾经研究过凯齐留斯的《论崇高》一文,感到不满意,认为"它完全抓不住这问题的要点,而且简直不能偿读者的阅读之劳",于是以书信体的形式写出了自己的《论崇高》。这说明在朗吉弩斯之前,就已经有人明确地提出了崇高范畴,并且加以探讨了。只是因为朗吉弩斯的文章流传了下来,并对后世产生了巨大影响,特别是为博克、康德等人的崇高论奠定了基础,故一般都把他当成西方第一个探讨崇高的人。在朗吉弩斯看来,崇高是一切"真正伟大的作品"所共有的风格,文学作品一旦拥有了这种风格,便具有不

---

① 北京大学哲学系美学教研室编:《中国美学史资料选编》下,中华书局1981年版,第369页。

② [古希腊]柏拉图:《文艺对话集》,朱光潜译,人民文学出版社1963年版,第272页。

可抗拒的魅力,令人百读不厌,产生不可磨灭的印象。朗吉弩斯指出,文学作品崇高风格的形成,必须具备五个重要因素,即庄严伟大的思想、强烈而激动的情感、符合修辞格的藻饰、高雅的措辞和把前四者联系为一个有机整体的庄严宏伟的结构。但说到底,文学作品的崇高风格来自于作者伟大的心灵,是"伟大心灵的回声"。《论崇高》这篇长文在美学史上被埋没很久,直到 16 世纪才由意大利学者劳鲍特里把它印行出来。自 1674 年法国新古典主义者布瓦洛将它译成法文出版后,"崇高"这一审美范畴在西方才引起了广泛注意。

"崇高"作为严格意义上的美学范畴形成于近代,正如英国现代美学家鲍桑葵所说:"随着近代世界的诞生,浪漫主义的美感觉醒了,随之而来的是对于自由的和热烈的表现的渴望,因此,公正的理论已经不可能再认为,把美解释为规律性和和谐,或多样性的统一的简单表现就够了。这时,出现了关于崇高的理论。"①所以我们认为,直到 18 世纪,英国著名的经验主义哲学家和美学家博克写出《关于崇高与美的观念的根源的哲学探讨》一文,"崇高"才发育成为一个真正完全意义上的美学范畴,得到美学家和哲学家的深入研究和探讨。博克主要研究崇高感产生的原因和崇高事物的基本特征,他对于崇高感的看法主要是从人的生命意识角度入手的。他认为,人有两种基本情欲:自我保全的情欲和社会交往的情欲。其中自我保全的情欲起源于恐惧和痛苦。当一个人的生命受到实际威胁时,心理上不可能产生愉悦的快感,只会产生恐惧和痛苦。但他"如果处于某种距离以外,或是受到了某些缓和,危险和痛苦也可以变成愉快的"②。这种"愉快"来自于恐惧和痛苦的消除,是由痛感转化而来的,是痛感基础上的快感,即崇高感。可见,崇高感来自于人的自我保全的情欲,即维护自己生命安全的本能。博克还指出,崇高的事物往往具有如下特征:巨大的体积;表现凹凸不平和奔放不羁;在许多情况下喜欢采用直线条,而当它偏离直线时也往往作强烈的偏离;阴暗朦胧;坚实笨重。具有这些特征的事物都令人可怖,崇高的对象大都是引人恐怖的事物。

康德的崇高论深受博克的影响。博克所探讨的崇高的各种性质,如无形式、力量、巨大等,都为康德所继承。康德早年曾撰写过《论优美感和崇高感》一文,此文基本上只列举事实,作经验的描述和归纳;到晚年写《判断力批判》时才对崇高做哲学上的论证。在康德看来,崇高的特征有三:一是对象"无形式",即对象

---

① [英]鲍桑葵:《美学史》,张今译,商务印书馆 1985 年版,第 10 页。
② [英]博克:《崇高与美——博克美学论文选》,李善庆译,上海三联书店 1990 年版,第 37 页。

的形式无规律、无秩序、无限制。康德认为有两种意义的形式,一种是凭借感官可以把握的有限度的形式,如花的形式;另一种是我们用感官无法把握同时也无法与之较量的无限的形式,如大海的形式。对这种形式我们只能设想它是一个整体,借助先验理性来把握。前者包括了优美,后者则属于崇高,但两者都可以给我们带来审美的愉悦。二是从快感的类别看,美感是直接的、单纯的、安静的、积极的快感,崇高感则是一种间接的、复杂的、激荡的、消极的快感。它首先有人的生命力暂时受到阻碍的感觉,出现痛感,继之是生命力的猛烈爆发,从而克服生命力的阻碍,形成快感。如我们欣赏暴风雨时,暴风雨对我们的生命有威胁,是对生命力的阻滞,但我知道自己不在暴风雨中,没有任何威胁,于是生命力洋溢迸发,崇高感便产生了。因此,康德得出结论说:"对于崇高的愉快不只是含着积极的快乐,更多的是惊叹或崇敬,这就可称做消极的快乐。"[①]三是崇高的根据或者崇高的原因不在客观而在主观。康德认为,美可以在客观对象的形式中找到根据,而崇高的根据则完全是主观的。他说:"真正的崇高不能含在任何感性的形式里,而只涉及理性的观念。"[②]他又说:"真正的崇高只能在评判者的心情里寻找,不是在自然对象里。"[③]举例来说,大海和暴风雨本身不能称为崇高,只有当我们心中预先充满众多的"理性观念",离开感性形式去追求更高的合目的性的观念,我们在观赏大海和暴风雨时,才能产生崇高感。在康德以前,人们对于崇高的看法,大都着眼于外在事物,康德在美学史上进行了一场小规模的"哥白尼式革命",由外向内转,重视人的生命体验,强调人自身的内在价值,从客观方面转移到了主观方面上来。关于崇高的分类,康德在《论优美感和崇高感》一文中一分为三,即分为"令人畏惧的崇高"、"高贵的崇高"和"华丽的崇高"。这是当时流行的见解,是康德受时代制约的产物。在《判断力批判》中,康德则把崇高分为两种,一种是"数学的崇高",另一种是"力学的崇高"。数学的崇高是指对象的体积或数量绝对大,大到超出人们的感官所能把握的程度,感官不能把握,因而就在我们心内唤醒一种理性观念,它要求而且可以把对象作为整体来思维。因此,崇高只是理性功能弥补感性功能不足的一种动人的愉快。力学的崇高指力量上的巨大威力。如"高耸而下垂威胁着人的断岩,天边层层堆叠的乌云里面挟着闪电与雷鸣,火山在狂暴肆虐之中,飓风带着它摧毁了的荒墟,无边无界的海洋,怒涛狂啸着,一个洪流的高瀑"等等。在康德看来,面对自然界"诸如此类

---

① [德]康德:《判断力批判》上,宗白华译,商务印书馆1964年版,第84页。
② [德]康德:《判断力批判》上,宗白华译,商务印书馆1964年版,第84页。
③ [德]康德:《判断力批判》上,宗白华译,商务印书馆1964年版,第95页。

的景象,在和它们相较量里,我们对它们抵拒的能力显得太渺小了。但是假使发现我们自己却是在安全地带,那么,这景象越可怕,就越对我们有吸引力。我们称呼这些对象为崇高,因它们提高了我们的精神力量越过平常的尺度,而让我们在内心里发现另一种类的抵抗的能力,这赋予我们勇气来和自然界的全能威力的假象较量一下"①。所谓"另一种类的抵抗能力",指我们在精神上显示出来的比自然威力更大的威力。由此可见,康德讲力学的崇高也是偏向主观的。总之,康德的崇高学说单纯从主体方面来说明崇高,否认崇高现象的客观根源,基础是主观唯心主义的,两种崇高的分别也未见出本质的差别,有些论点还自相矛盾,这些都是缺点。而优点是他看到了崇高与人的不可分离性,看到了崇高与人的生命体验相关。

  黑格尔在对康德的崇高观既有肯定又有否定的基础上确立了他自己对崇高的看法。他从美是理念的感性显现出发,认为崇高虽然是美的一种形态,但与美有所不同,它是绝对理念大于或者压倒于感性形式。换句话说,也就是绝对理念或者绝对精神在现象领域里找不到一个恰好能表达它的形象。这是因为存在于现象领域的个别事物是有限的,绝对理念是无限的,以有限对无限,势必造成两者的对立、排斥,其结果是一方压倒另一方,绝对理念不能在感性现实事物中显现出来,于是引起崇高感。简言之,理念压倒形式,理念是崇高的本质。黑格尔认为,崇高应当存在于艺术之中,具体地说就是存在于作为"艺术前的艺术"的古代的"象征型艺术"之中。在艺术中,崇高不是表现为内容与形式互相渗透,和谐统一,而是表现为内容大于形式,内容与形式分裂或者互不适应。所以,黑格尔把崇高归结为两个方面:"崇高突出地表现出两点:一方面是意识到的意义与有别于意义的具体显现之间的分裂,另一方面是这两者之间的直接或间接显露出来的互不适应。"②

  黑格尔之后,车尔尼雪夫斯基对于崇高从另外一个角度即客观的角度进行了探讨。他首先批判了黑格尔把崇高看做是理念压倒形式的观点,认为"理念压倒形式"这个定义并不适应于崇高,而只能得出"朦胧的模糊的"和"丑"的概念,而丑、模糊这两个概念与崇高的概念是完全不同的,丑的、模糊的东西与崇高的东西之间没有必然的内在联系,丑的或模糊的东西不一定带有崇高的性质。然后,车尔尼雪夫斯基以他提出的"美是生活"的观点作为理论前提,认为崇高就在客观事物本身。他说:"我们觉得崇高是事物本身,而不是这事物所唤起的任何

---

① [德]康德:《判断力批判》上,宗白华译,商务印书馆 1964 年版,第 101 页。
② [德]黑格尔:《美学》第 2 卷,朱光潜译,商务印书馆 1979 年版,第 98 页。

思想;例如,卡兹别克山的本身是雄伟的,大海的本身是雄伟的,凯撒或伽图个人的本身是雄伟的。"①那么,到底什么是崇高呢?车尔尼雪夫斯基的回答是,崇高是"一件事物较之与它相比的一切事物要巨大得多,那便是崇高","一件东西在量上大大超过我们拿来和它相比的东西,那便是崇高的东西;一种现象较之我们拿来和它相比的其他现象都强有力得多,那便是崇高的现象","更大得多,更强得多——这就是崇高的显著特点"②。车氏关于崇高的定义,一反康德、黑格尔以来的传统,从客观的角度出发,强调崇高在客观事物本身,完全与观念、理念无关,其不足之处在于忽略了人在审美实践活动中的主导作用。19 世纪末 20 世纪初以来,苏联美学界仍有不少人赞同车氏的观点,如苏联著名美学家鲍列夫认为:"崇高,这是事物和现象所固有的客观的审美特性。"③

2. 西方美学史上对优美的探讨

在西方美学史上,美学界对于"优美"的研究是随着对于"崇高"范畴的重视而得以深入的。历来的学者多偏重崇高,很少把优美单独提出来加以讨论,因为优美的问题没有崇高的问题那么复杂。在古希腊罗马时代,对"优美"的探讨比较零碎,优美往往被看作美的本质,与美画上等号。柏拉图在《文艺对话集》中借苏格拉底之口对"优美"作了一些论述,他认为优美能使"感官感到满足,引起快感,并不和痛感夹杂在一起"④,是单纯、绝对的美。古罗马时期的著名政治家和哲学家西塞罗以"尊严"和"美貌"来区分男性与女性两种不同的美:"此外,还有两种美:在一种美中是美貌占支配地位,在另一种美中是尊严占支配地位;在这两种美中,我们应该把美貌看作妇女的属性,而把尊严看作是男人的属性。"⑤这种明确的区分,实际上就是对"优美"与"崇高"进行探讨的较早尝试。

中世纪末期意大利经院哲学家托马斯·阿奎那认为,美有三个要素:完整、和谐、鲜明。"首先,完整或完美,因为凡是残缺不全的东西都是丑的;其次,应该具有适当的比例或者和谐;第三,鲜明,所以,鲜艳的东西被公认为美的。"⑥英国17 世纪唯物主义哲学家培根认为"秀雅合度的动作的美"才是美的精华、美的实质。英国画家荷迦兹认为蛇形线是最美的线条。可见,在古代美学家那里,美的

---

① [俄]车尔尼雪夫斯基:《生活与美学》,周扬译,人民文学出版社 1957 年版,第 15 页。
② 马奇主编:《西方美学史资料选编》下,上海人民出版社 1987 年版,第 622 页。
③ [苏]鲍列夫:《美学》,乔修业、常谢枫译,中国文联出版公司 1986 年版,第 88 页。
④ [古希腊]柏拉图:《文艺对话集》,朱光潜译,人民文学出版社 1963 年版,第 298 页。
⑤ [波兰]塔塔科维兹:《古代美学》,扬力等译,中国社会科学出版社 1990 年版,第 272 页。
⑥ 马奇主编:《西方美学史资料选编》上,上海人民出版社 1987 年版,第 217 页。

基本理论是与节奏、对称、和谐等观念相连的,优美也一样与节奏、对称、和谐等紧密相连。

美学进入近代以后,博克继承古希腊罗马的传统,仍然认为"优美这个观念和美没有多大区别,它包含在差不多相同的东西里"①。在他看来,优美是事物本身所具有的品质,这些品质借助感官的干预能够在人的心灵里引起单纯的"爱或类似的情感",也就是能使人感到轻松愉快。他把这些品质概括为以下七点:第一,美的对象比较小;第二,美的对象都是光滑的,不表现出任何凹凸不平;第三,美的对象各部分的方位要有变化;第四,美的对象各部分不露棱角而融为一体;第五,美的对象的形体娇柔纤细,不带任何显著的粗壮有力的外貌;第六,美的对象的色彩洁净明快,但又不强烈刺眼;第七,假如不得不突出一种色彩,也要配上其他色彩,使其在多样变化中得到冲淡。以上七种品质,也就是优美的七个特点,多是从形式的角度着眼,并且与崇高的事物形成了一个显著的对照。

康德的优美论与博克有所不同。博克主要是从对象的物性特征及对象对于人的神经刺激的角度入手来论述优美,而康德主要是从对象给人的快感、内在情感、想象等角度分析优美,因此,他的优美论主要是从一种审美效应角度讲的。在《论优美感和崇高感》一文里,康德认为"一片鲜花怒放的原野景色,一座溪水蜿蜒、布满着牧群的山谷"给人的是一种"愉悦的感受",这种快感不夹杂着畏惧,是单纯"欢乐的和微笑的"。在晚年所写的《判断力批判》中,他继承和发展前文的观点,认为优美带给人的快感属于"鉴赏判断",而不是"智力的情感",优美不会给人带来任何压抑,因为它"直接在自身携带着一种促进生命的感觉,并且因此能够结合着一种活跃的游戏的想象力的魅力刺激"②。

英国19世纪哲学家斯宾塞对优美作了专门的探讨。他发现优美与运动有紧密关系,认为"优美"起源于筋肉运动时筋力的节省,是运动的生物所表现出来的一种特质。生物的运动愈显出轻巧不费力的样子,愈使人觉得优美。他说:"在要换一个姿势或是要做一个动作时,费的力量愈少,就愈显得秀美。换句话说,动作以节省筋力者为秀美,动物形状以便于得到筋力节省者为秀美,姿态以无须费力维持者为秀美,至于非生物的秀美则因其和这种形态有类似的地方。"③斯宾塞的筋力节省说有一定的道理,但并未穷尽"优美"的意蕴。"你如果

---

① 马奇主编:《西方美学史资料选编》上,上海人民出版社1987年版,第560页。
② [德]康德:《判断力批判》上,宗白华译,商务印书馆1964年版,第83页。
③ 引自朱光潜:《朱光潜美学文集》第一卷,上海文艺出版社1982年版,第239页。

想一位姑娘显得秀美,须先使她快活。"英国文艺批评学者罗斯金这句话可以弥补其不足。

三、崇高与优美的内涵及特征

崇高与优美是美学史上一对既有密切联系和若干共同点又有各自特点和独特内涵的美学范畴。在西方美学史上,博克曾否认它们之间的联系,认为两者是断裂的、对立的、互相排斥的,并把崇高置于优美之上,这显然是片面的观点。这种片面性在康德那里得到了纠正。他认为崇高"在一定程度上也能够与优美结合在一起","崇高的情操要比优美的情操更为强而有力,只不过没有优美情操来替换和伴随,崇高的情操就会使人厌倦而不能长久地感到满足"①。朱光潜说得更加形象:"这两种美有时也可以混合调和。老鹰有栖嫩柳的时候,娇莺有栖古松的时候,就如男子中之有杨六郎,女子中之有木兰和秦良玉,西子湖滨之有两高峰,西伯利亚荒原之有明媚的贝加尔。"②关于两者的共同点,主要有三:其一,两者都是人类审美实践活动的产物,都是人的自由的形象显现。拿自然物来说,从物的角度看,自然无所谓优美与崇高,黄山、华山都是山,长江、黄河皆是河。但是,自从有了人,有了人类实践,随着审美活动的诞生及其发展,山河就由自然的存在物变成了审美人生的存在物,具有了不同于天地混沌未开时的山河的特性,也就是说自然性与人性在人生实践活动特别是在审美实践活动中产生了紧密的联系与和谐的沟通,山河体现出了人文精神,自然山水变成了文化符号。在此前提和基础上,自然的崇高和优美才会产生。其二,从美感上看,都可以唤起人精神上的审美愉悦。其三,两者都普遍存在于自然界、人类社会生活和艺术领域中。下面,在批判继承前人的基础之上,就各自的内涵及特征作进一步的说明。

1. 崇高的内涵及特征

崇高是西方美学的基本范畴之一。所谓崇高,是指在矛盾双方的冲突对立中显现出来的令人惊心动魄的美。如历代的农民起义、巴黎公社的壮举、伟大的二万五千里长征、坚持真理的张志新烈士、"为民鼓与呼"的彭德怀将军等,这些社会生活中的对象之所以成为崇高的对象,就是因为代表社会进步的实践主体在尖锐的矛盾冲突中迎难而上,冲破重重阻碍,显现出了巨大力量,给人以惊心动魄的审美感受。在感性形态上,崇高的事物大多具有巨大的体积、粗犷不羁的

---

① [德]康德:《论优美感和崇高感》,何兆武译,商务印书馆2001年版,第7页。
② 朱光潜:《朱光潜美学文集》第一卷,上海文艺出版社1982年版,第227页。

形式和强大的威力。巨大的体积易于理解,如嶙岣峻峭的悬崖,一望无际的大海,包罗万象的天空,耸入云霄的高塔,搏击长空的雄鹰,古老的苍松翠柏等等。粗犷不羁的形式往往具有不稳定、不平衡、无秩序、不规则的特点,如贝多芬的《命运交响曲》第一乐章,以不协和音显示暴风雨般猖獗的"命运",在命运主题与英雄主题的交替变奏中显示出英雄对于命运的反抗,在斗争中显现出英雄的崇高形象。强大的威力与体积的大小没有必然的联系,惊涛骇浪的大海,体积大,威力也大;俄国作家屠格涅夫笔下那只反抗猎犬的老麻雀,身体小,但有着敢于反抗的巨大威力,因此车尔尼雪夫斯基仍然把它称为崇高的对象。在审美心理上,崇高首先让人产生痛感、紧张感、压抑感和不自由感,然后转化为令人愉悦的自豪感、敬佩感,所以感觉崇高时心境是复杂的、充满变化的。

2. 优美的内涵及特征

优美,即通常人们所说的狭义美,与作为审美对象总称的美(即广义的美),是两个不同内涵的概念,不能相互混淆或相互取代。在西方美学史上,优美是与崇高相对的美学范畴。所谓优美,是指在矛盾双方的和谐统一中显现出来的令人心旷神怡的宁静的美。它与崇高的根本区别在于矛盾双方没有爆发冲突,而是处于相对统一的平静、柔和状态。在社会生活领域,优美表现为人与人之间的和睦相处、互敬互爱,表现为天伦之乐和长幼情深,也表现为社会清平、国泰民安等等,这些优美状态的出现是由于审美主体与社会道德伦理内容之间在最大程度上的和谐统一的结果。在感性形态上,优美的事物与崇高的事物相比较有明显的差异,优美的对象的体积相对较小,外在形式往往具有对称、均衡、圆润、柔和、比例协调的特点。如袅娜的柳树、春天里的毛毛细雨等等,就是属于处在优美状态中的审美对象。在审美心理上,优美直接给人精神上的愉悦和心旷神怡的审美感受,不需要经过中间环节,所以感觉优美时人的心境是单纯的、始终一致的。

第三节 喜 剧 性

作为美学范畴的喜剧与作为艺术种类的喜剧同样是两个既有联系又有区别的概念。为了区分二者,我们把作为美学范畴的喜剧称为喜剧性。

一、喜剧性的本质

在西方美学史上,最早谈论喜剧问题的是苏格拉底,只可惜他的喜剧理论没有记录下来。苏格拉底的学生柏拉图,在《斐利布斯篇》中从心理反应的角度明确地表达了自己的喜剧观。他认为喜剧引起的不是单纯的快感,而是跟悲剧一样,引起一种快感和痛感的混合;而滑稽可笑大体是一种缺陷,缘起于大多数人在心灵品质方面所犯的认识错误,即"自己以为具有并没有的优良品质","有这种妄自尊大想法的人如果没有势力,不能替自己报复,他们受到耻笑,这种情况可以真正称为滑稽可笑"①。

柏拉图的学生亚里士多德,在《诗学》中系统地区分了悲剧和喜剧,并详细地探讨了各自的特点,但论喜剧的部分却散佚了。因此,我们今天只能看到他有关喜剧理论的片言只语。就所存的残篇断简看,他认为"喜剧是对于比较'坏'的人的摹仿,然而'坏'不是指一切恶而言,而是指丑而言,其中一种是滑稽。滑稽的事物是某种错误或丑陋,不致引起痛苦或伤害"②。他这里所说的"比较坏的人",并不是指恶,而是指生活中的丑,喜剧是对生活中的丑的摹仿,这种丑的存在并不妨碍人把喜剧作为艺术来欣赏。他还认为喜剧表演引起的效果是笑,"笑是喜剧之母",笑产生于行动,产生于欺骗,产生于未曾有的、可能的和乖讹的事件,产生于意外的事件。

黑格尔同样从矛盾冲突的观点出发来谈喜剧,因此他的喜剧观虽然从属于他的唯心论体系,但却包含了辩证法的合理因素。他认为悲剧和喜剧各有不同的侧重,悲剧着重于客观矛盾的冲突,相对而言较少顾及人物个性特征和内心世界的细微刻画。作为对悲剧的"欠缺"的补充,喜剧来自于人物主体自身性格与行动、目的与手段之间的内在矛盾。如贪名者"以非常认真的样子,采取周密的准备,去实现一种本身渺小空虚的目的"③。目的虚无飘渺,而手段却很庄重、神圣,让人感到滑稽可笑。有时候,目的是崇高的,而手段却空虚无力。例如"天才乡巴佬"阿里斯托芬的喜剧《妇女专政》,描写雅典妇女乔扮男装,召开公民大会,决定将政权转交给妇女,实行社会改革,将私产收归公有,并实行公妻制。这目的不能说没有意义,但实现这一目的的雅典妇女,"照旧保留妇女们的全部情趣和情欲",结果不仅不能达到目的,反而暴露出自己的缺陷和可笑之处,让人觉得滑稽好笑。

车尔尼雪夫斯基站在人本主义的立场去研究喜剧,他认为"滑稽(即喜剧性)的真正领域,是在人、在人类社会、在人类生活"④。自然风景可能是十分不美

---

① [古希腊]柏拉图:《文艺对话集》,朱光潜译,人民文学出版社1963年版,第295页。
② [古希腊]亚里士多德:《诗学》,罗念生译,人民文学出版社1962年版,第16页。
③ [德]黑格尔:《美学》第3卷下,朱光潜译,商务印书馆1981年版,第292页。
④ [俄]车尔尼雪夫斯基:《美学论文选》,缪灵珠译,人民文学出版社1957年版,第111页。

的,却绝不会是可笑的。在自然界没有可笑的森林、田野、山岳、海洋,也没有可笑的鲜花、青草和庄稼。自然风景只有与人的生活方式和背景联系起来时,才会有可笑或不可笑的问题。某些动物之所以令人发笑,也是因为它与人近似罢了。车氏还明确指出"丑乃是滑稽的根源和本质"①,但不是在任何情况下现实中的丑都能成为滑稽可笑的,而是"只有当丑力求自炫为美的时候,那个时候丑才变成了滑稽"②。这就是说,当丑带有荒唐和自相矛盾性质的时候,才会使人感到滑稽可笑。

马克思和恩格斯则从特定时代的社会历史出发来建构自己的喜剧观。马克思在抨击德国腐朽的封建君主制度时曾说:"历史不断前进,经过许多阶段才把陈旧的生活形式送进坟墓。世界历史形式的最后一个阶段就是喜剧。在埃斯库罗斯的《被锁链锁住的普罗米修斯》里已经悲剧式地受到一次致命伤的希腊之神,还要在琉善的《对话》中喜剧式地重死一次。历史为什么是这样的呢?这是为了人类能够愉快地和自己的过去诀别。"③他又说:"黑格尔在某个地方说过,一切伟大的世界历史事变和人物,可以说都出现两次。他忘记补充一点:第一次是作为悲剧出现,第二次是作为笑剧出现。"④这两段话告诉我们:在马克思看来,喜剧和悲剧一样,都具有历史的必然性,而喜剧是历史进程的最后一个阶段上的必然产物。喜剧对象的特征是社会生活中的现象与本质的矛盾,即"用另外一个本质的假象来把自己的本质掩盖起来"⑤。如"四人帮"垮台前表面上"语录不离手,万岁不离口",骨子里却包藏反党篡权的阴谋。他们的种种表演正是一出生动的历史喜剧。

中国美学史上,南朝刘勰可以说是较早研究喜剧文学并且形成了自己的喜剧观的美学家。刘勰的喜剧观见于《文心雕龙·谐隐》篇。在刘勰看来,喜剧文学的基本特征是"悦笑",即引人发笑。但优秀的喜剧文学不能止于"悦笑"的层面,而应该以"悦笑"为手段,对当时的社会政治进行"箴戒"、"微讽"或者"讽诫"。对那些"无益时用"、"无益规补"的仅限于"悦笑"的作品,刘勰的态度是轻视的,以为"莠言,有亏德音"。可见,刘勰非常重视喜剧文学"悦笑"的深刻含义。

---

① [俄]车尔尼雪夫斯基:《美学论文选》,缪灵珠译,人民文学出版社1957年版,第111页。
② [俄]车尔尼雪夫斯基:《美学论文选》,缪灵珠译,人民文学出版社1957年版,第112页。
③ 《马克思恩格斯选集》第1卷,人民出版社1972年版,第5页。
④ 《马克思恩格斯选集》第1卷,人民出版社1972年版,第603页。
⑤ 《马克思恩格斯选集》第1卷,人民出版社1972年版,第5页。

中西美学史上从不同的角度对喜剧性本质的探索,给我们留下了丰富的遗产和深刻的启示。我们认为,喜剧性是以笑为标志的,笑是它的最基本的特征。但并不是生活中所有的引人发笑的现象都具有喜剧性。喜剧性的笑是一种有意味的笑,有含蕴的笑,有言外之意的笑,超越了人的单纯的生理特征的笑,是生理性、心理性与社会性的有机统一。这些可笑的对象常常以倒错、自相矛盾、背理等多种多样的形式表现出来,但在本质上却无伤大雅,不至于带来灾难。因此,喜剧性的本质可定义为:喜剧性是引人发笑并进而以笑为手段对社会生活作出否定或肯定评价的美学范畴。

二、喜剧性产生的原因

关于喜剧性产生的原因,这是一个神秘而又复杂的问题,法国哲学家马赛尔·帕尼奥尔认为这个问题本身就让人"感到可笑"。不过,历史上仍有多种说法。其中霍布斯、康德、柏格森、弗洛伊德等人的说法具有代表性。

1. 霍布斯的"突然荣耀说"或"鄙夷说"

"突然荣耀说"是由英国经验主义哲学家霍布斯在《人类本性》中提出来的。他说:"笑的情感只是在见到旁人的弱点或是自己过去的弱点时,突然念到自己某优点所引起的'突然的荣耀'感觉(sudden glory)。人们偶然想起自己过去的蠢事也常发笑,只要他们现在不觉到羞耻。人们都不欢喜受人嘲笑,因为受嘲笑就是受轻视。"①霍布斯认为,喜剧性来自两个方面的原因,一是发现别人的弱点,对别人的弱点产生鄙夷;一是突然发现自己的优点,所以有一种荣耀感。这种说法有一定道理,但不能涵盖一切喜剧性。例如儿童的笑是天真的流露,同情的笑是友善的表示,在风和日丽时对着花香鸟语的微笑是生存欢乐的表现,都绝不能说是由于感到"突然的荣耀"。霍布斯的错误在于以偏概全。

2. "乖讹说"或"预期失望说"

乖讹(incongruity),指不和谐、不协调。此说的代表人物是康德。康德在《判断力批判》中说:"在一切引起活泼的撼动人的大笑里必须有某种荒谬背理的东西存在着……笑是一种从紧张的期待突然转化为虚无的感情。"②他认为可笑的事物是荒谬的、不伦不类的、乖讹的,常常出乎人的意料,让人们的心理期待突然归于消失。他举例说,一个印第安人去参加宴会,在筵席上看见一个坛子打开时,啤酒化为泡沫喷出,大声惊呼不已。别人问他为什么惊呼,他指着酒坛说,我

---

① 引自《朱光潜美学文集》第一卷,上海文艺出版社1982年版,第265页。
② [德]康德:《判断力批判》上,宗白华译,商务印书馆1964年版,第180页。

并不是惊讶那些泡沫怎样出来的,而是它们怎样被弄进去的。康德认为,我们听了这个故事会大笑,而且真正开心。笑的原因并不是因为我们自己比这个无知的人更聪明些,也不是因为在这里面悟出让我们觉察着令人满意的东西,而是由于我们的紧张的期待突然消失于虚无。像这种期待的消失或预期的失望,有时确实令人发笑。如在杂技场里,小丑做着各种姿势,准备跳过桌去,但结果却从桌子底下爬过去;一个人听见衣橱里有声响,以为是老鼠,打开一看,里面藏的竟是他的姑妈;一个人发扬愚公精神,挖掉了一座大山,结果只是为了寻找一只田鼠。后来叔本华又将康德的观点加以发挥引申。依叔本华之说,笑产生于期待的消失,而期待的消失是由于客观对象与概念不相吻合、有乖讹。叔本华说:"笑的产生每次都是由于突然发觉这客体和概念两者不相吻合。除此而外,笑再无其他根源;笑自身就正是这不相吻合的表现。"①英国心理学家斯宾塞也是相信"乖讹说"者,他将乖讹分为"上升的乖讹"和"下降的乖讹"。举一个实例来说,几个人一起跳鞍马,大多数人都跳过去了,其中有一个却骑在了鞍马上,这就是"下降的乖讹"。如果其中有一个能同时跳过两匹鞍马,则是"上升的乖讹"。"上升的乖讹"的结果不是笑而是惊奇。

"乖讹说"或"预期失望说"是西方许多哲学家所公认的学说,影响很大。在我们看来,仅仅用"乖讹"或"预期失望"来囊括一切喜剧性是不恰当的。首先,期待的消失能引人发笑,期待的实现有时也能引人发笑。如魔术师把钓竿伸在空中,说他要钓一条大鱼,结果果然钓到了一条大鱼,这也可以引起人们的欢笑。其次,期待的消失或出人意料的"乖讹"并不一定必然引人发笑。如让一个残疾人负着重载,苍蝇掉到油漆里,六月飞雪等,我们并不觉得可笑。再次,如《红楼梦》中"王熙凤毒设相思局"这一段故事,贾瑞的所作所为并不是乖讹的,也不是意料之外的,而是预期的,但仍然可以引人发笑。

3. 生命的机械化

这是法国哲学家柏格森提出来的。柏格森认为喜剧性的笑是人类社会特有的一种现象,在真正属于人的范围以外无所谓笑。他说:"景色可以美丽、幽雅、庄严、平凡或者丑恶,但决不会可笑。我们可能笑一个动物,但那是因为在这个动物身上,我们看到一种人的态度或表情。"②笑的本质是附着在活人身上的机

---

① [德]叔本华:《作为意志和表象的世界》,石冲白译,商务印书馆1982年版,第100页。

② [法]柏格森:《笑——论滑稽的意义》,徐继增译,中国戏剧出版社1980年版,第2页。

械性动作,喜剧产生的主要原因就在于人的动作、姿态、形体的机械化。例如从前有一只船刚抵达法国海岸就沉没了,法国海关官员去救乘客的命,慌忙间第一句话说的是"你们有什么东西要报关么";一位退伍的老兵改行做堂倌,旁人戏向他喊"立正"时,他就慌忙把两手垂下,让所捧的杯盘落地摔碎。这两个例子之所以可笑,是因为有血肉之躯的人呈现出像木偶一样毫无生气的、缺少弹性不能随机应变的机械动作。柏格森的看法可以解释喜剧发生的某种原因,但不能笼统地涵盖一切这类现象。例如笨拙和呆滞现象,不一定全都可笑。鲁迅《故乡》中的闰土,笨拙到了麻木的程度,却只能令人感到悲哀。反过来,那些并不机械化的投机取巧的机灵鬼,随机应变很灵活,却是喜剧所要嘲笑的对象。

4. "心力节省说"

这是奥地利著名精神分析学家弗洛伊德提出的。弗洛伊德于1905年写了《巧智和无意识的关系》(或译为《诙谐和隐意识的关系》)一书,相隔20多年后,1927年他又写了《论幽默》一文,继续探讨了有关喜剧性的问题。他认为人的本能欲望受到压抑,喜剧性具有释放作用,能使被压抑在潜意识中的欲望上浮到意识中获得满足。满足的方式有三:一是巧智。巧智可分为两种,一是"无害的巧智",专在字面上取巧,以求得心力的节省,获得快感。如刘禹锡的《竹枝词》其一云:"东边日出西边雨,道是无晴却有晴。""晴"字一语双关,一个字包涵两层意义:既指晴雨的"晴",又暗指感情的"情"。二是"有倾向的巧智",倾向包括"性欲的倾向"和"仇意的倾向"两种。满足性欲倾向的巧智大半是淫猥的,针对异性而发,用意在挑拨性欲。如一个女演员向一个求婚的富豪说她的心已许给别人了,富豪回答说:"马丹,我的希望并没有那样高!"满足仇意倾向的巧智大多以压倒旁人来取乐。如有一位牧师问美国释奴运动的领导人:"先生要救济黑奴,何不到南美洲去呢?"这位领导人回答说:"先生不是以救济灵魂为职业么?何以不到地狱中去呢?"这两种"有倾向的巧智"平时被意识压抑,须要耗费不少心力。在诙谐中我们采取一种取巧的办法,将两种倾向所用的言语或动作以游戏的态度出之,既可以得到发泄,又可以不失礼违法。这种由移除压抑所费心力的节省,弗洛伊德称之为"移除的快乐"。压抑既已排除,心理能量得到了自由的发挥,人自然露出笑意,乐不可支。满足方式的第二种是想象。弗洛伊德认为喜剧性产生于人们过分的想象,结果却并没有那么严重。例如一个小丑装腔作势,要举起一个沉重的箱子,结果一拎,就举了起来,原来那是一只空箱子。这样,在想象的努力和实际的努力之间,就节省了大量的心力。正是这一节省,给我们带来了愉快和欢笑。满足方式的第三种是幽默。弗洛伊德认为幽默的快乐的产生,是出于感情消耗的节省。例如"星期一,一个被人带到绞刑架前的罪犯说:'哦,这个星期开始得多美!'这时,他自己就创造了幽默"①,罪犯的淡漠态度,节省了他自己的感情,明显地向他提供了某种满足感,也节省了我们的同情,我们也像他一样产生了幽默的快乐。

弗洛伊德关于心力节省的说法,是对霍布斯"鄙夷说"、康德"预期失望说"等观点的继承和发展,有一定的道理,但同样不能概括全部的喜剧现象。如谐音、猜谜等现象,其实要很费一番心力才能寻出它的意义,心力实在并没有多少节省,所以"节省说"是很难成立的。

看来,对于喜剧性产生的原因,仍需我们在掌握前人成果的基础上作进一步深入的研究,才能得出更为科学的结论。

三、喜剧性的效果——笑的特征

喜剧性最显著的效果是引人发笑,喜剧性的笑有如下特征:一是喜剧性的笑是人类才有的具有社会性内容的生理和心理现象。达尔文在《人与动物的情绪表达》一书中认为,动物也能发出笑声,如猴子,如果你在猴子的项颈或腋下挠痒,它即会发出低沉的笑声。但猴子的笑在我们看来是动物的本能反应,根本不可能具有喜剧性。喜剧性的笑是针对人类的悦笑而言的,只有人类发出的悦笑才有可能具有喜剧性。人类的悦笑,有的单纯来自生理上的愉快,如用一片树叶在人的腋窝或脚心挠痒,这类性质的悦笑不具有喜剧性。作为审美范畴的笑,不是一般的"逗乐",不是可以一笑了之的,而应当具有一定社会性意义的心理内容,能够对对象作出否定或肯定的评价,这就与美及人类的美感经验联系在一起了。鲁迅先生说:"喜剧将那无价值的撕破给人看。"②这就是说喜剧性的笑是一种具有社会性意义的嘲笑和讽刺。从引人发笑的对象上看,柏格森和车尔尼雪夫斯基认为笑的对象限于人事,在真正是属于人的范围以外无所谓喜剧性。自然景物有美有丑,有可爱,有可恶,却没有可笑者。看见动物或器皿而发笑者大半是因为它们而联想到人的拙劣。例如鸭子走路步履蹒跚,像个老太婆;企鹅像个笨重的人胖子,于是,让人感到可笑。因此柏格森说,要想理解笑,必须把它放到它的自然产地,即社会里去考察。二是笑要有共鸣。笑是在一定的社会圈子里面产生的。例如一群人在讲话,谈他们熟悉的事,他们自己觉得好笑,周围的人却未必觉得有什么好笑。有些喜剧、笑

---

① [奥地利]弗洛伊德:《弗洛伊德论美文选》,张唤民等译,知识出版社1987年版,第142页。

② 《鲁迅全集》第一卷,人民文学出版社1981年版,第193页。

话,对于特定社会的人好笑,翻译给另一个社会的人看,则不一定好笑,所以喜剧是最难翻译的。

四、喜剧性的类型

从笑的性质出发,喜剧性可分为否定性喜剧和肯定性喜剧两大类。否定性喜剧表现滑稽,滑稽是内丑外美的矛盾倒错;肯定性喜剧表现幽默,幽默是内美外丑的矛盾倒错。否定性喜剧又可称为讽刺性喜剧,肯定性喜剧又可称为歌颂性喜剧。讽刺性喜剧根据其讽刺对象的性质又可细分为两种:一种是对敌人的揭露和批判;一种是对人民内部某些比较严重的缺点和错误提出尖锐的批评。对敌人的讽刺,目的是要撕破他们的一切伪装,充分暴露其丑恶本质。正如鲁迅先生在评价英国现代杰出的喜剧大师萧伯纳的作品时所说:"他使他们(被讽刺的对象)登场,撕掉了假面,阔衣装,终于拉住耳朵,指给大家道,'看哪,这是蛆虫!'"[①]至于对人民内部某些严重缺点错误的讽刺,尽管批评是尖锐的,但在笑声中要体现热情帮助。如果把讽刺敌人的笑声比作利剑和匕首,那么,讽刺人民内部缺陷的笑声则像一根银针,银针扎下去,刺痛是免不了的,但刺痛是为了治好疾病。歌颂性喜剧是在笑声中对现实生活中的真、善、美进行热情的歌颂,如喜剧电影《今天我休息》、《五朵金花》、《锦上添花》等。当然,喜剧性的类型还可以从其他的角度进行分类,这有待于作进一步的研究。

第四节 悲 剧 性

作为美学范畴的悲剧与作为艺术种类或样式的悲剧是两个既有联系又有区别的概念。前者在范围上要比后者宽广得多,它既存在于作为艺术类型之一的戏剧中的悲剧中,也存在于小说、诗歌、电影、音乐、雕塑等诸种艺术之中,同时,它也客观存在于社会生活之中。为了区别起见,我们把作为美学范畴的悲剧称为悲剧性。

一、西方悲剧性观念的演进

悲剧一词在希腊文中是 tragoidia(特拉戈狄亚),意为"山羊之歌"。山羊之歌是古希腊民间在祭祀酒神狄奥尼索斯的盛大宗教祭典上,由披着山羊皮扮成半人半羊的山羊神的合唱队员,以一种载歌载舞的形式演唱的酒神颂歌。在这

[①]《鲁迅全集》第四卷,人民文学出版社 1981 年版,第 436 页。

种原始宗教祭祀歌舞的基础之上,古希腊产生了作为戏剧样式的悲剧。悲剧诞生后,在漫长的历史发展过程中,涌现了一大批优秀的悲剧作家,并形成了古希腊和文艺复兴两座艺术高峰。与"发展特别完美"的悲剧艺术相适应,西方的悲剧理论也得到了相当充分和完备的发展。其中,亚里士多德、黑格尔、叔本华、尼采以及马克思、恩格斯等人对悲剧理论的发展做出了重要的贡献。

亚里士多德是西方悲剧理论的鼻祖,在《诗学》中,他对古希腊的悲剧艺术进行了系统的理论总结,奠定了西方悲剧理论的基础。亚里士多德的贡献主要有二:一是在西方悲剧理论史上首次给悲剧下了一个比较完整的定义。他认为:"悲剧是对于一个严肃、完整、有一定长度的行动的摹仿。"[①]这个定义的关键词是"行动",亚氏十分强调行动的重要性,认为"悲剧中没有行动,则不成为悲剧","悲剧是行动的摹仿,主要是为了摹仿行动,才去摹仿行动中的人"。而"完整、有一定长度的行动"就构成了悲剧的情节。在亚氏看来,悲剧艺术是由情节、性格、言词、思想、形象及歌曲这六个成分组成的,六个成分里最重要的是情节,"情节乃悲剧的基础,有似悲剧的灵魂"[②]。在对"情节"的看法上,亚氏不懂得"情节"是矛盾冲突的结果,更不懂得矛盾冲突是对立面的斗争,而只把"情节"简单地归于事件的布局与安排。这反映了亚氏的时代局限性。二是提出了"净化"说。亚里士多德认为,悲剧艺术的审美效果在于通过引起人们的怜悯与恐惧之情来使人们的灵魂得到净化和陶冶。其所以如此,是因为悲剧主人公遭受到的厄运并不是由于他为非作恶,而是由于他的过失或弱点,因此他的遭遇就会引起我们的同情和怜悯;而他又不是"十分善良,也不十分公正",而是"与我们相似",因此才会使我们担心自己由于同样的错误或弱点而受到惩罚,于是就产生了强烈的恐惧和不安。当然,这些怜悯和恐惧的体验如何能够引起我们灵魂的净化,还缺乏令人信服的理论说明,亚氏的悲剧理论也因此引起了后人的持久争议,但其理论贡献是不容抹杀的。

亚里士多德以后,以既独创又深入的方式探讨悲剧理论的哲学家是黑格尔。黑格尔对悲剧理论的最大贡献就在于从矛盾冲突出发来研究悲剧,将辩证法运用到对于悲剧现象的分析中。他认为,悲剧不是个人的偶然的原因造成的,悲剧的实质是两种实体性伦理力量的冲突。在这样一种冲突里,对立的双方就它自身而言都是合理的,然而从另一方面来说,它们同时又都有道德上的片面性。代表这两种伦理力量的人物都坚持自己的片面性而损害对方的合理性,这样就必

---

① [古希腊]亚里士多德:《诗学》,罗念生译,人民文学出版社1962年版,第19页。
② [古希腊]亚里士多德:《诗学》,罗念生译,人民文学出版社1962年版,第23页。

然引起悲剧性的冲突。冲突的结果是两败俱伤,否定了二者的片面性,肯定了双方的合理性,从而使矛盾最后得到"和解","永恒正义"得到伸张。黑格尔以古希腊三大悲剧家之一的索福克勒斯的著名悲剧《安提戈涅》为例来说明他的悲剧理论。这个悲剧的大意是忒拜城的俄狄浦斯王由于杀父娶母的罪过而自行流放,他的两个儿子厄忒特俄克勒斯和波吕克勒斯为了争夺王位,互相残杀,一同死去。于是王位落到他们的舅父克瑞翁手中。由于波吕克勒斯曾勾结外敌攻打祖国,克瑞翁便命令将其尸体丢弃原野,让飞禽走兽吞食,并严禁任何人收尸,违者处以死刑。波吕克勒斯的妹妹安提戈涅出于手足之情,违反禁令埋葬了哥哥。因此,国王把她囚禁起来处死。安提戈涅的未婚夫海蒙是克瑞翁的儿子,听到安提戈涅的不幸消息而自杀,接着海蒙的母亲听到海蒙自杀的消息亦自杀身亡。黑格尔认为克瑞翁代表国法,安提戈涅代表家法,双方都是合理的,但由于互相损害又都是片面的、有罪的,二者之间的矛盾冲突导致了悲剧的发生。黑格尔悲剧理论的不足之处主要在于:一是不从社会生活出发而从理念出发来探讨悲剧的根源,因此只能将悲剧的根源归结为两种伦理观念的冲突,看不到悲剧的真正根源是现实生活中各种物质力量或阶级力量的矛盾冲突。二是认为悲剧冲突是善与善、正义与正义之间的矛盾冲突,而非善与恶、正义与邪恶的较量,这样就抹杀了正义与非正义的原则区别,在理论上混淆了现实生活中美丑、善恶的斗争。

叔本华的悲剧观既不同于亚里士多德,也不同于黑格尔,而是建立在他的唯意志主义哲学体系之上。在《作为意志和表象的世界》一书中,叔本华提出了两个基本的哲学命题:一是"世界是我的表象",二是"世界是我的意志"。这正是叔本华哲学的本体论,也是他的悲剧观的出发点。所谓"世界是我的表象",意思是围绕着人的这个现象世界都只是表象,都是为主体、为我而存在,为主体、为我而转移。叔本华认为"这是一个真理,是对于任何一个生活着和认识着的生物都有效的真理"[①]。但这个"真理"并不新颖,只不过是英国哲学家贝克莱在《人类知识原理》一书中提出的"存在即被感知"的唯心主义原理的翻版。"世界是我的意志"被叔本华称之为"另一真理",意即意志是世界的本质,是表象世界万事万物的本原,作为表象的世界只不过是"意志的客体化"。在叔本华看来,"意志"又称作"生命意志",所以他的唯意志主义哲学又称作"生命意志论"。所谓生命意志就是人的一种原始的欲求和盲目的、非理性的生命本能冲动。用他自己的话说,这"只是一种盲目的不可遏止的冲动"。这种原始的欲求和不可遏止的冲动在现

[①] [德]叔本华:《作为意志和表象的世界》,石冲白译,商务印书馆1982年版,第25页。

实生活中永远也不可能得到满足,因此,人生意味着无边无际的永恒的痛苦,痛苦是人生的本质。要解脱人生的痛苦,途径有二:一是暂时解脱,即献身于哲学沉思、道德同情和艺术的审美直觉,进入排除一切功利目的和自我人格的忘我境界;二是永久解脱,就是要放弃欲求,从根本上否定生命意志。

叔本华认为,艺术是解脱人生痛苦的工具。在各种艺术中,最能让人看破红尘解脱人生痛苦的是悲剧,所以悲剧是"文艺的最高峰"。悲剧的目的、实质不在于伸张正义,因为人类生存的这个世界根本就没有正义可言,"这种要求是由于完全认错了悲剧的本质,也是认错了世界的本质而来的"①。悲剧的目的和实质在于通过表现"人生可怕的方面",让我们在悲剧里看到"人类的悲哀,机运和谬误的支配,正直的人的失败,邪恶的人的胜利"②。从而深刻认识到"世界和人生不可能给我们以真正的快乐,因而也就不值得我们留恋"③,于是我们在绝望中"产生出一种退让的感情,不仅是放弃生命,而且是放弃生存意志的本身"④。一言以蔽之,悲剧的目的和实质在于引导我们抛弃生命意志,自愿退出人生的舞台,获得解脱。叔本华还从编剧的角度,把悲剧分为三种类型。第一类是造成巨大不幸的是某一剧中人异乎寻常、发挥尽致的恶毒,这角色就是肇祸人,如《奥赛罗》中的雅戈,《威尼斯商人》中的夏洛克等。第二类是造成不幸的是盲目的命运,即偶然和错误。如索福克勒斯的《俄狄浦斯王》、莎士比亚的《罗密欧与朱丽叶》等。第三类是剧中人彼此地位不同,由于他们的关系造成了不幸。如《哈姆莱特》、《浮士德》等。他认为最后一类比前两类更可取,因为这一类没有把不幸当作例外,而是当作不可以躲避的、人生固有的东西。叔本华把他的悲剧观建立在生命哲学之上,深入到人的本质来谈悲剧,对后世产生了重大的影响。

尼采是继叔本华之后的另一位德国唯意志主义哲学家和美学家。他的哲学及悲剧思想一方面直接受到叔本华的启迪和熏陶,另一方面又进行了大胆的反思和超越,没有完全屈服在叔本华的天才魔力之下。尼采认为,人生在世充满痛苦,痛苦是人生的孪生兄弟,是我们生息的这个世界的本质。面对冷酷、恐怖、可怕和痛苦的世界,我们也不必悲观绝望,因为悲剧可以拯救人生,帮

---

① [德]叔本华:《作为意志和表象的世界》,石冲白译,商务印书馆1982年版,第351页。
② 伍蠡甫主编:《西方文论选》下,上海译文出版社1979年版,第336页。
③ 伍蠡甫主编:《西方文论选》下,上海译文出版社1979年版,第336页。
④ 伍蠡甫主编:《西方文论选》下,上海译文出版社1979年版,第332页。

助我们脱离苦海,让我们体验到生命的乐趣、意义和价值,使人感到"生存是值得努力追求的"①。悲剧的价值如此之大,那么悲剧是怎样产生的呢?在尼采看来,悲剧的诞生与古希腊人的两种精神有关,即日神精神和酒神精神。日神阿波罗象征美的外观,代表梦境状态,代表着造型艺术的静态;酒神狄奥尼索斯象征情欲的放纵,代表醉境状态,代表着音乐艺术的兴奋。两种艺术形成了鲜明的对比,在艺术发展过程中既互相对立和冲突,又互相影响、彼此交融,最终产生了悲剧。悲剧是两种精神的结合,"悲剧一方面像音乐一样,是苦闷从内心发出的呼号;另一方面,它又像雕塑一样,是光辉灿烂的形象"②。对于日神和酒神这两种精神,尼采更重视酒神精神。他认为酒神代表的是比日神更原始的生理本能,"日神不能离开酒神而存在",酒神才是希腊艺术以及全部艺术的基础。关于悲剧的效果,尼采反对亚里士多德的净化说,反对从道德论的角度进行解释,要求做出审美的、非道德论的解释。他认为悲剧虽然也能引起一定的道德快感,产生某种道德效果,但悲剧的本质是艺术,所以悲剧的效果问题实质上是审美快感问题。悲剧的审美快感不是道德的、病理的、功利的,而是非功利的。激起快感的不是现象,而是悲剧在现象背后向我们展示的"生存的永恒乐趣",正是它给我们一种"形而上的慰藉",成为悲剧审美快感的源泉。

马克思、恩格斯的悲剧观建立在他们所创立的辩证唯物主义和历史唯物主义基础之上,是一种崭新的、发生了质的飞跃的悲剧观。他们的主要贡献有二:一是突破了悲剧长期作为戏剧范畴的局限,真正把悲剧作为美学范畴对待,丰富了悲剧的内涵。自亚里士多德以来,悲剧这个概念的内涵和美学指向一直比较单一,即仅仅局限于作为艺术类型之一的戏剧范畴。这一局限直到马克思、恩格斯才被彻底打破。在他们关于悲剧的论述中,悲剧不仅作为戏剧类型存在,而且还和旧制度、"革命"、"世界历史事变和人物"紧密联系,从此悲剧从狭小的艺术空间走向了广阔的社会生活领域,这样就大大丰富了悲剧的内涵。二是科学地揭示了悲剧的本质。恩格斯在评价拉萨尔的历史剧《济金根》时,给悲剧下了一个著名的定义。他认为悲剧是"历史的必然要求和这个要求的实际上不可能实现之间的悲剧性的冲突"③。这个定义告诉我们,悲剧的本质在于客观现实中的矛盾冲突,这种冲突不是由于偶然的原因造成的,而是有其客观的历史必然性。

---

① [德]尼采:《悲剧的诞生》,周国平译,三联书店1986年版,第12页。
② 蒋孔阳:《美学新论》,人民文学出版社1993年版,第395页。
③ 《马克思恩格斯选集》第4卷,人民出版社1972年版,第346页。

二、悲剧性的本质和类型

根据马克思主义创始人对悲剧的科学界定,同时吸取中外悲剧理论的合理内核,我们认为,悲剧性是表现历史的必然要求和这个要求实际上不可能实现之间的矛盾冲突并通过人生有价值的东西在矛盾冲突中遭受毁灭使人产生审美愉悦的美学范畴。这个定义包含以下几层内容:一是悲剧性是通过激烈的矛盾冲突表现出来的,没有矛盾冲突就没有悲剧性,因此,它是崇高的集中表现;二是矛盾冲突产生于历史的必然要求和这个要求实际上不可能实现。所谓"历史的必然要求",是指一定历史条件下具体的人的要求、理想及其行动符合历史发展的必然规律,符合人类社会运动变化的新的趋势,在本质上是合理的、正义的。"这个要求实际上不可能实现",是指在特定的历史语境中,人的要求、理想及与之相适应的行动因缺乏现实的根基不可能实现。这样,超前的历史的必然要求与滞后的现实之间不可避免地发生相互碰撞,形成矛盾冲突。三是矛盾冲突的结果是人生有价值的东西遭受毁灭。这里所说的"人生有价值的东西",是指那些符合历史必然性的人类进步的要求、理想及其相联系的行动。"毁灭"是指这些有价值的东西在特定的历史条件下必然遭受到挫折、失败和牺牲。四是悲剧性的效果是使人产生审美快感,这种审美快感不是优美感,而是崇高感。欣赏悲剧的终极目的不是使人伤心流泪,而是使人在悲痛中振作,化悲痛为力量,进而产生崇高的快感。那么,欣赏悲剧何以能产生崇高的快感呢?我们认为,悲剧由痛感到快感,从内在心理规律上,可以与生理规律贯通起来看。所谓"痛快",即由痛感到快感,生理上不通则痛,通则不痛。心理上也是如此。人心中有淤结,不能疏通,心情就很压抑,一旦得到疏通,就能产生快感。当我们猛然感受到悲剧主人公的悲惨境遇时,我们的心情很沉痛,一旦把这种沉痛的感情升华到更深层的领悟阶段,就会感受到它的无穷威力,感受到永恒不朽,感受到正义的力量,于是愉悦的情感油然而生。这样就要求我们在欣赏悲剧时既要入乎其内,又要出乎其外,不要只是陷入其中,被痛苦所笼罩。

从悲剧性的本质出发,我们认为,现实生活中同样存在着具有审美价值的悲剧。悲剧这个词在现实生活中使用非常广泛,比如说某某家庭破裂,是婚姻悲剧;某某失恋,是恋爱悲剧;某某发生车祸而丧命,某某与某某因喝醉酒而互相厮打,一个失手将另一个打死,人们也认为是悲剧。但这些悲剧都不是从审美意义上讲的,因为它们与悲剧性的本质不相符合。但我们不能因此否认"另一类"可以作为审美对象的悲剧的存在。比如说十年动乱时期,张志新烈士因追求真理而被割断喉管,献出了宝贵生命。当我们拉开"距离"之后,痛定思痛,就会超越悲惨、恐怖的情感,领略到其中的审美意义。在那个动乱的年代,很多人浑浑噩噩,苟且偷生,而她却敢于直面黑暗,不畏强暴,为民请命,甘洒热血。她的身体虽然遭到了反动势力的屠杀,但她的精神却永垂不朽,与世长存。因此,对于现实生活中出现的悲剧应加以区别对待,不能一概而论。

关于悲剧性的类型,因分类标准的不同而有种种。从表现对象上看,悲剧性可分为英雄人物的悲剧、普通人物的悲剧和旧事物、旧制度代表者的悲剧。从造成悲剧的主要原因出发进行分类,悲剧性又可分为命运悲剧、性格悲剧和社会悲剧。下面重点谈谈第二种分类。

在西方美学史上,命运悲剧以古希腊时代的神话和悲剧为代表。古希腊的神话和悲剧,认为人生的悲哀和痛苦,是由神所支配的,是与生俱来的,因而是一种不可理解和无法摆脱的命运。西西弗斯推着石头上山,快到山顶,石头又滚落下来,于是只好重新再推,如此反复不已,遭到永恒命运的惩罚。索福克勒斯的《俄狄浦斯王》,被认为是古希腊命运悲剧的典型代表。俄狄浦斯从神谕中得知,自己将成为杀父娶母的罪人。为了逃避这一可怕的命运,他想尽一切办法。然而就在逃避的过程中,他误杀了父亲,误娶了母亲。当事情真相大白之后,他用金针刺瞎双眼,自我放逐,流亡他乡。可见,人在与自己对立的命运的操纵下,不仅无所作为,而且结局非常悲惨。

性格悲剧以文艺复兴时代莎士比亚的悲剧为代表。文艺复兴时代,由于人的觉醒和个性的解放,人由神本世界重新回到人本世界,人自身的性格成了悲剧艺术描写的主要对象,因此性格的缺点常常成为造成悲剧的主要原因。莎士比亚的四大悲剧,都是由主人公性格的缺点造成的。麦克白斯贪婪的野心,奥赛罗嫉妒的烈火,李尔王的轻信和暴躁,哈姆莱特的多疑和寡断,都成了他们命运悲剧的原因。例如哈姆莱特,他一心想为父报仇,但又一直不付诸实际行动。每一次报仇的机会来了,他都犹疑不决,结果反而被他人算计,落得个悲剧结局。

社会悲剧以19世纪批判现实主义的作品为代表,如小仲马的《茶花女》、巴尔扎克的《高老头》、托尔斯泰的《安娜·卡列尼娜》以及易卜生的《玩偶之家》等等。这些作品之所以被称为"社会悲剧",是因为它们真实地描写了资本主义制度下个人与社会的尖锐矛盾,并将造成悲剧的原因归结为资本主义社会本身的不合理性。如茶花女马格丽特虽然出身低下,但心灵高尚,为了纯洁真挚的爱情宁愿自我牺牲,忍受巨大的痛苦,可是仍然不能见容于污浊的社会,终于在孤寂中悲惨地死去。安娜饱含生命的活力,充满对理想的爱情的向往,然而她所嫁的却是一个文质彬彬、道貌岸然的大官僚。犹如水碰到了火,那激起的矛盾和失望是可想而知的。正因为如此,她投向了渥伦斯基的怀抱。而渥伦斯基这个贵族公子,又并没有给她带来她所渴望的爱情。于是,理想幻灭,她只有卧倒在社会的道德法则给她铺设的轨道上。一个美好的生命,就这样在社会的重压下,走向了悲剧的结局。

关键词释义

[崇高] 所谓崇高,是指在矛盾双方的冲突对立中显现出来的令人惊心动魄的美。

[优美] 所谓优美,是指在矛盾双方的和谐统一中显现出来的令人心旷神怡的宁静的美。

[喜剧性] 喜剧性是引人发笑并进而以笑为手段对社会生活作出否定或肯定评价的美学范畴。

[悲剧性] 悲剧性是表现历史的必然要求和这个要求实际上不可能实现之间的矛盾冲突,并通过人生有价值的东西在矛盾冲突中遭受毁灭使人产生审美愉悦的美学范畴。

思考题

1. 丑的本质是什么?怎样理解美与丑的辩证关系?
2. 生活丑与艺术丑有什么联系和区别?
3. 优美与崇高的内涵及特征是什么?谈谈你对优美与崇高的看法。
4. 什么是喜剧性?喜剧性的本质何在?
5. 喜剧性的笑有何特征?谈谈你的理解。
6. 什么是悲剧性?悲剧性的本质何在?

进一步阅读文献

1. [英]鲍桑葵:《美学史》,张今译,商务印书馆,1985年版。
2. [苏]鲍列夫:《美学》,乔修业,常谢枫译,中国文联出版公司,1986年版。
3. [英]李斯托威尔:《近代美学史评述》,蒋孔阳译,上海译文出版社,1980年版。
4. [法]罗丹:《罗丹艺术论》,沈琪译,人民美术出版社,1978年版。
5. [古希腊]柏拉图:《文艺对话集》,朱光潜译,人民文学出版社,1963年版。
6. [法]柏格森:《笑——论滑稽的意义》,徐继增译,中国戏剧出版社,1980年版。

第八章 审美教育

前面,我们研究了美学的两大部分:审美主体和审美客体,下面我们还要研究美学研究的另一部分:审美创造。审美创造包括三大方面:一是技术美学,研究各种物质生产中的审美创造,二是艺术哲学,研究艺术生产中的审美创造,三是审美教育,研究人对自己本身的审美创造。前面两个方面是一种专门化研究,在此我们就不多涉及,而主要研究一下审美教育。

第一节 审美教育的含义

美育一词,是由德文 Asthetische Erziehung 翻译而来。从理论上讲,它包含美学与教育学两个学科,但从其实践品性来看,它又与社会学、伦理学、心理学、文化学密切相关。就美学的一般理论而言,在人对现实的审美关系之中,美的客体与审美主体之间总是相互作用的,不仅审美主体能够感受客体的美与不断创造美的物质产品和精神产品,而且美的客体(不仅是自然美、社会美,还包括艺术美)还能发展和提高人感受美和创造美的能力。因此,人们很早就懂得这一辩证法规律,把美的对象运用到对人本身的培养和教育方面,这就形成了美学与教育的结合,即形成了整个人类教育的一个极其重要的有机组成部分——美育。那么,作为研究人对现实的审美关系的科学,美学必须探讨美育的问题,而作为培养人和教育人的教育工作者以及凡是从事与人类精神世界相关的工作者,也必须了解和研究美育问题。我国近代的著名教育家、美学家蔡元培认为:"美育者,应用美学之理论于教育,以陶养感情为目的者也。"由此而论,所谓美育,即审美教育,它是以美的对象,特别是各门类艺术为主要手段,寓教于乐,培养和提高广大社会成员,尤其是青少年的审美能力和审美趣味,潜移默化地塑造健全心灵、培养全面发展人才的教育。

德国启蒙运动时期的著名思想家、美学家席勒在其美学著作《美育书简》中,首先明确地提出、运用了"美育"概念。席勒之所以提出美育概念,是因为他认为他看出了资本主义时代的最大问题,即以分工为标志的工业社会对人的性格发展带来了严重的后果:人性分裂,自由丧失。在他看来,要恢复人的完整、和谐的个性,提倡美育是唯一的方法。"我们为了在经验中解决政治问题,就必须通过美育的途径,因为正是通过美,人们才可以达到自由。"①

《美育书简》的宗旨是:人必须通过审美状态才能由单纯的感性状态达到理性和道德的状态,达到自由。"事实上人随着自己进入各种被规定状态而丧失了这种人性。如果人能够过渡到一种相反的状态,那么他就能够通过审美的生命力而重新恢复这种人性。"②毋庸置疑,席勒过分夸大了美育的作用,但是,他对审美教育促进个人的全面发展的积极作用的论述,具有重要的现实意义,同时也是他对美学史的一大贡献。

尽管美育这个概念由席勒率先提出,但美育思想古亦有之,源远流长。历史上许多思想家、教育家对此都有过精妙的论述。

在古希腊,柏拉图的教育思想就特别强调用音乐陶冶心灵。柏拉图的高足亚里士多德发挥了老师的美育思想,在《政治学》中明确说:"音乐能够培养人们的某种德性——就像体育对身体有所裨益一样,音乐造就某种习惯,使人们得以感受真实的愉悦;或者,音乐有益于充实人们的消遣和智慧。"③18世纪的法国思想家卢梭、瑞士的裴斯泰洛齐等,都提出"回到自然",让儿童在大自然的环境中感受各种美,培养他们对美的事物的兴趣和爱好,使他们的自然素质不至于被腐蚀,并主张把"工艺和艺术方面的教育"提到与"道德方面"、"智育方面"同等的地位,要求学校和教师注意培养儿童的工艺和艺术方面的能力,提高他们的艺术修养。

我国古代的一些思想家、教育家也都十分重视美育。春秋时代的孔子总结了那时的教育经验,以"六艺"(礼、乐、射、御、书、数)教育学生,"乐"就是美育的专门课程。《论语》中说"兴于诗,立于礼,成于乐",把"乐"视为兴邦治国的重要措施。荀子从性恶论出发,认为文学艺术可以起到化性起伪的作用。他说,"乐者,治人之盛也",使人"耳目聪明、血气和平、移风易俗、天下皆宁"。

我国近代史上的著名学者王国维和蔡元培更是在席勒的启发下大力提倡美育。王国维主张教育的宗旨在于培养能力和谐发展的完全人物,其措施就是要进行体育和心育,心育包括智育、德育和美育,三者并行以达到真、善、美。蔡元

---

① [德]席勒:《美育书简》,徐恒醇译,中国文联出版公司1984年版,第39页。
② [德]席勒:《美育书简》,徐恒醇译,中国文联出版公司1984年版,第110页。
③ 《亚里士多德全集》第九卷,中国人民大学出版社1994年版,第277页。

培在 1930 年商务印书馆出版的《教育大辞书》中撰写了"美育"条目,向国内引介了席勒的美育思想,他将席勒所谓 Asthetische Erziehung(审美教育)翻译成中文,定为"美育",从此流传开来。

第二节 美育在人类文明中的地位

美育在人类文明发展中具有重大的作用。世界范围内的原始艺术遗迹与现存原始部落的各种艺术活动说明,与早期人类伴生的原始艺术活动就是最早的美育活动。换言之,原始艺术虽不乏实用和游戏的成分,但其中所体现出来的审美追求正是人类孕育自身精神品性的明证。因此席勒认为只要人在他的最初的自然状态中仅仅是被动地接受感性世界,他就仍然是和这个世界同一的,只有当他在审美状态中把世界放到自己以外去观照的时候,他个人才与世界分开。这样,在席勒看来,含有美育因素的艺术、游戏的产生,无疑是人类脱离动物界的一个最后标志。"什么现象标志着野蛮人达到了人性呢?不论我们对历史追溯到多么遥远,在摆脱了动物状态奴役的一切民族中,这种现象都是一样的:对外观的喜悦,对装饰和游戏的爱好。"[①]这就是说,只有当人是完全意义上的人的时候,他才会进行带有审美色彩的游戏活动(实际上,原始艺术与游戏是无法截然分开的),反之,只有当他游戏的时候,他才是完全意义上的人。当人只是感觉自然的时候,他就是自然的奴隶;一旦他思考自然,他就成为自然的立法者。自然从前是作为一种力量支配着人的,现在它作为一个观照对象出现在人的面前。可以说,发现那种没有任何利害关系的纯粹的审美外观(如色彩、形状等),或者把某些实用的生活场景转化为游戏场景(如狩猎舞蹈),并以此作为教育下一代的最佳方式,无疑是人类历史上最重要的一场革命,因为它宣告了真正人性的开始,包括人的整个感觉方式的彻底改变。游戏是创造力的自由表现,本身就是目的,等到想象力试图创造自由形式之时,它就最后从物质的游戏跃进到审美的游戏了。当狮子不受饥饿折磨,它没有使用过的力量就为它自身造成对象,它的吼叫响彻了充满回声的草原,昆虫的飞跃、鸟类的鸣叫都是生命力过剩的游戏,而在人身上,它上升为一种只有人才有的想象力的游戏,想象力在探求自由中就达到审美的游戏,因此审美外观不再具有实用的目的。自由的游戏冲动最后完全和需要的枷锁割断了关系,于是美本身就成为人追求的对象,喜悦的无规则的跳跃成为舞蹈,无定形的手势成为优美而和谐的手势语言,发之于情感的混乱声音

---

① [德]席勒:《美育书简》,徐恒醇译,中国文联出版公司 1984 年版,第 39 页。

得到发展,开始服从节奏而编成歌曲。一句话,美育是原始人类走向文明的一个重要途径。

人类进入文明社会后,美育在社会生活中的作用越来越大,且与教育有了更为密切的关系。以古代中国和古希腊为例,两个文明古国最早的思想家无不十分关注美育对培育健康人格的重要作用。

孔子所说的"兴于诗,立于礼,成于乐",即强调了美育在健康人格形成过程中的作用。"兴于诗"是说诗不仅可以使人获得作为仁人君子必备的各方面知识,还可以激发人的情志,启迪人的智慧,使人获得开阔的胸襟和敏感的心灵,故孔子说:"诗可以兴,可以观,可以群,可以怨,迩之事父,远之事君,多识于鸟兽草木之名。"(《论语·阳货》)其中"兴"与"怨"较集中地概括了孔子关于诗歌对人格影响的观点。兴,是对诗歌审美特征的概括,即指诗歌以感人的形象和情感因素,引发读者的联想,使其有所领悟而激发志气。优秀的诗歌能使人摒弃卑俗之心,是完善人的道德品格的一条途径和方法。"怨"是以中庸为基础,对国家政治行为的有限制的批评,是一种委婉、含蓄、温和的恨。"怨"也是一种发泄,是人们将不满情绪通过诗歌发泄出来。诗可以怨,是指人可以通过发泄而获得心理上的平衡,因此诗具有激励人心、完善人格和道德情操的作用。"立于礼"是说人格的基础需要靠认同社会道德规范来奠定,一个人知礼才能自立。"成于乐"是指懂得音乐,才标志着人格修养的最终完成。孔子认为欣赏乐的过程,同时也就是对乐的内在精神的发掘和将欣赏者自身人格向乐渗透的过程,所以"乐以治性,故能成性,成性亦修身也"①。治性和成性,就是乐对人灵魂的影响,而治性的目的在于治人,因此进入乐的境界就成为人格修养的最终完成。

儒家的美育思想虽然是中国传统美育思想的主调,但道家的美育思想及方法也是一份不容忽视的思想资源。儒家的人格学说十分注重其社会意义,儒家所谓美的人格都是以社会政治伦理来规范的,儒家的教育目的是培养"君子"、"仁人志士",这是最崇高的人格,也是美的人格。与儒家明显的社会功利性的美育理论相对立,老、庄的理想人格抛弃了任何私欲俗识、虚假道德,追求自由、浪漫、逍遥飘逸的个体的独立性。如老子说,"我独异于人,而贵食母",庄子亦说,"出入六合,游乎九洲,独往独来,是谓独有。独有之人,是谓至贵"《庄子·在宥》)。在这里,老庄是把"独有之人"或"独异于人"的人,作为他们的理想人格。所以,道家的理想人格包含有对个体人格独立的肯定,这种人格不以身殉情,不以身殉仁义,从而独立不殆,保有朴素的本质。或者说,道家这种超乎社会伦理

---

① 刘宝楠:《论语正义》,中华书局1990年版,第58页。

纲常的美育目的在个体发展个性完善方面有积极的意义,即超越了社会的功利性,直接指向生命个体,故在保护人的个性、寻求个人的价值方面,道家的美育思想在今天有着特别的意义。

古希腊雅典人的教育分为体操教育和缪斯教育,都包含着美育,而且强调美育与德育、智育、体育的相互配合。亚里士多德在《政治学》最后一卷专门讨论了教育,特别是以音乐为例重点阐述了美育的重要作用。在他看来,一个城邦要治理好固然要有多方面的条件,但最重要和最根本的是抓好教育,而且教育内容应确定一个原则,即适合自由人的地位和心理,勿使他们养成"工匠、雇工和其他诸如此类的鄙俗之人"的习性。所谓"鄙俗之人"的习性,就是雇佣的习性,其目的是为了他人,而不是为了自身,为了金钱,而不是为了善德,因而其结果是"追求的目的是卑下的",而不是使身心进一步获得完善。自由人如果染上工匠的习性,势必会"使之降格",而不复具有"自由人的身体和思想"。亚里士多德的教育原则固然是为了维护奴隶主城邦的统治,但其教育原则开人心智、健人灵魂的内涵却是合理的。为了达到这个目的,亚里士多德开列的教育课程中就必然包含许多美育课程,如体操、绘画、音乐等。这些课程没有很强的实用性,但学习绘画可以养成较高的审美观念和鉴别能力,学习体操有利于造就"勇毅的品德"。特别是对少年和青年,更应该关心他们的勇气、德行方面的训练,使之成为真正勇敢的人,敢于面对危难而不胆怯畏缩。音乐之所以被列为教育课程,具有"比较高尚的意义",是因为音乐教育本质上是"操持闲暇的理性活动"。闲暇的含义并不是无所事事,实际上是指自由的理性的活动。闲暇的对立物是繁忙,是为一定外在的物质的因素所驱使的、不自由的活动。一般意义上的休憩、娱乐,作为繁忙的必要补充,仍然属于繁忙这个范畴。闲暇与繁忙对于人生来说都是不可缺少的,但繁忙的目的正在于闲暇,因而闲暇比繁忙更为高尚、更为珍贵。闲暇包含一种"内在的愉悦与快乐和人生的幸福境界",这种内在的快乐只有闲暇的人才能体会。一生为物所累、为功名利禄而忙碌的人永远不能领受这种快乐。繁忙的人的快乐往往是与痛苦相伴而生的,闲暇所给予人的快乐却不同。它怡然自得,不夹杂任何痛苦,而且更有益于人的身心的健康发展。因此,音乐(美育)的目的并不是给人以暂时的娱乐或休息,而是引导人们达到终极的善和幸福。音乐中不仅含有愉快的因素,同时"含有美的因素",而幸福"正是在于这两个因素的结合"。愉快本身就是一种善,但这不是指暂时的、偶然的快乐,而是指持久的、内在的快乐,不是指身体上的快适,而是指"心灵上的怡悦",一般人不太顾及探求终极的幸福,并且常常"误以寻常的欢娱当作心灵的怡悦"。应该说,亚里士多德的美育思想,即使在今天,也不无启迪意义。

特别值得注意的是,凡是历史大变动时期,美育就会受到高度重视。从古希腊开始直至20世纪初,欧洲历史上凡是特别倡导美育的时期也同时是面临社会大变革的时期。"纪元前五世纪雅典经济的发达,残酷的阶级斗争,伴随着斗争而来的民主共和国的建立,雅典文化的发展,这一切,使统治者上层对于提高教育的需要日渐感觉迫切。"①因此当时出现了柏拉图特别推崇音乐的教化作用和亚里士多德特别重视音乐、悲剧净化功能的审美教育理论。欧洲一跳出黑暗的中世纪,踏入曙光彻晓的文艺复兴时代,人文主义者立刻用文艺形式向宗教神学和经院哲学发动了猛烈进攻,从而也影响到教育的领域。美育也就成为培养"全人"的一个重要手段。从16世纪末到18世纪初,是欧洲封建制度全面瓦解,资本主义制度确立的时期,这时在英国,洛克的教育思想中突出了美育,法国的卢梭主张"自然教育",要以美育手段来发展儿童的触觉和听觉,从书本中拯救出儿童。18世纪末,在法国革命影响下,德国开始了以"狂飙运动"为名的文艺革新运动。文学、哲学、艺术努力冲破封建主义的束缚,席勒的美育思想便应运而生。19世纪西方的审美教育,虽然在理论上仍然继续了古希腊以来的传统,强调美育与德育的结合,但随着资本主义大工业的发展,教育中片面强调智育,许多教育家鉴于智育的过度发展导致艺术趣味的日益退化,所以大声疾呼艺术教育的复兴。从这极其简略的历史回顾中也可以看到美育对人类物质文明和精神文明的发展有着重要作用②。

中国目前正处于历史转型时期,各种社会矛盾、各种价值观念的冲突错综复杂。一方面,随着社会物质文明建设的迅猛发展,全国城乡环境美化,公园建设、文物保护、旅游发展、文化场所建设、幼儿教育、学校课程和课外活动设置等美育措施方兴未艾;另一方面,各地发展不平衡,特别是边远落后地区和农村仍然缺乏美育设施,尤其是从幼儿园开始到小学、中学片面强调升学率,把青少年拘囿在书本之中的现象还相当普遍,这不利于我国社会主义物质文明的建设,妨碍着青少年和儿童的全面发展和健康成长。更为严峻的是,当代精神生产的商品化特征很大程度上降低了传统美育手段(如音乐、绘画、舞蹈等)的精神品位,使其成为填充闲暇时间的单纯娱乐方式,躁动替代了宁静,宣泄替代了净化,片刻的感官享受替代了终极的精神追求。人的全面发展、人性的至善至美在人类文明高度发展的今天,反而受到了挑战。因此,我们一方面要认识美育事业的发展是

---

① 曹孚:《外国教育史》,人民教育出版社1979年版,第15页。
② 参见朱狄:《西方美育小史》,见《美学问题》,陕西人民出版社1981年版,第245~250页。

历史的必然,另一方面也要清醒地认识到,要使社会主义美育事业兴旺发达,充分发挥其巨大作用,还有待于全社会,特别是文艺和教育工作者、美学工作者的通力合作。

第三节　美育的目的和作用

美育的目的是什么?席勒认为是要塑造"完整的性格",蔡元培则认为是造就"健全的人格",实际上都是要培养个人的全面发展。

席勒在《美育书简》第六封信中集中对比了古希腊社会和近代社会的状况,阐明了提倡美育的目的。他把古希腊奴隶主民主制理想化了,认为那时的希腊人的理解力和想象力,感性和理性,内容和形式,个人和群体和谐统一成了"完整的性格",古希腊的这种完整性格应该是近代人的典范。但是,由于科学的进步、分工的扩大、国家机构的精密化,造成了近代社会的一系列对立和机械化生活方式:国家和教会、法律和习俗、享受和劳动、手段和目的、努力和报酬等相互分离冲突,使得人失去完整性格而成为断片,成为分工的奴隶,在每个人身上只发展他的职业所需要的某一二种能力。因此就需要美和艺术,需要美育来恢复古希腊人那种性格的完整,使个人得到全面发展,从而拯救国家和人类社会。蔡元培在《普通教育和职业教育》中重申了辛亥革命后所制定的普通教育的宗旨:(1)养成健全的人格,(2)发展共和的精神。并解释说:"所谓健全的人格,内分四育,即(a)体育,(b)智育,(c)德育,(d)美育。这四者一样重要,不可放松一项的。"[①]蔡元培虽不像席勒那样全面地分析了近代社会破坏性格完整的弊端,但他从"教育救国"和"美育救国"的立场出发,批判了我国封建教育"使受教育者皆寓于服从心、保守心,易受政府驾驶",束缚其思想的自由发展,磨灭其个性,提出"造成完全人格,使国家隆盛而不衰亡,其所谓爱国矣"[②]。他的思想的旨归也是通过美育与体育、智育、德育的结合而培养出全面发展的人才,以救国于沉沦危难之中。

无论通过美育以恢复性格的完整,还是通过美育以造就健全的人格,都是唯心主义历史观在美学和教育上的反映。但是他们对美育的目的却是一语道破的。这就是说,美育不是消遣,也不是无谓的游戏,而是改造人生的斗争工具,是人类精神文明的重要组成部分,是人生之一翼,它的目的就是要培养和造就全面发展的个人,逐步克服旧社会强制性分工所造成的人的片面畸形的发展,促进人

[①] 《蔡元培美学文选》,北京大学出版社1983年版,第107页。
[②] 引自聂振斌:《蔡元培及其美学思想》,天津人民出版社1984年版,第102,98页。

类由必然王国向自由王国不断飞跃。

实际上,通过美育来达到个人的全面发展,是历史上一切进步的思想家的共同理想,也是马克思主义者的理想。自从文艺复兴时代资产阶级作为新兴力量登上世界政治历史舞台以来,这个阶级的先进思想家、文学艺术家、教育家都以个人的全面发展作为自己的理想。文艺复兴时代就产生了像达·芬奇那样全面发展的巨人,那时提倡"全人教育";启蒙主义时代法国的卢梭、狄德罗,德国的温克尔曼、莱辛、歌德、席勒、福禄倍尔都以古希腊的"完整人性"作为人的理想范型;瑞士教育家裴斯泰洛齐认为教育的目的在于全面和谐地发展人的一切天赋力量和能力;俄国教育家乌申斯基主张全面了解人,全面教育人,别林斯基把人的协调发展的思想作为教育理论的基础之一。总之,进步的资产阶级思想家们都极力反对资本主义大工业生产分工给人类带来的片面发展和沦为机器与职业的奴隶的不幸状况,要求人得到全面发展,而且认为美育具有全面发展人的功能。我国现代由蔡元培倡导美育而能在 20 世纪二三十年代形成一股重要社会思潮,其思想基础也正在于此。

马克思主义创始人以历史唯物主义观点科学地论述了个人的全面发展,为这一理想的实现指出了正确的道路,并且肯定了美育在实现这一理想过程中的作用。《共产党宣言》中指出:"代替那存在着阶级和阶级对立的资产阶级旧社会的,将是这样一个联合体,在那里,每个人的自由发展是一切人自由发展的条件。"[①]《德意志意识形态》中写道:"私有制只有在个人得到全面发展的条件下才能消灭,因为现存的交往形式和生产力是全面的,所以只有全面发展的人才能占有它们,即才可能使它们变成自己的自由的生活活动。""在共产主义社会里,没有单纯的画家,只有把绘画作为自己多种活动中的一项活动的人们。"[②]马克思在《经济学手稿(1857—1859)》中明确指出:在共产主义社会,个性得到自由发展,因此,并不是为了获得剩余劳动而缩减必要劳动时间,而是直接把社会必要劳动缩减到最低限度,那时,与此相适应,由于给所有的人腾出了时间和创造了手段,个人会在艺术和科学等等方面得到发展。因此,我们应该理直气壮地谈论美育、实施美育,让美育发挥其培养全面发展的共产主义新人的伟大作用。这种伟大作用的发挥,正是由于美是一种显现人的自由的肯定价值,它能够很好地使个人与社会、合规律性与合目的性、真与善统一在人类实践的肯定之中,因而在

---

① 《马克思恩格斯选集》第 1 卷,人民出版社 1972 年版,第 273 页。
② 《马克思恩格斯论文学与艺术》(一),陆梅林辑注,人民文学出版社 1982 年版,第 218,220 页。

生产力和整个社会发展的条件下,促进每个社会成员的自由发展,塑造全面发展的新人。

在实现培养和造就全面发展的人这个目的的具体历史过程中,美育的主要作用表现在以下几个方面:

1. 提高人的辨别美丑的能力

美与丑是相比较而存在、相斗争而发展的。无论在自然、社会和艺术中,美、丑以及各种形态都是纷纭杂呈的,要从中把真正的美的对象分辨出来,开展正确的、健康的审美活动,就必须要求审美的每个个人都要具备辨别美丑的能力。这种能力并不是遗传的,它是每个社会成员通过较长的审美活动的实践,在正确世界观的指导下逐渐形成的。如果一个人从有自我意识开始,或者如蔡元培所说从胎儿、婴儿开始就经常接受家庭、学校、社会的正确的审美教育,他就可以形成辨别美丑的能力。反之,一个人从很小就开始接受、经常接触一些庸俗、低级、以丑充美的对象,就可能美丑不分,以丑为美,甚至走上犯罪的道路。美育作用的理智成分很浓,因此,除了以真正美的对象去熏陶受教育者外,还应辅以必要的、生动的美学知识的学习,从而加速这种作用的发挥。人的审美需要是肯定要求得到满足的,如果家庭、学校和社会不予以真正美的对象使之得到满足,社会成员,特别是青少年就会饥不择食,无法形成、提高辨别美丑的能力。

2. 培养对各种美的感受能力

美有各种不同的形态,有自然美、社会美、艺术美,有内容美和形式美,有壮美、崇高、幽默、悲剧性,还有其反面丑、滑稽、喜剧性等,丰富多彩,变幻莫测。为了使人们能够面对这样错综复杂、形形色色的审美对象都能产生应有的美感体验,就必须以丰富多彩的美的对象去引导社会成员,培养其对美的感受能力。同时,每个人从先天遗传获得的感受能力是有差别的,但这种差别是有限的,更多的却是后天训练所得到的感受能力。这后天的差别常常表现出极大的悬殊。一个艺术家从任何对象所能发现的美,比一个普通人往往丰富得多、独特得多。一个没有多少文化素养和艺术修养的人和一个知识渊博、慧眼独具、敏感多情的人面对同一条长江、同一座黄鹤楼,他们的审美感受几乎可能出现天壤之别。要使社会成员的审美感受力得到培养和提高,也就离不开多方面的审美教育。古人云"心有灵犀一点通",审美尤其需要审美主体的"灵犀",否则他面对再美的对象也会无动于衷。给人们移入审美"灵犀"的最有效的方法就是把人们引入美的境界中去加以熏陶,这便是审美的教育。正如要学会游泳就必须到水中去一样,要成为某种美的对象、某种艺术的鉴赏行家,也就必须处在经常与这种对象或这门艺术的接触之中。马克思说:"艺术对象创造出懂得艺术和能够欣赏美的大众。"①当然,这里决不能让受教育者听之任之,必须加以有效的引导。因此,审美教育也是一个启迪、引导、示范的教授和学习的过程。

3. 发展创造美的能力

创造美,并不是艺术家的专利,应该说,每个社会成员都有创造美的潜在能力。高尔基说:"我确信,每一个人都具有艺术家的禀赋,在更细心地对待自己的感觉和思想的条件下,这些禀赋是可以发展的。"②审美教育的一个重要作用就是要把每个社会成员的这种艺术家的禀赋发展起来,为发展这种禀赋创造最有利的条件。从儿童最初的涂鸦,写第一个毛笔字,做第一个手工制品,写第一篇作文,画第一幅素描等等开始,我们的审美教育就应该有目的、有意识地去培养、发展、提高青少年创造美的能力。这样才可以当他们在某一方面有突出创造力表现出来时,施以适当的教育,培养出一个真正的艺术家,或者培养出一个具有美的创造力的普通劳动者,以适应日益扩大的人类按照美的规律塑造物体的各行各业的实际工作。当然,我们的审美教育并不仅仅是为了培养出一些音乐家、画家、雕塑家、舞蹈家、演员、作家等专门人才,而是要普遍地提高社会每一个成员尤其是每一个青少年的创造美的能力。正因为美育有助于培养丰富的想象力、创造力,故爱因斯坦认为想象力比知识更重要,美育也正是借助于想象力去发掘人的创造潜能。爱因斯坦在创造相对论的日子里,常在书房里用小提琴演奏莫扎特的曲子,工作之余弹奏贝多芬和巴赫的钢琴曲;地质学家李四光谱写了中国第一首小提琴曲,被载入中国音乐史册;钱学森在接受"对国家作出重大贡献的科学家"的荣誉时,也深有体会地在答谢词中谈到了音乐对他的帮助。事实证明,大凡取得杰出成就的人都有较高的艺术修养和较强的审美能力。因此,审美教育要渗透到每一门学科、每一项课内外的活动中,让受教育者,无论是幼儿、少年、青年、成人都有意识地、自觉地发展自己的创造才能。

4. 塑造美的心灵

审美教育的目的是培养全面发展的人才,但是在仍然存在和需要社会分工的条件下,我们并非要去超越历史地塑造一种在每一行当和艺术门类都有杰出成就的通才和全才。因此,审美教育的具体作用在总体上就是对上述三方面作用的综合,使得受教育者对美的辨别能力、感受能力、创造能力都得到锻炼和发展,使他们的感觉力、观察力、想象力、理解力、体力、创造力等一切人类的本质力量都得到发展。一句话,就是塑造一种美的心灵,和谐的心灵。同时,美育应与

---

① 《马克思恩格斯选集》第 2 卷,人民出版社 1972 年版,第 95 页。
② [俄]高尔基:《文学书简》,曹葆华等译,人民文学出版社 1965 年版,第 426 页。

德育、智育、体育等有机地结合起来。蔡元培说:"美育者,应用美学之理论于教育,以陶养感情为目的者也。人生不外乎意志;人与人互相关系,莫大乎行为;故教育之目的,在使人人有适当之行为,即以德育为中心是也。顾欲求行为之适当,必有两方面之准备:一方面,计较厉害,考察因果,以冷静之头脑判定之;凡保身卫国之德,属于此类,赖智育之助者也。又一方面,不顾祸福,不计生死,以热烈之情感奔赴之;凡与人同乐,舍己为群之德,属于此类,赖美育之助者也。所以美育者,与智育相辅而行,以图德育之完成者也。"① 这里提出的德育、智育、美育的关系虽然并不十分全面,但抓住了三者之间的主次和辩证关系。实际上,我们进行审美教育并不是为美而美,而是通过美育造就全面发展的人才。因此,德、智、体、美要全面发展,而且应该以德育为中心并充分发挥美育的作用,从而塑造出美的心灵。

第四节 美育的特点

我们认为,在美育过程中,对象必须是具体(多样性的统一)、感人的独特形象,即美的形象,而受教育者必须是具有一定审美能力或潜在能力的社会成员。就在美的对象与受教育者的相互作用的审美实践中,受教育者通过耳濡目染,主要在情感上得到陶冶,特别是形成正常、持久而稳定的审美情感(即审美心境),借助于心境的弥散性使情感、认识(特别是想象力)和意志协同活动,从而培养和提高审美能力(感受美的能力,包括审美的认识、情感和意志三方面,审辨美丑的能力和创造美的能力),逐渐在实践中造就全面发展的人,同时普及美学理论,使美育实践得到自觉的指导和规范。因此美育要借助审美情感这个中介的这一特征(即蔡元培所谓"以陶养感情为目的者也"),一方面来源于美的形象的具体性、独特性和感染性,另一方面来源于审美主体情感的特点(主要是心境的弥散性),这两方面又都根源于人的社会实践(包括物质生产和精神生产的各个方面)。美育的特点就在于:寓教于乐,怡情养性和潜移默化。寓教于乐主要指,美育的工具和手段应该是具体、感人、独特的形象;怡情养性主要指,美的形象通过审美情感的中介而造成审美过程中的知、情、意三方面和心理功能的协同活动,培养和提高审美能力和审美趣味;潜移默化则意味着,前二者在长期坚持不懈的实践中达到统一,从而使受教育者自由地(非强制地)得到全面发展。

1. 美育是寓教于乐的教育

美育不同于德育、智育、体育的地方,首要在于它所运用的手段和工具不是

---

① 《蔡元培美学文选》,北京大学出版社 1983 年版,第 195 页。

运用道德和政治的规范、知识的概念体系以及体力的训练,而是具体、感人、独特的形象。因此,它除了大量运用自然风光的自然美和社会实践、社会斗争和高尚人物的社会美以外,更主要地是运用各门类艺术的美。因此,美育最主要的手段和工具是各种艺术。

因为艺术的美是现实美的集中概括,是内容和形式、主观和客观的统一,最富于创造性,所以最能强烈地感染受教育者,具有最强烈的作用力,也就是最能发挥情感的中介作用,通过艺术的审美功能而达到最充分最有效地发挥艺术的教育功能和认识功能。

2. 美育是怡情养性的教育

美育不同于德育、智育、体育的地方,也在于它主要不是诉诸人的意志、认识和肉体的单独某一方面,而是主要诉诸整个人的心灵,激发起人的以情感为中介的整个心灵的各个方面的协同活动,并促使受教育者自觉地锻炼自己的体力。因此,它的作用点就在于通过情感这个中介而遍及整个心灵,就表现为最充分地启发人的自觉性、能动性和创造性,从而形成受教育者自我教育的巨大内驱力。这样,无论是树立正确的世界观、按社会的道德规范进行活动,还是掌握科学文化知识和锻炼健全的体魄,都会达到事半功倍的效果。换句话说,人通过美和美的感受能够最有效地去追求真、善和健。因此,美育不应仅着眼于开设各门艺术课程,而且还要把美育贯穿到一切教育机构的所有课程中去。蔡元培说:"凡是学校所有的课程,都没有于美育无关的。例如数学,仿佛是枯燥不过的了;但是美术上的比例、节奏,全是数的关系,截金术①是最显的例。数学的游戏,可以引起滑稽美感。几何的形式,是图案美术所应用的。理化学似乎机械了;但是声学与音乐,光学与色彩,密切得很。雄强的美,全是力的表示。"②我们体会蔡元培先生的话,还不仅在于把数、理、化等学科在教学中尽可能趣味化,更重要的是应该把美育的特点揉进这些学科的教学方法中去。也就是说,我们在抽象枯燥的数、理、化等学科的教学中也应注意对学生实施情感教育,那么,尽可能地运用形象直观的方法,运用课堂上的启发方法,引导学生回忆和想象、观察和思考日常生活经验中所见所闻的数理化现象,并加强学生课内和课外的实际操作训练,就是非常必要的。如果从理论上说,那就是在教学中不是向学生硬灌输定义、定理和公式,而是通过引起学生兴趣的、激发他们情感(心境)的现象来使学生的认识能力、意志能力和情感能力协同活动,再加以适当的思维方式的引导,使他们能

---

① 即黄金分割。
② 《蔡元培美学文选》,北京大学出版社 1983 年版,第 155 页。

够自由地掌握知识。换句话说,这些学科的教学目的,不仅仅在于培养学生的记忆力,更重要的是以调动情感(这里包括审美感和理智感,即对美和知识的追求的热情)为中介,着重培养学生的感受力、洞察力、理解力,特别是想象力和创造力。比较抽象的科学知识的传授尚且应该如此,那么一些具有更多美的因素的学科,如语文,就更应该如此了。

3. 美育是潜移默化的教育

美育不同于德育、智育、体育的地方,还在于它不是强制性的教育活动,而是一种具有极大自由性的教育活动。正因为美育的手段和工具是具体、感人和独特的美的形象,它的作用方式是通过情感全面地激起整个心灵的活动,所以它就不是一种强制性的灌输,靠强化纪律来施行教育,而是通过受教育者对美的对象的主动接近,耳濡目染,于不知不觉之中而受到教益的教育过程。在这种状态中,受教育者所学到的知识就掌握得更牢固并便于通过联想而随时被回忆起来;所得到的道德规范和伦理观念也就会更加鲜明,在日常生活中会随时随地给人的行为提供具体的参照;所进行的体力锻炼同样会更加持之以恒,伴随着一种热情的推动力。我们平常所说的"榜样的力量是无穷的","身教重于言教","没有热情就没有人对真理的追求","近朱者赤,近墨者黑"等,其中就渗透着美育的精神和特征,昭示着美育潜移默化的巨大力量。

第五节 美育的实施

蔡元培在《美育实施的方法》中规划了人从胎儿直到老死整个一生的美育,从家庭美育、学校美育和社会美育三个方面作了非常详细的设想,有许多精辟的见解,也有一些具体的规定。这是我们实施审美教育的宝贵的遗产,值得很好地继承。其中,我们应该首先注意到,美育是包括着家庭美育、学校美育、社会美育三个大的组成部分。对于其中的具体规定,我们可以直接根据现在的条件在实践中加以取舍,如我国现在不少幼儿园、实验学校和城市的规划,公园、博物馆、展览馆的建设等都在不断实现蔡元培的设想。但是,更重要的是要弄清实施美育的基本原则,那就是要根据受教育者不同年龄段的心理特点来实施美育。蔡元培对这点是很注意的。他说,幼稚园"儿童的美感,不但被动地领受,并且自动地表示了。舞蹈、唱歌、手工都是美育的专课。就是叫他计算、说话,也要从排列上、音调上迎合他们的美感,不可用枯燥的算法与语法"。到中学时代,"他们自主渐强,表现个性的冲动渐渐发展;选取的文字美术,可以复杂一点,悲壮、滑稽的著作,都可以应用了"。虽然这里主要是谈从适应孩子不同时期心理特点来选取美育教材,但是,蔡元培在这里提出了一条很重要的原则:美育在教育机关(幼儿园、小学、中学)的具体实施过程中必须充分考虑受教育者心理发展的不同特点。从蔡元培所论儿童美感由被动领受到自动的表示,再到中学生表现个性冲动渐渐发展的观点,参照皮亚杰发生认识论"图式→同化→顺应→平衡"儿童心理发展模式,我们认为,儿童的美感形成和发展大致可以分为:被动感受——主动接受——实际表现这么三个大阶段。婴儿时期主要是被动接受各种自然美和艺术美,逐渐形成某种美的观念(尽管是模糊的,甚至是用语言表达不清的);到幼儿时期就可以以一定的美的观念去主动接受美的对象(当然仍然是朦胧的,带有很大的直观性),并有以歌唱、舞蹈、图画或其他方式表现审美感受的萌动;到中学以后,学生就逐步不断在主客体相互作用中加强或修正自己的美的观念,并可能有强烈的表现审美意识的冲动。当然这只是极其粗略的划分,而且这三个阶段越到后来就越错综复杂地交织在一起。因此,美育也可以大致相应地划分为"感美——立美——创美"这么三个阶段。婴儿时期着重在进行感美教育,即培养小孩感受美的能力,并逐渐形成健康的审美趣味和美的观念;幼儿时期着重在进行立美的教育,即在幼儿园和小学阶段使幼儿已萌发的审美趣味和美的观念得到确立,并引导孩子进行简单的创造美的活动(包括音乐、美术、手工、舞蹈、朗读与写作);中学以后着重在进行创美的美育,即逐步使孩子的表现审美意识的冲动在创造美的活动中得到较复杂和高级的表现。这是一般正常情况下的划分,在幼儿期如果发现某方面天资较高的儿童亦可以相应提前。同时,美育的这三个阶段也不是绝对的,各个时期感美、立美、创美的美育应该互相结合,目的指向培养和提高少年儿童的审美趣味和审美能力。这三者之中,关键在于立美这一环。如果在感美教育中不注意引导孩子确立美的观念,那么感受美的能力不可能得到真正的培养和提高,充其量也不过使他们在丰富多彩的对象面前获得一些零星的断片印象;如果在创美美育中没有树立正确的美的观念作为基础,孩子们表现美的能力也无法得到培养和提高,不是尚未形成就已泯灭,就是放任自流而自生自灭。因此,立美美育就得注意方法,既不宜过分抽象灌输,也不宜停留在形象的表层,而是要通过大量形象材料的对比、分析、综合,因势利导,循循善诱。就是说,既要运用一般认识的感性在实践中上升到理性的规律,又要注意美育的形象直观和以情动人的特殊规律。

在今天的社会条件下,美育的实施并不能仅仅局限在学校,也不能仅仅针对学生。人们闲暇时间的相对增加,精神生活需求的极大扩展,如何在当代精神生产中实施更广泛、更有效的美育宣传与教育,无疑是一个崭新的课题。显然,进一步提高普通民众对美育重要性的认识,是非常关键的一个环节。只有树立文明的审美观念、崇高的审美理想、健康的审美趣味,人们对美的感受力、鉴赏力、创造力才能提高,人们的生活质量才能提高。如近些年来,人们对体育的关注已成一种时尚,但与发达国家相比,我国普通民众的体育活动参与度仍是偏低的。其中原因固然很多,但是有一点值得注意,即我们过多强调了体育的竞技性,而忽视了体育的审美欣赏性。如艺术体操、花样滑冰、水上芭蕾舞、冰上芭蕾舞这些完美结合了体育与美育的体育活动,在我国就远不及一些竞技项目那样普及。人们关注中国足球冲出亚洲、走向世界,其中所包含的民族精神不言而喻,但我们不能忘记,体育与美育一样,其终极目的是促成个人的全面发展,所以,亲身参与体育活动,把体育与美育结合起来,使我们的身体更健美,我们的个性更完整,这才是真正的目的。同样,在欣赏音乐时,我们不能以流行音乐取代经典音乐。国外曾有人做过这样一个比较研究:长期从事经典音乐工作的人的寿命比一般人长,而长期从事流行音乐的人的寿命则比一般人短。这个结论未必准确,但也说明了一个道理,即以怡情养性、陶冶心灵为目的的经典音乐更切近美育的本质,而躁动、缠绵的流行音乐则往往让人失去心灵的和谐。所以,如何在当今社会生活中实施美育,是一个刻不容缓的艰巨工程,也是一个值得深入思索的课题。

关键词释义

〔美育〕 即审美教育,它是以美的对象,特别是各门类艺术为主要手段,寓教于乐,培养和提高广大社会成员,尤其是青少年的审美能力和审美趣味,潜移默化地塑造健全心灵,培养全面发展人才的教育。

〔寓教于乐〕 主要指美育的工具和手段应该是具体、感人、独特的形象。

〔怡情养性〕 主要指美的形象通过审美情感的中介而造成审美过程中的知、情、意三方面和心理功能的协同活动,培养和提高审美能力和审美趣味。

〔潜移默化〕 主要指使寓教于乐和怡情养性在长期坚持不懈的实践中达到统一,从而使受教育者自由地(非强制地)得到全面发展。

思考题

1. 美育的目的是什么?
2. 美育的特征是什么?应该怎样理解这些特征?
3. 美育的实施包括哪些部分?对此你有什么设想?美育实施中应注意什么原则?

进一步阅读文献

1.《蔡元培美学论文选》,北京大学出版社,1983年版。
2.[德]席勒:《美育书简》,徐恒醇译,中国文联出版公司,1984年版。
3.聂振斌:《蔡元培及其美学思想》,天津人民出版社,1984年版。
4.杨咏祁,李开,左健主编:《美育辞典》,江苏美术出版社,1993年版。
5.余虹,罗金远主编:《美育概论》,湖北人民出版社,1990年版。

后　记

《美学教程》于2002年推出第一版,至今已经十多年了。在这十多年之中,它多次重印,取得了比较好的社会效益和经济效益。这些年,美学本身产生了一些新的变化和发展,因此,早在2005年底,出版社和作者们就已经准备进行修订,以适应教学需要和学科发展,给予学生更新、更完整、更系统的美学理论知识。就在我们进行修订的过程之中,《美学教程》被评为"全国普通高校十一五规划教材"。为了把《美学教程》修订好,不辜负教育部文科教学指导委员会对我们的信任和鞭策,所以我们放慢了修订的速度,严格要求,我们每一章都数易其稿,有的章节甚至在作者与主编之间来回十几个回合。经过两年多的反反复复,我们现在拿出了一个自以为基本合格的修订版,现又再次修订,请广大师生在教学实践之中来检验,以利于我们今后的进一步完善。

第二版修订在内容和形式两方面都做了一些调整和完善。在形式上,我们增加了每一章的"关键词"及其释义,列出了"思考题"和"进一步阅读文献",目的就在于,使师生的教学过程突出重点和难点,使学习过程成为一个研究型和创新型的探索过程。在内容上,我们主要删除了一些比较常识化的知识点,增加了一些新的学术观点、学术热点、学术争论方面的知识点,使得《美学教程》能够在保持基本理论知识学习的基础上,与时俱进,启发老师和学生思考新问题、掌握新方法、开拓新思路。与此同时,我们非常注意理论联系实际,力图以审美实例和艺术文本分析来帮助学生理解一些抽象的美学原理。当然,我们修订的意图是否完全落实,或者我们的努力是否能够满足广大师生的要求,这些还是要通过实践来检验的。我们期待大家不吝指教,帮助我们不断改进。

在第二版即将问世之时,我们要感谢"文艺学系列教材"的总主编王先霈教授,他不仅始终关心这套教材的修订工作,而且还为修订版写了新的序言,提出了许多有益的指导性意见,给我们极大的鼓励。同时,我们当然不能忘记为了《美学教程》的修订做出了具体指导和担任具体编辑工作的华中师范大学出版社及第五编辑室的许多同志:范军社长、段维总编、董中锋副社长、陈昌恒编审、曾魏副社长、赵宏编审以及原在出版社工作的王文戈主任。最后，我们应该记住我们《美学教程》编写者团队的分工协作、友好合作、同心同德、敬业务实、一丝不苟的学术作风和团队精神。

此次修订人员除了个别人员以外，大多数仍然是第一版的编写者，他们是：绪论、第八章——聂运伟教授，湖北大学文学院；第一章——张玉能教授，华中师范大学文学院，张弓博士、讲师，华东政法大学人文学院；第二章——杨明琪教授，孝感学院文学院；第三章——贺天忠教授，宝鸡文理学院中文系；第四章——胡立新教授，黄冈师范学院新闻传播学院；第五章——李迪江副教授，长江大学文学院，张玉能，张弓；第六章——李明清教授，孝感学院文学院；第七章——任先大教授，湖南理工学院文学院。

我们将永远记住我们的合作，并希望这次合作的成果，作为美学理论的种子开出更美的花朵，结出更丰硕的果实。

张玉能

2013年1月 桂子山